U0656040

本书获得2020年度山东省社会科学规划研究项目——山东省"政产学研金服用"创新创业共同体构建与评价体系研究（20CDCJ12）资助

从校企合作到"政产学研金服用"创新创业共同体合作创新的演化与评价研究

孙龙　张宁 ◎ 著

中国海洋大学出版社

·青岛·

图书在版编目（CIP）数据

从校企合作到"政产学研金服用"创新创业共同体合作创新的演化与评价研究 / 孙龙，张宁著 . —青岛：中国海洋大学出版社，2022.8

ISBN 978-7-5670-3251-4

Ⅰ . ①从⋯ Ⅱ . ①孙⋯ ②张⋯ Ⅲ . ①高等学校—产学合作—研究—中国 Ⅳ . ① G640

中国版本图书馆 CIP 数据核字（2022）第 158264 号

CONG XIAO-QI HEZUO DAO "ZHENG-CHAN-XUE-YAN-JIN-FU-YONG" CHUANGXIN CHUANGYE GONGTONGTI HEZUO CHUANGXIN DE YANHUA YU PINGJIA YANJIU

出版发行	中国海洋大学出版社
社　　址	青岛市香港东路 23 号　　　**邮政编码**　266071
网　　址	http://pub.ouc.edu.cn
出 版 人	刘文菁
责任编辑	邓志科
电　　话	0532-85901040
电子信箱	dengzhike@sohu.com
印　　制	日照报业印刷有限公司
版　　次	2022 年 10 月第 1 版
印　　次	2022 年 10 月第 1 次印刷
成品尺寸	170 mm × 230 mm
印　　张	17.5
字　　数	350 千
印　　数	1—1 000
定　　价	58.00 元
订购电话	0532-82032573（传真）

发现印装质量问题，请致电 0633-8221365，由印刷厂负责调换。

内容提要 ←

　　本书结合"互联网+"时代特点与习近平新时代中国特色社会主义理论，在校企合作、产学研合作已有研究基础上，融合经济学、管理学、社会学、教育学、统计学等多学科知识，研究校企合作到"政产学研金服用"创新创业共同体合作创新模型与评价指标体系，厘清共同体参与主体属性特征，提升共同体合作创新效率。

　　本书秉承"实践—理论—再实践—再理论"理念，围绕新时代我国高等院校校企合作创新模式展开研究，回顾了有关校企合作的国内外理论研究与开展实践活动情况，梳理总结了韩国高校人才培养创新驱动模式对我国应用型本科院校人才培养的启示，进行基于楔形人才培养模式的专业认同、专业期望与学习动机间的关系论证以及校企合作学生学习效果的实证分析，在此基础上形成校企合作评价指标体系，并最终构建"政产学研金服用"创新创业共同体组织框架结构与评价指标体系，通过实证分析对评价体系做了检验，并围绕合作创新深度、合作创新广度、合作创新持续度、合作创新有效度提出共同体合作创新的研究建议。

作者简介 ←

孙龙，男，1982年7月生，山东青岛人，经营学博士，教授，现任山东交通学院国际商学院副院长，电子商务专业负责人，韩国国立公州大学访问学者，韩国KCI登载期刊 *Korean Review of Corporation Management* 编辑委员会委员，山东省滨州市博兴县第一、二批科技镇长团成员。主要从事营销心理与行为、高等教育等方面的研究。近年来在国内外核心期刊发表论文四十余篇，出版专著一部，获批全国统计科学研究项目、教育部留学回国人员科研启动基金资助项目、教育部产学合作协同育人项目立项，获得国家留学基金委青年骨干教师出国研修项目资助，主持山东省社科规划办项目等十余项省部级课题，研究成果获得山东省高等学校人文社会科学优秀成果奖三等奖一项，威海市社会科学优秀成果奖二等奖一项，中国交通教育研究会交通教育科学优秀成果二等奖一项、三等奖一项，获得中华人民共和国驻大韩民国大使馆教育处评选的"2017年度在韩优秀国家公派留学人员"荣誉称号。

张宁，女，1985年9月生，黑龙江齐齐哈尔人，工商管理博士，讲师，现为山东交通学院国际商学院教师。主要从事工商管理、教育管理方面的研究。在国内外学术期刊发表论文十余篇，主持山东省艺术重点课题项目、中国交通教育研究会教育研究项目等多项课题，参与编写教材两部，作为主要完成人获得威海市社会科学优秀成果奖、中国交通教育研究会交通教育科学优秀成果奖、山东交通学院教学成果奖等多项奖励。

本书获得2020年度山东省社会科学规划研究项目——山东省"政产学研金服用"创新创业共同体构建与评价体系研究（20CDCJ12）资助，2021年度山东省教育教学研究课题（重点课题）——基于技术接受模型的高校课堂教学方式改革研究（2021JXZ003）资助，2021年山东省高等学校"青创人才引育计划"——新型智慧城市建设研究与服务团队资助，山东交通学院2020年度校级教学改革研究重大项目——基于新文科建设的应用型本科高校实践教学模式及运行机制创新的中韩比较研究（2020ZD18）资助，山东交通学院博士科研启动基金项目——应用型本科院校实践教学模式对大学生创新创业能力培养作用机理的中韩比较研究（BS2021034）资助

2019年5月，亚洲文明对话大会上，习近平主席发表《深化文明交流互鉴　共建亚洲命运共同体》的主旨演讲，提出亚洲人民对美好生活的"三个期待"，共建亚洲命运共同体、人类命运共同体的"四点主张"，认为"各种文明本没有冲突，只是要有欣赏所有文明之美的眼睛"。同期，习总书记在"不忘初心、牢记使命"主题教育工作会议上强调"要让广大干部'理论学习有收获、思想政治受洗礼、干事创业敢担当、为民服务解难题、清正廉洁作表率'"，提出"守初心、担使命，找差距、抓落实"的总要求，要求广大干部解放思想，担当作为。解放思想不是闭门造车、异想天开，而是着眼现实，冲着问题去、对着问题改；不是毫无章法、不计后果的莽撞蛮干，更不是懒政怠政、为官不为，而是需要"功成不必在我"的精神境界与"功成必定有我"的历史担当；不是不讲章法、违背纪律，而是针对现实问题，突破惯性思维束缚创造性地解决问题。综上，在建党百年之际，我国社会主义建设进入新时代，要求社会各界解放思想，融合发展；新冠肺炎疫情在全球的蔓延也从一个侧面证明，世界各国应该在不同领域协同合作，共同发展，形成共同体。经济发展、产业发展、社会进步、人才培养这些关键词在我国社会主义建设过程中被多次提到，人才培养是基础，产业发展带动社会经济发展是目的，在人才资源重要性凸显的今天，为谁培养人、培养什么人的问题已经被多次论证阐述，关于怎么培养人的问题一直被学界重点关注，这个问题也由教育领域的问题上升为社会问题、国家问题、时代问题，引起众多社会学、管理学、经济学等领域的研究者共同探讨。培养社会主义事业合格的建设者和接班人是高等教育的不二目标，不同时代对人才的定义与要求也不尽相同，新时代中国特色社会主义建设需要大批多领域、多层次、多知识背景的各类人才作为支撑。

《国家中长期教育改革和发展规划纲要（2010—2020年）》指出，"我国教育还不适应国家经济社会发展和人民群众接受良好教育的要求"。"两个不适应"直指教育存在的根本性问题。"两个不适应"的实质是人才培养不适应，其中一个重要方面就是应用型人才培养的不适应，人才培养模式与市场需求脱节是其根源之一。高等院校过分强调专业知识的系统性与学术性，存在专业和课程设置与市场需求脱节或错位的情况，专业适应性不强，人才培养目标不清晰。而专业适应性不强也突出地体现为高校实践教学与校企合作过程中出现问题，表现为高校培养的人才与社会需求、企业需求断层。我国的一些大学生被动地接受教师课堂上讲授的内容，很少有学生利用课余时间自学专业前沿相关知识与科研成果，主动参与社会实践的学生更是凤毛麟角。我国高校应用型人才培养过程中出现的"眼高手低"等问题造成的专业人才培养与社会需求断层的现象值得引起各方重视。校企合作是提升应用型人才培养质量的重要一环，也是校外实践教学环节的重要组成部分与实现工具。总结国外高校优秀经验，需完成从实践环节的具体表现到人才培养模式的理论升华，最后落实到我国应用型本科院校校企合作实践环节。我们应该面对现实，发现问题，放眼世界，寻求符合我国国情的问题解决思路，通过不断创新方式方法，推动高等教育更好地与新时代中国特色社会主义建设相契合，更好地发挥高等教育的作用。

高等教育中，本专科院校主要可分为三大类。第一类是理论型教育院校，以清华、北大等"211工程""985工程"院校为代表。它们也是目前"双一流"大学的主力军，以科学研究、解决高精端技术研发层面问题为主，自然它们的理论课堂与实践课堂是需要充分结合的，校企合作也是必要的。这类院校也是各大企事业单位争相合作的对象。第二类是应用型教育院校，以

20世纪末21世纪初期各类专科院校升本后形成的以二本与三本为主要对象的院校，山东交通学院也是其中之一。它们在升本的年限上与第一类院校有着较大差距，在发展速度上参差不齐，但又各具特色，如行业特色院校、地方性大学。它们以培养适应我国社会主义建设需要的应用型人才为己任，既要让学生掌握完整的学科专业知识体系，又要让学生具备知识应用能力，特别是在知识转化过程中知道如何与现代企业对接，解决现代企业在日常经营管理过程中的疑难问题。企业要求这类学生悟性高，具备较好的动手实践能力，未来能够独当一面，成为企业的储备型人才。这类院校更需要重视人才培养过程中的实践教学环节，应当将实践教学环节更多地安排在企业或者与企业日常经营管理相似的模拟实验室中，加强培养学生在实践过程中灵活运用专业知识的能力，包括专业知识体系中不同知识点的提取与知识应用转化等两大方面。第三类是实践型教育院校，以专门性的专科院校为主要代表。它们是实践教学与校企合作最早的践行者，也是在人才培养过程中实践教学与校企合作涉及最多、最广的群体。它们以培养学生成为企业日常生产经营过程中的执行者为目的，主要培养具有实操性能力的学生。这类院校人才培养过程中的实践教学与校企合作融合更紧密，很多实践教学环节（实习、实践）开设在合作企业的生产经营现场，学生具有毕业即可上手，动手能力、实操能力强的特点。对于高等教育"第二梯队"中的应用型本科院校来说，如何做好专业知识的应用与转化成为高校毕业生尽快适应企业需求，缩短从高校到社会的"转身期"的重要问题。据此，本书将对新时代我国应用型本科院校经管类专业校企合作创新模式展开研究，希望通过对内部资源与外部资源的深层次挖掘，打破时空局限，整合国内外各方优势资源，创新校企合作模式，解决好人才培养与社会需求不一致的问题，为社会培养更多应用型人才，为新时代中国特色社会主义建设事业培养更多优质复合型人才。

不论培养哪类人才，校企合作都是培养学生学习与实践能力的重要模式。然而，伴随着时代发展和社会进步，单纯的校企合作对于双方而言始终存在零和博弈问题。多参与主体的合作创新模式的出现将高等教育人才培养与产业发展、社会经济发展融为一体，形成"政产学研金服用"创新创业共同体，这是习近平新时代中国特色社会主义思想理论中"合作""人类命运共同体"等思想在高等教育与社会经济发展领域的实际应用，也体现了"跨界融合""资源整合"等互联网+时代的特点。面对诸多社会资源与平台资源，七大参与主体如何有效地进行合作创新、协同发展是当前与今后一段时间的重要研究课题，也是本书研究的主体内容。

本书希望通过回顾校企合作、实践教学与高等教育人才培养等已有研究，为新时代"政产学研金服用"创新创业共同体的创建与运行寻找源头，并通过研究为共同体的合作创新模式与合作创新评价提供理论支持与可行性建议，为新时代高等教育人才培养与新时代中国特色社会主义建设积攒一点绵薄之力。

CONTENTS 目录 ←

第一章
绪　论

第一节　研究背景、目的及意义

一、研究背景

坚持党对一切工作的领导是新时代中国特色社会主义取得成功和走向胜利的根本政治保证，促进我国社会经济健康稳定发展自然也要在党的领导下展开。"互联网+"时代对民众创新创业能力的要求越来越高。从理论上讲，创新创业是指基于技术创新、产品创新、品牌创新、服务创新、商业模式创新、管理创新、组织创新、市场创新、渠道创新等方面的某一点或几点创新而进行的创业活动。创新是创新创业的特质，创业是创新创业的目标。《国务院办公厅关于发展众创空间推进大众创新创业的指导意见》提出，到2020年，形成一批有效满足大众创新创业需求、具有较强专业化服务能力的众创空间等新型创业服务平台；培育一批天使投资人和创业投资机构，投融资渠道更加畅通；孵化培育一大批创新型小微企业，并从中成长出能够引领未来经济发展的骨干企业，形成新的产业业态和经济增长点；创业群体高度活跃，以创业促进就业，提供更多高质量就业岗位；创新创业政策体系更加健全，服务体系更加完善，全社会创新创业文化氛围更加浓厚。2019年3月，我省提出了《山东省人民政府关于打造"政产学研金服用"创新创业共同体的实施意见》(鲁政字〔2019〕49号,简称《实施意见》)。《实施意见》以习近平新时代中国特色社会主义思想和党的十九大精神为指导,坚持发展是第一要务、人才是第一资源、创新是第一动力,以建设一流科研设施、集聚一流创新人才、产出一流科研成果、形成一流转化机制为目标,以科技体制改革和制度创新为动力,布局建设一批创新创业共同体,促进"政产学研金服用"创新要素有效集聚和优化配置,全面提升科技创新供给能力,为经济高质量发展提供动力源泉。山东省将用五年左右的时间,培育30个以上省级创新创业共同体,同时带动各地建设一批不同主体、不同模式、不同路径、不同方向的创新创业共同体,形成"1+30+N"的创新体系,创新驱动发展成效更加显著。

"政产学研金服用"创新创业共同体概念的形成经历了由简到繁的发展过程,它是适合时代发展步伐的。从产业竞争发展轨迹来看,其经历了最初的单纯企业整体竞争(木桶原理)—企业优势元素竞争(长板理论)—产业链条间的整体竞争(二八法则)—跨界融合竞争(长尾理论)。"政产学研金服用"创新创业共同体正是习近平新时代中国特色社会主义思想体系指导下,促进我国全面建成小康社会过程中以市场为导向进行资源合理配置的必然要求。

国外研究主要由最初的产学合作(Ponomariov,2013)[1]到产学研合作协同创新(Samuel,Omar,2015)[2],也有部分学者将协同创新网络(Taatila等,2006)[3]运用于产学研协同创新研究。具体地说,产学研合作主要涉及四大方面。一是产学研合作组织学习的过程和阶段研究。依据知识的来源可将产学研合作组织学习划分为组织内部学习和组织跨界学习两类,其中组织跨界学习是产学研合作的根本,产学研合作组织间学习的过程实质上是企业跨界获取、吸收外部知识并将其内部化进而创造新知识的过程(Gebauer等,2011)[4]。二是产学研合作组织学习的影响因素研究,主要包括知识因素、主体因素和制度因素三方面研究。知识因素主要是指知识的显性特征和隐性特征;主体因素包括主体的学习动机、意愿和经验

（Sherwood，Covin，2008）[5]，知识发送方的态度和知识传递能力，知识接收方的吸收能力，主体间的关系和差异等（Abreijoi，2007）[6]；制度因素主要包括政府的政策支持和制度支持（Smit 等，2007）[7]。三是产学研合作组织学习的效率和效果研究。影响产学研合作组织学习效果的关键因素包括学习的可能性、学习的意图和学习的能力（Alegre，Chiva，2007）[8]。四是产学研合作组织学习的方式、渠道和模式研究，主要集中于专利、许可和大学衍生企业等合作方式和渠道研究。这些渠道是校企知识转移和高校知识产权商业化的主要途径（Cohen等，2003）[9]。

国内研究方面，"政产学研金服用"创新创业共同体研究经历了产学合作、产学研合作、"政产学研金服用"共同体合作三个阶段。第一个阶段是产学合作阶段，主要以市场决定产学合作过程与模式为特点，学校与企业在产学研合作过程中的主体地位越来越被学界认可，校企合作研究逐步发展为相对独立的研究课题（吴建新，欧阳河，2017）[10]；第二个阶段是产学研合作阶段，在欧美国家产学研合作理论与实践基础上形成，依然强调通过市场规律与需求促进产学研合作发展（项杨雪，柳宏志，2011）[11]；第三个阶段是"政产学研金服用"共同体合作阶段，主要以互联网时代云计算、大数据、人工智能为代表并引领的第四次产业革命带来的多合作主体与利益相关者协同支持，资源、利益多方共享为主要特点，以市场为基础，强调发挥政府的组织功能，重视用户对产品的工艺创新以及金融机构与科技中介机构的资金与服务支持（林伟连，2017）[12]。目前，多参与主体共同体合作创新模型与如何提升共同体及各参与主体合作创新效率是学界亟须研究的问题。

从研究内容看，"政产学研金服用"创新创业共同体研究主要包括以下方面。第一，产学研合作创新模式与类型研究。国外学者围绕采取何种形式能够保障合作创新形成并持续发展问题开展系列研究（Gertner等，2011[13]；Plewa，Quester，2007[14]）。第二，产学研合作创新参与主体研究。除产、学、研三者之外，国内学者还对政、金、介等相关主体进行研究（满海雁，陈明，2011）[15]。产学研协同创新过程中常遇到创新成果不被市场接受、融资渠道不畅、利益协调和不确定性及高风险导致的合作交易成本过高，使得产学研合作难以持续。伴随着互联网经济时代的到来，产学研合作创新的利益相关者多极化（丁云龙，孙冬柏，2012）[16]，合作模式复杂化，政府在合作创新理论与实践上引导协调支持的作用越来越被认可。山东省建立创新创业共同体建设工作协调机制，由省科技厅牵头负责创新创业共同体五年培育计划的组织实施，完善工作推进体系、政策支持体系、创新生态体系、考核激励体系"四个体系"，为创新创业共同体建设提供组织保障、政策保障和服务保障，凝聚支持创新创业共同体建设的强大合力。互联网经济时代，建立产学研投融资体系，吸引一定的社会资本，强化资本纽带是产学研合作制度建设的内容之一，已有研究主要有风险投资嵌入式产学合作战略联盟概念模型（杨峰，2008）[17]与金融介入的政产学研技术合作创新模式的用政金三方资金投入联动机制（裘著燕等，2012）[18]，主要解决融资渠道不畅、合作交易成本高的问题。科技服务中介是为科技创新主体提供社会化、专业化服务以及支撑和促进创新活动开展的机构，在产学研利益共同体合作创新过程中起着重要的黏合与催化作用，可以有效降低合作创新不确定性带来的风险，加速科技成果转化（仲伟俊等，2009）[19]。"互联网+"时代，用户需求多样化与个性化凸显，用户在企业产品、服务等创新活动中的作用被广泛关注，并逐步形成用户创新的理念。应把用户创新引入产学研合作，用户参与产学研多主体合作创新活动，力争改善目前合作过程中科技与经济发展脱节的问题。第三，产学研合作与协同创新过程的界定。李扬等（2017）[20]、何郁冰（2012）[21]、马家喜等（2008）[22]认为产学研合作是一种循环、进化的创新，并提出了产学研合作与协同过程模型。杜兰英，陈鑫（2012）[23]描绘了中小企业"六位一体"协同创新模型。第四，产学研合作与协同创新影响因素研究，主要包括技术与市场、文化、战略、政策制度等因素研究（Kim，Lee，2015[24]；Fontana等，2006[25]；朱桂龙，杨东鹏，2017[26]；黄曼，2016[27]；饶燕婷，2012[28]）。综上，已有研究对"政产学研金服用"创新创业共同体参与主体的对象研究伴随着产业链的融合不断扩大范围，但关于共同体创新创业层面的综合性梳理论证有待进一步加强。

从研究内容的学科分类来看，"政产学研金服用"创新创业共同体研究既有侧重教育学学科领域的研究（姜昱汐等，2011）[29]，又有侧重社会学学科领域的研究（孙庆梅，2014）[30]，还有侧重经济学学科领域的研究（Bercovitz，Feldman，2007）[31]，另有部分研究采用运筹学、统计学方法（马家喜，金新元，2014）[32]。如蔡冬松等（2013）[33]对产学研共同体信息供应链的构成机理及信息供需双方的演化博弈进行分析，探究其组织结构模式选择的影响因素，以构建稳定的产学研共同体信息供应链。霍妍（2009）[34]提出了一种产学研合作评价方法——标准离差法，把产学研合作划分为投入、过程、产出三个最基本的环节并提炼出各环节指标体系。总体上讲，未来"政产学研金服用"创新创业共同体研究伴随着参与主体的增加与内部运行机理的复杂化，已经不是单一化的学科问题，也不能仅依托个别学科知识与研究成果做深入研究，需进一步加大学科间融合，吸纳更多学科的先进研究成果。

从研究方法来看，除文献研究外，部分研究采用定性分析法，如扎根理论（蒋元涛等，2012）[35]；部分研究采用量化分析法，如回归分析（谢园园等，2012）[36]、模糊综合评价（闫青，张超豪，2013）[37]、计量学方法（蒋勋等，2014）[38]。已有研究中，产学研合作创新整体效果研究缺乏对评价指标选取的数据、技术支持。评价方法中，定性与定量结合分析应用研究有待进一步加强。

综上所述，已有研究趋势与侧重点逐渐由以产学研合作参与主体单一元素为主的微观视角（项杨雪，柳宏志，2011）[11]向合作参与主体的多元化、体系化、系统化的宏观视角发展（李阳等，2016）[39]，对合作创新研究更多关注生产要素重组，将科技成果应用过程看作一种信息过程（张慧颖，史紫薇，2013）[40]。"互联网+"时代创新对于所有行业都是持续发展的原动力，在"政产学研金服用"创新创业共同体参与成员范围不断扩张的过程中避免主体缺位、对共同体创新评价与合作创新模式选择方面需进一步做好数据支撑与量化指标论证。

《2010年中国大学生就业报告》显示，毕业生的能力满足度略有下降。经管类专业毕业生"求职就业难"与企业"难以找到合适的管理人才"的矛盾越来越尖锐，其本质是人才素能结构的失调。《教育部办公厅关于实施一流本科专业建设"双万计划"的通知》提出要全面振兴本科教育，提高高校人才培养能力，实现我国高等教育内涵式发展。2014年2月26日，国务院总理李克强要求"引导一批普通本科高校向应用技术型高校转型"，自此应用型人才培养成为我国应用型本科院校人才培养模式改革的重要内容，重视学生实践能力、加强校企合作成为这类院校的工作重点。

我国当代大学生被动地接受教师课堂上讲授的内容，很少有学生利用课余时间自学专业前沿相关知识与科研成果，主动参与社会实践的学生更是凤毛麟角。学生毕业后往往需要花很长时间去学习、适应工作，导致企业与学生磨合时间增加。国内教育界也充分认识到了我国学生的实践能力、动手能力不强的问题并做出了一些改革的尝试。周建庆（2009）[41]提出了市场营销教学改革实验田模式，主张校企联合，将理论与实践相结合，开拓教学新模式、新思路——开垦实验田、培植、耕耘等，通过校企合作为学生创造实践机会。在现实中，很多高校为提高学生实践能力，解决学生就业问题，确实在做联合企业共建人才培养体系的教育教学改革模式的尝试，在一定程度上为学生提供了实践机会。提出类似观点的还有崔瑜琴（2012）[42]，其主张用"实战教学"模式代替实验教学模式，认为学生应该走出实验室，走进企业，走向市场。还有的研究认为我国应用型本科经管类专业实践课程应当进行多元化改革，不仅要为学生提供校内外的实践锻炼机会，更应当培养"双师型"师资队伍。

高等教育实践过程中，寻求解决培养学生与社会需求断层问题的重要方法除了学校层面上在人才培养方案设计过程中增加实践教学比重外，还需从外部资源引入的角度，让企业走进课堂，让课堂走进企业，即校企联合办学。然而，目前在应用型人才培养方面，校企合作主要呈现出实习时间较短、实习内容以参观为主、企业很少提供劳务报酬、毕业实习难以有组织、成规模地开展等一系列问题。面对这些问题，学界主要从以下三方面开展校企合作研究。

一是结合校企合作的实践模式开展研究，构建符合职业教育特点的校企合作人才培养模式。这类研究从实践出发，结合理论探索研究为职业院校构建校企合作机制提供了理论引导（胡继荣，2020[43]；冉从敬等，2020[44]；张静等，2019[45]；余祖光，2008[46]；胡颖蔓，2009[47]；徐建平，2010[48]）。二是借鉴国际校企合作的人才培养经验，对我国目前存在的问题提出应对策略，并进一步探索我国校企合作机制的完善路径（曹梦婷，方展画，2018[49]；李祥富，2008[50]；兰小云，2013[51]）。三是关注宏观政策建制，试图通过对政府角色和作用进行分析，明确校企合作的政策方向并提供决策指导（王淑华，2020[52]；吴慧萍，2011[53]；吕昕，2012[54]；吴强，2015[55]）。从目前全球的实践教学与校企合作方面来讲，欧美国家走在最前列，如美国的"合作"教育、英国的"三明治"教育和德国的"双元制"教育。而与我国国情相似的亚洲国家中，日、韩的高等教育发展相对较早，也相对成熟。以近邻韩国为例，韩国在20世纪七八十年代实现了经济上的腾飞，韩国的高等教育伴随着经济的高速发展处于亚洲领先地位。韩国教育一直以来遵循着多元化发展模式，在教育的大众化和普及率方面取得了显著成效。另外，韩国高校一直以来实施的"学分制"和"学分银行制"在韩国高等教育发展中发挥了重要的作用。

韩国高校在人才培养方面以社会发展为导向，贯彻"教育先行"理念，在教育模式上以提高学生专业知识和专业技能为根本目的，以"学分制"为制度基础，将"推式教育"与"拉式教育"相结合（孙龙，2016）[56]，强调三个课堂实践环节（张宁，崔镐圭，2018）[57]；将"有形的手"与"无形的手"相结合，调整高校学生在学习期间的动力和压力关系，以达到控制学生校内外学习实践效果的目的。在教育实践层面，韩国高校充分发挥政、校、行、企四方联动效应和产、学、研、教四位一体互动型合作教育机制，致力于开发和利用国

际化教育资源，以国外优秀教育资源进行多元化合作项目开发和实施，为人才培养创造多层面、多角度立体式平台（이우진，황보윤，2015）[58]。

综上，目前我国人才培养，特别是应用型人才培养过程中出现的"眼高手低"等问题造成的专业人才培养与社会需求断层的现象应引起各方重视。校企合作是提升应用型人才培养质量的重要一环，也是校外实践教学环节的重要组成部分与实现工具。总结国外高校优秀经验，需完成从实践环节的具体表现到人才培养模式的理论升华，最后落实到我国应用型本科院校校企合作实践环节。

二、研究目的与意义

伴随着"互联网+"时代带来的创新创业参与主体的扩张，其研究范畴也随之不断扩大。本书将在传统校企合作研究基础上，加入利益相关群体元素，构建"政产学研金服用"创新创业共同体，丰富产学研协同创新理论研究与创新创业理论研究。《山东省新旧动能转换重大工程实施规划》指出"我省目前的新业态、新模式处于起步或跟跑阶段，研发创新投入不足，规模以上工业企业设立研发机构的仅占7%，科研成果转化率低，自主创新能力亟待提高"，提出"应当坚持质量第一、效益优先，以供给侧结构性改革为主线，以新技术、新产业、新业态、新模式为核心，以知识、技术、信息、数据等新生产要素为支撑"的指导思想。本书将围绕"政产学研金服用"创新创业共同体的形成演化过程与评价指标体系构建展开研究，通过"政产学研金服用"七方协同联动、融合发展，形成各具特色和不同模式的创新型产业集群，支撑引领经济高质量发展，形成市场有效、政府有为、企业有利、协同高效的创新环境，激发创新创业的活力，为深入践行新发展理念、优化社会资源配置、大力实施创新驱动发展战略、实现新旧动能转换重大工程、支撑我国经济实现高质量发展提供有价值的咨询参考。

《国家中长期教育改革和发展规划纲要（2010—2020年）》指出，"我国教育还不适应国家经济社会发展和人民群众接受良好教育的要求"。"两个不适应"直指教育存在的根本性问题。"两个不适应"的实质是人才培养不适应，其中一个重要方面就是应用型人才培养的不适应，人才培养模式与市场需求脱节是其根源之一。高等院校过分强调专业知识的系统性和学术性，存在专业和课程设置与市场需求脱节或错位的情况，专业适应性不强，人才培养目标不清晰。而专业适应性不强也突出地体现为在高校实践教学与校企合作过程中出现问题，高校培养的人才与社会需求、企业需求不适应。如何做好专业知识的应用与转化成为高校毕业生尽快适应企业需求、缩短从高校到社会的"转身期"的重要问题。据此，本书将对新时代我国高校校企合作创新模式展开研究，希望通过对内部资源与外部资源的深层次挖掘，打破时空局限，整合国内外各方优势资源，创新校企合作模式，解决人才培养与社会需求不一致的问题，为社会培养更多应用型人才，为新时代中国特色社会主义建设事业培养更多优质复合型人才。

综上所述，本书的研究意义主要有以下两点。

第一，理论意义。丰富和发展新时代我国高等教育产教融合创新模式，即"政产学研金服用"创新创业共同体组织架构与合作创新评价相关的理论研究成果。此前，各界对校企合作、产学研与"政产学研用"共同体以及相应绩效评价的研究已取得丰富成果。本书在梳理已印发的绩效评价标准文件的适用范围和评价内容的基础上，构建"政产学研金服用"创新创业共同体评价体系，为高效评价共同体的合作创新绩效提供理论参考。

第二，实践意义。助力"政产学研金服用"创新创业共同体高质量发展。兼顾准确性、科学性、实用性的共同体绩效评估体系有利于形成政府主导机制、企业主体价值、科技人才活力、研发机构成果产出、金融配套保障、中介服务增值、成果转化增效七大因素发展共赢的局面。将校企合作融入"政产学研金服用"创新创业共同体高质量发展体系，有助于解决好人才培养与社会需求不一致的问题，为社会培养更多应用型人才，为实现新时代中国特色社会主义建设事业培养更多优质复合型人才。

第二节　研究内容与研究方法

一、研究内容

"政产学研金服用"创新创业共同体是产教融合理论发展到高级阶段的产物。产教融合的最初形态是校企合作。校企合作最初是高校人才培养过程中，为化解人才需求与供给间矛盾，提升高校毕业生实践能力的一种新型办学模式，主要涉及企业与学校间的双向关系，通过双方合作共赢，满足各自需求，各取所需。校企合作的成效取决于双方的需求与供给是否一致，合作过程中易呈现零和博弈局面。校企合作的实质是解决高校人才培养问题，这是提升人才供给质量的有效模式与途径。

产教融合注重产业转型升级与教育内涵发展互为因果，注重构筑利益共同体与发展共同体。产教融合是经济社会发展到一定阶段的产物，是围绕产业发展这个核心问题吸引教育组织机构参与产业进步的过程，虽然形式上也有校企合作模式的痕迹，但合作内容主要考虑教育如何服务产业发展进阶。深化产教融合的主要目标是逐步提高行业企业参与办学程度，健全多元化办学体制，全面推行校企协同育人，用十年左右时间，使教育和产业统筹融合、良性互动的发展格局总体形成，需求导向的人才培养模式健全完善，人才教育供给与产业需求重大结构性矛盾基本解决，职业教育、高等教育对经济发展和产业升级的贡献显著增强。

然而，互联网时代打破了时空界限，将地球变成地球村，供应链条间横向联合、跨界融合趋势显现，单纯的产学研合作与协同创新已经不足以支撑社会经济发展现状。党的十八届三中全会《中共中央关于全面深化改革若干重大问题的决定》指出，要使市场在资源配置中起决定性作用和更好地发挥政府的作用。决定性作用是指市场在所有社会生产领域的资源配置中处于主体地位，对于生产、流通、消费等各环节的商品价格拥有直接决定权。"决定性作用"意味着不能有任何力量高于甚至代替市场的作用。进一步处理好政府和市场关系，实际上就是要处理好在资源配置中市场起决定性作用还是政府起决定性作用这个问题。经济发展就是要提高资源尤其是稀缺资源的配置效率，以尽可能少的资源投入生产尽可能多的产品，获得尽可能大的效益。理论和实践都证明，市场配置资源是最有效率的形式。市场决定资源配置是市场经济的一般规律，市场经济本质上就是市场决定资源配置的经济。健全社会主义市场经济体制必须遵循这条规律，着力解决市场体系不完善、政府干预过多和监管不到位问题。实践证明，只要实行市场经济体制，就必须尊重市场在资源配置中的主体地位和决定性作用，其他任何力量都不能代替市场的作用。市场决定资源配置的机制，主要包括价格机制、供求机制、竞争机制以及激励和约束机制，其作用主要体现在以利润为导向引导生产要素流向，以竞争为手段决定商品价格，以价格为杠杆调节供求关系，使社会总供给和总需求达到总体平衡，生产要素的价格、生产要素的投向、产品消费、利润实现、利益分配主要依靠市场交换来完成。

在发挥好市场在资源配置中的决定性作用的同时，更好地发挥政府作用。政府在新时代中国特色社会主义经济发展过程中，特别是在百年未有之大变局的今天以及未来的很长时间将发挥重要作用。伴随着经济社会发展与互联网时代的到来，引领新科技革命到来的智能化发展为产业经济发展带来新机遇，也提升了产业发展的门槛，诸如新科技企业等在智能化时代如雨后春笋般出现。伴随着产业发展迈向成熟期阶段，水平一体化模式逐渐代替垂直一体化模式，社会分工的精细化发展与服务外包广泛流行，产业竞争逐渐由单个企业间的竞争演变成供应链条间的竞争，作为各国的支柱产业一方面是国家实力的展现，另一方面也成为各种资源争相进入的领域。于是产业发展进入跨界融合期，强强联合逐渐向多元化发展、精细化合作过渡。产业发展进入多元化、多模式、具有互联网时代特征的阶段。产业发展对核心技术与研究能力的要求已经不局限于单纯的产业界与教育研究界的融合，而逐渐裂变为对研究能力与核心技术开发能力的多主体、多元化的综合能力体现，亦即现阶段推动产业发展的核心技术升级与研究能力不能仅依靠科研机构与高校来支撑，需要加入政府、金融机构、服务机构、用户等，形成打通市场供给与需求端融合的，能够辅助产业核心技术研发的人、钱、物相结合的创

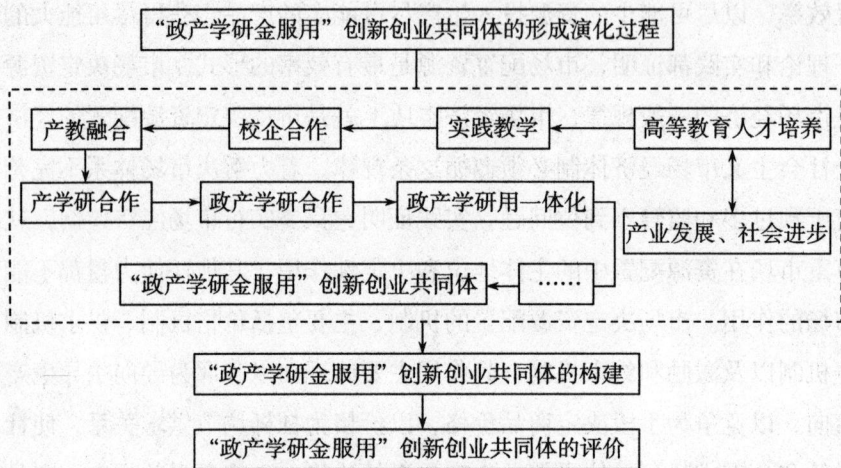

图1-1　本书研究逻辑框架图

新创业共同体。据此，本书研究逻辑框架如图1-1所示。

　　本书围绕从校企合作到"政产学研金服用"创新创业共同体演化与评价开展研究，根据本书研究目的，秉承"实践—理论—再实践—再理论"理念，围绕新时代我国高等院校校企合作创新模式展开研究，共分为五章内容。第一章介绍本书的研究背景、目的与意义，主要的研究内容与研究方法，以及本书相关的主要概念。第二章回顾了校企合作的国内外理论研究与开展实践活动情况，阐述了校企合作的发展现状与存在问题以及研究必要性，并对国内外相关研究进行了梳理总结，为进一步研究奠定理论基础。第三章从国外实践教学模式的先进性表现入手，通过对韩国高校人才培养创新驱动模式经验总结提炼实践教学在高校人才培养，特别是在应用型人才培养过程中的重要作用，梳理总结韩国高校人才培养创新驱动模式对我国应用型

本科院校人才培养的启示作用。这是本书的第一个"实践—理论"循环，这一部分主要采取理论分析法。第四章围绕新时代我国高校校企合作评价体系开展研究，以山东交通学院电子商务专业为例，进行基于楔形人才培养模式的专业认同、专业期望与学习动机间的关系论证以及校企合作学生学习效果的实证分析，旨在深入剖析校企合作的效果以及确定高校与企业在人才培养过程中的介入点，为校企合作评价体系构建提供案例依据；通过对前人研究的解析，形成校企合作评价指标体系。这是本书的第二个"实践—理论"循环，主要采取实证分析法。新时代校企合作长效机制与政校企合作评价研究，主要围绕新时代校企合作发展过程中主体的变化——政校企合作以及对校企合作长效机制带来的影响作用进行论证。这是本书的第三个"实践—理论"循环，主要采取实证分析法。第五章"政产学研金服用"创新创业共同体研究，论证新时代我国高校校企合作的发展与创新模式，从实践到理论研究两个视角介绍校企合作由两大主体演变为多主体的演化历程，并结合时代背景，对"政产学研金服用"创新创业共同体进行了组织构架与评价指标体系的构建；通过实证分析对评价体系进行了检验，将最初的校企合作从高校人才培养上升为经济社会发展的高度，为共同体合作创新提供理论依据。这是本书的第四个"实践—理论"循环，主要采取实证分析法。本书的研究结构框架如图1-2所示。

　　本书结合"互联网+"时代特点与习近平新时代中国特色社会主义理论，在校企合作、产学研合作已有研究基础上，融合经济学、管理学、社会学、教育学、统计学学科知识，研究"政产学研金服用"创新创业共同体合作创新模型与评价指标体系，厘清共同体参与主体属性特征，提升共同体合作创新效率。据此，本书关于"政产学研金服用"创新创业共同体研究技术路线图如图1-3所示。

```
┌─────────────────────────────────────────────────┐
│                      绪论                          │
└─────────────────────────────────────────────────┘
┌──────────────────────┐          ┌──────────────────────┐
│  研究背景、目的及意义  │◄────────►│   研究内容与研究方法   │
└──────────────────────┘          └──────────────────────┘
┌─────────────────────────────────────────────────┐
│              校企合作理论研究与实践                 │
└─────────────────────────────────────────────────┘
┌──────────────────────┐          ┌──────────────────────┐
│   国内外校企合作实践   │          │  国内外校企合作理论研究 │
└──────────────────────┘          └──────────────────────┘
┌─────────────────────────────────────────────────┐
│          韩国高等教育人才培养创新驱动模式           │
└─────────────────────────────────────────────────┘
┌─────────────┐ ┌──────────────────┐ ┌──────────────────────┐
│校内外实践教学课堂│ │"推式教育"与"拉式教育"│ │"有形的手"与"无形的手"│
└─────────────┘ └──────────────────┘ └──────────────────────┘
┌─────────────────────────────────────────────────┐
│      韩国高等教育人才培养创新驱动模式的重要启示      │
└─────────────────────────────────────────────────┘
┌─────────────────────────────────────────────────┐
│  基于楔形育人模式的新时代高校校企合作长效机制与政校企合作评价  │
└─────────────────────────────────────────────────┘
┌─────────────────────────────────────────────────┐
│        基于ARCS学习动机的高校学生学情分析          │
└─────────────────────────────────────────────────┘
┌────────┐ ┌────────┐ ┌────────┐ ┌────────┐
│  注意   │ │  关联   │ │  信心   │ │  满足   │
└────────┘ └────────┘ └────────┘ └────────┘
┌─────────────────────────────────────────────────┐
│        新时代校企合作长效机制与政校企合作评价        │
└─────────────────────────────────────────────────┘
┌────────┐      ┌────────┐      ┌────────┐
│  高校   │      │  企业   │      │  政府   │
└────────┘      └────────┘      └────────┘
┌─────────────────────────────────────────────────┐
│      "政产学研金服用"创新创业共同体构建与评价       │
└─────────────────────────────────────────────────┘
┌──────────────────────┐          ┌──────────────────────┐
│ "政产学研金服用"创    │          │ "政产学研金服用"创    │
│ 新创业共同体模型构建   │          │ 新创业共同体评价指标体系 │
└──────────────────────┘          └──────────────────────┘
```

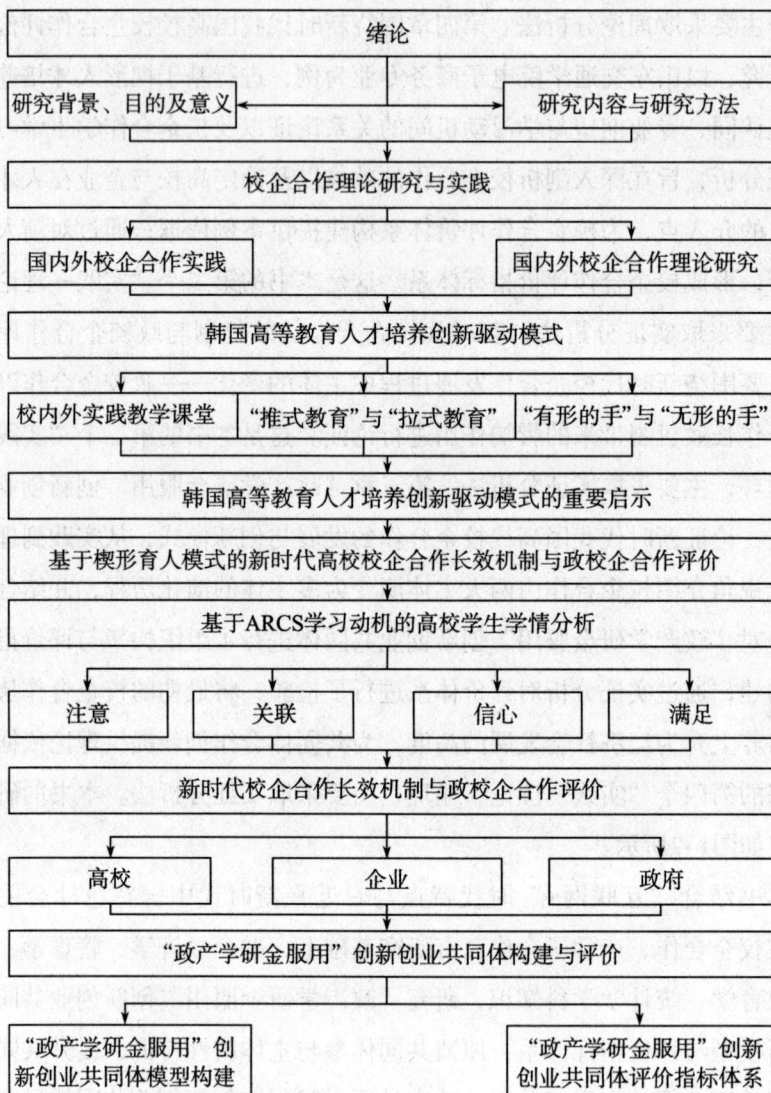

图1-2　本书结构框架图

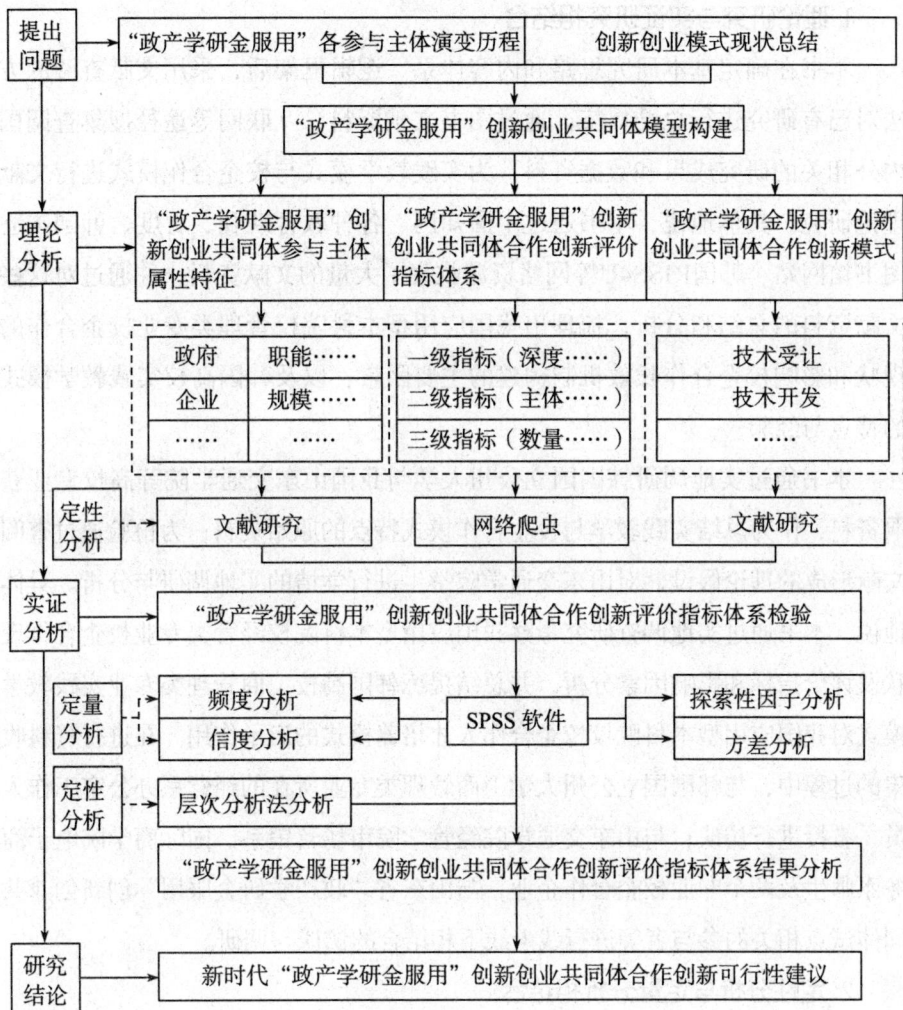

图1-3 "政产学研金服用"创新创业共同体合作创新研究技术路线图

二、研究方法

本书围绕"政产学研金服用"创新创业共同体合作创新，从新时代我国应用型本科院校校企合作创新模式入手，主要采取理论研究与实证研究相结合、定性分析与定量分析相结合、比较研究与个案研究相结合的方法展开研究。

1. 理论研究与实证研究相结合

本书在确定基本研究思路和内容体系、逻辑框架后，采用文献查阅的方法对已有研究进行总结提炼，通过图书文献资料、互联网等途径搜集查阅国内外相关的研究成果和数据资料，为实践教学模式与校企合作模式进行文献理论研究。具体地说，本书通过中国知网、各种教育期刊、百度、韩国国立图书馆网站、韩国RISS4U等网络资源收集了大量的文献资料，并通过对这些文献资料的总结和分析，梳理出我国应用型本科院校管理类专业校企合作的现状和影响校企合作长效机制构建的主要因素，以及韩国高校实践教学模式的特点与经验。

本书通过实地调研韩国国立公州大学与我国山东交通学院等高校专业获取资料，作为总结实践教学与校企合作模式特点的原始资料；为检验通过查阅文献形成的理论假设，对山东交通学院学生进行学情的实地调研与分析。具体地说，本书通过实地调查研究考察我国应用型本科院校经管类专业校企合作现状及评价指标和影响因素分析，并总结提炼韩国高校工商管理类专业实践教学模式对我国应用型本科院校校企合作人才培养模式的启示作用。在进行资料收集的过程中，与韩国国立公州大学工商管理类专业所在的经营系办公室工作人员、教授进行访谈；与山东交通学院经管学院市场营销系、国际商学院电子商务系师生及两个专业校企合作企业，与山东省"政产学研金服用"创新创业共同体试点相关的参与者等进行线上线下相结合的访谈与调研。

2. 定性分析与定量分析相结合

本书综合运用多学科交叉理论来指导研究，系统梳理概念、国内外研究现状，依托已有的相关基础理论进行探析和总结提炼，提出本研究的理论假设。充分借助统计学原理进行研究分析，通过定性、定量分析进行归纳对比和实证分析，最后对研究内容和统计分析结果进行归纳总结。采用的主要统计方法归纳如下。一是采用SPSS软件信度分析方法，使用克朗巴哈系数和校正的项总计相关性的值检验整体量表和各个变量的可靠性程度；二是采用探索性因子分析法对概念的构成维度进行降维分析，探索性因子分析采用最小方差法，因子抽出方法使用主成分分析法；三是采用相关分析法检验各个变量之间的相关性，为进一步研究变量因子之间的关系打下基础；四是采用回归分析法检验研究假设，并论证概念间是否具有因果关系；五是采用方差分析法，对不同种类的学生的部分属性进行差异性分析。

（1）定性分析法

主要采用文献分析法，具体采用网络爬虫法收集"政产学研金服用"创新创业共同体相关文献，采用网络生成算法进行文献梳理，具体的定性分析法如下所示。

1）数据预处理

第一，从文献库中筛选出满足年份条件的文献，选取文献的标题，形成标题集合。

$$T = \{t_1, t_2, t_3, \cdots, t_i\} \tag{1-1}$$

其中，n 为文献数量，t_i 为第 i 篇文献。

第二，对标题集合进行分词操作，运用 python 的 jieba 分词库对每一个标题进行分词，将每一个标题转化为关键词集合 word（t_i），同时去掉没有意义的虚词，仅保留名词和动词。

第三，将所有标题对应的关键词集合进行合并去重，筛选出出现次数较高的关键词，形成总的关键词集合。

$$W = \{w_1, w_2, w_3, \cdots, w_k\} \tag{1-2}$$

2）构建词共现网络

网络节点对应关键词集合中的每一个关键词，网络边衡量关键词的共现关系，借助词共现网络能够描述文献标题的大致结构。

边的权重计算公式为：

$$\text{weight}(w_i, w_j) = \frac{\text{cor}(w_i, w_j)}{\sqrt{\text{freq}(w_i) * \text{freq}(w_j)}} \tag{1-3}$$

其中，cor 代表关键词 w_i 和 w_j 出现在同一个标题中的次数，freq（w_i）为在所有标题中出现的频率。从公式可知权重与共现次数正相关，而与关键词出现的频率负相关；权重越大，代表两个词关联越紧密。

3）绘制相关文献知识图谱

通过以上分析，绘制查阅文献的知识图谱。其中，绘制节点的深度代表节点的度，即与该节点相连的边的权重的和；边的粗细代表边的权重。网络中心的节点多对应高频词，高频词与较多节点为弱连接，即与较多关键词有共现关系，因此，网络中心的节点多对应文献的关键理念。而网络的边缘节点，只是在小范围存在共现关系，多对应文献中的一些具体的研究领域。

（2）定量分析法

本书对高校经管类专业大学生学习动机进行学情分析，掌握其学情特征，为设计应用型人才培养过程中校企合作模式的选择打好基础。具体地说，通过经管类专业教学效果在注意、关联、信心、满意等方面的实证分析，挖掘人才培养过程中存在的不足与差距，以便在教育教学过程中能够更有针对性地进行改进。

本书将使用SPSS18.0对收集的数据进行频度分析，使用探索性因子分析方法对量表进行结构效度检验，使用Cronbach's alpha系数进行信度分析，使用Pearson相关分析法检验各变量间相关性，使用方差分析与回归分析法验证研究假设的真伪。

1）信度分析

信度是指测验结果的一致性、稳定性及可靠性。应答者再次对通过效度检测的概念进行测量时，不受到时间和环境影响，表现出类似结果，这样的结果值得信任，具有一致性，这就是信度（reliability）。检测这种一致性的统计方法叫作信度分析（배병렬，2005）[59]。信度分析是一种测量综合评价体系是否具有一定稳定性和可靠性的有效分析方法，一般多以内部一致性（consistency）表示该测验信度的高低。最常用的判断信度的方法是克朗巴哈系数法，其计算公式如下所示。

$$\alpha = \frac{N}{N-1} + \left(1 - \frac{\sum S_i^2}{S_x^2}\right) \qquad (1-4)$$

其中，N为问项的数量，S_i^2是第i题得分的题内方差，S_t^2是全部题项总得分方差。α系数评价可衡量量表中各题项得分间的一致性，属内部—致性系数，其区间为0至1，学界一般认为系数值达到0.8至0.9为非常理想值，0.6至0.7为可以使用值，但如果低于0.6则认为缺乏内部一致性（이학식，임지훈，2008）[60]。系数愈高即表示该测量结果愈一致、稳定并可靠。

2）效度分析

效度指测量工具或手段能准确测出所需测量事物的程度。效度包括内容效度、准则效度和结构效度三种类型。其中，内容效度又称表面效度或逻辑效度，指多设计题项能否代表所要测量的内容或主题，常采用逻辑分析与统计分析相结合的方法进行评价。准则效度又称效标效度或预测效度，指根据已得到确定的某种理论，选择一种指标或测量工具作为准则，分析问卷题项与准则的联系，与之比较以判断其效度，常采用相关分析或差异显著性检验方法进行评价。但在实际问卷效度分析中，选择一个合适的准则十分困难，这种方法的应用受限。结构效度指测量结果体现出来的某种结构与所测结果之间的一种对应程度，一般是通过测量结果与理论假设相比较来检验的。结构效度分析所采用的方法是探索性因子分析和验证性因子分析，主成分分析是探索性因子分析最常用的方法。本书采用SPSS18.0中探索性因子分析方法对量表进行结构效度检验。本书探索性因子分析拟使用最小方差法，因子抽出方法拟使用主成分分析法。经过探索性因子分析进行筛选选择因子载荷量在0.5以上、特征值（Eigen）大于1的公因子进行提取，完成降维任务。

3）相关分析

相关分析是用于研究变量间密切程度的统计方法，对具体有密切关系的现象探讨其相关方向及相关程度，但相关关系不能用来判断现象间的因果关系。相关分析中的常用相关系数有Pearson相关系数、Spearman相关系数与Kendall相关系数。Pearson相关系数用来度量两定距型变量间的线性相关；Spearman相关系数利用两变量的秩次大小作线性相关，用来度量定序变量间的线性相关，对原始变量分布不做要求；Kendall相关系数采用非参数检验方法度量定序变量间的线性相关。本书采用Pearson相关系数进行变量间的相关分析，公式如下所示。

$$r = \frac{\sum_{i=1}^{n}(x_i - \overline{x})(y_i - \overline{y})}{\sqrt{\sum_{i=1}^{n}(x_i - \overline{x})^2 \sum_{i=1}^{n}(y_i - \overline{y})^2}} \qquad (1\text{-}5)$$

其中，x，y分别表示两变量的值，Pearson相关系数值r介于-1与+1之间。当两个变量无相关时，系数为0；系数为正，则表示两个变量正相关；系数为负数表示负相关。系数值的绝对值越大，表示变量间越有关联性。

3. 比较研究与个案研究相结合

一是对中韩两国的实践教学模式现状进行对比分析。分析部分西方国家校企合作的优秀经验，特别提出韩国高校经管类专业实践教学方面的优点，为我国高校校企合作发展模式提供借鉴。二是对山东交通学院经管类专业校企合作案例进行分析论证。通过实地考察和资料分析论证校企合作过程中的问题以及"政产学研金服用"创新创业共同体构建的必要性。

第三节　相关概念介绍

一、推式教育

"推式教育"是指教育者推动受教育者主动参加校内外专业实践活动（孙龙，2016）[56]。教育者利用客观存在的教育资源，推动受教育者参加社会实践活动，通过身体力行接受内外部因素刺激，唤起受教育者学习动机，使其在心理上与行动上产生主动接受教育的反应。

二、拉式教育

"拉式教育"是指教育者利用能够吸引受教育者注意力的教育手段和方

法促使受教育者接受教育（孙龙，2016）[56]。"拉式教育"在高等教育中主要表现为教育者通过慕课、案例教学等方式来吸引学生学习注意力，激发学生专业学习兴趣来完成课堂教育。这种教育方式具有即时性特点，不能让学生产生长时间心理共鸣，不能给学生持续的影响，易于被学生自身惰性所稀释，无法为学生提供持续的学习动力。受教育者短时间内容易接受教育者的教育，表现在课堂上能够一定程度地认真完成听课，但课后通过自主学习来提升自身专业素能的动力不足，不能主动参加第二课堂与第三课堂的学习与实践，从而影响学生整体学习效果和动手能力。"拉式教育"在高等教育中主要表现为翻转课堂、参加学术科技竞赛等方式，引导和推动学生通过实践活动主动接触专业的社会现状，从实践中发现与总结自身不足，自我认识到自己应学习什么知识，以怎样的态度去学习知识，产生学习专业知识的需求和动力。体现在行动上主要表现为受教育者易与教育者产生共鸣，主动接受教育者教育，并寻求各种方式方法，主动完善自身专业知识体系。

三、"有形的手"

"有形的手"与"无形的手"最初来源于经济学研究。亚当·斯密在《国富论》中提出"无形的手"即"看不见的手"，指的是市场运行规律；"有形的手"即"看得见的手"，指的是政府的宏观经济政策与行政手段。本书中"有形的手"指的是高等教育自身可控的教育制度、教育内容、教育实施、教育流程等高校校内因素。高等教育有效地调动高校校内资源要素，对学生学习与未来发展给予方向性引导，同时对学生的学习状态与效果进行管理控制，主要包括学分制与弹性学制等教育制度的推行、专业课程设计等教育内容的修订、校内外实践环节等教育实施方案的拟定以及实现学生专业素能全面提升与社会需求契合的人才培养流程设计。

四、"无形的手"

"无形的手"指的是高等教育无法通过使用计划、组织、领导、控制等管理职能进行调节的高校校外因素，如对学生学习产生间接影响力的来自社会层面的政策法规、就业环境与家庭状况等校外因素，主要包括男生服兵役制度、就业环境压力、家庭经济负担等。

五、DACUM方法

DACUM方法是Developing A Curriculm的缩写，1970年由美国俄亥俄州立大学开发。摩托罗拉大学用这种方法对产业体现场进行适用的教育及训练，通过职务分析的方式开发教育过程。1990年AT&T、General Electric、General Motors、United Airline等全球知名企业使用这种方法。在开发的各种各样的教育过程方法论中，DACUM 方法受瞩目的主要原因是体现出以实务者为中心的现实需要。另外，相比于其他方法论都需要几个月的时间来完成，DACUM 方法五周内就可以完成企业工作岗位的调查，而且这种方法考察的都是参与主体卓越的企业业务工作者现阶段的工作。

六、学分银行制

学分银行制是一个认证各种校内外学习经历，并根据学分认证法认定先前学习的教育体系。当学分累积到某个特定标准时，学生即可获得学位，从而创造一个开放的、终身学习的社会。学分银行制由如下几种要素组成："learning experience in school"指校内学习经历；"learning experience out of school"指校外学习经历；"learning + certificate，prior learning"指学习+证书、先前学习；"accreditation"指认定；"diploma（bachelor degree，associate degree）"指文凭（学士学位、副学士学位）（朴仁钟，2012）[61]。

七、楔形

楔形是一种数学图形。最常见的是上升楔形与下降楔形两种楔形（图1-4）。楔形有强烈的技术性反弹的特征。在持续图形中，上升楔形呈倾向上斜，直到相遇现时的下降走势；而其逆转图形亦会向上倾斜，但成交则顺

势上升。无论哪一种类形都被视为看淡。在持续图形中，下降楔形呈向下倾
斜，直到相遇现时的上升走势；其逆转图形亦同样呈向下倾斜，但成交则顺
势下降。无论哪一种类型都被视为看好。

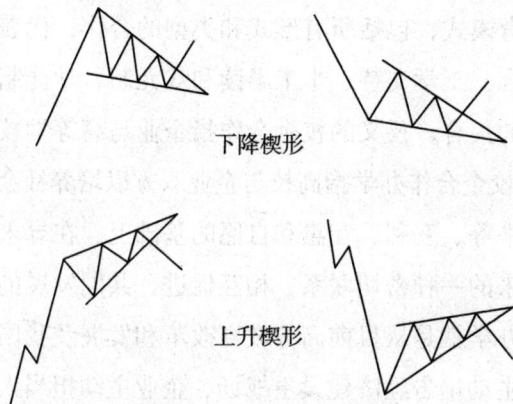

下降楔形

上升楔形

图1-4　楔形模型

八、ARCS

　　美国南佛罗里达大学心理学教授约翰·M.凯勒对相关动机的研究做汇总
分析后，于20世纪80年代设计出了动机模型，并提出了围绕该模型的教学设
计过程，因其简便和可操作性强，在教学设计领域影响很大。凯勒认为影响
动机的要素有四个方面——注意、关联、信心、满意，即ARCS模型。注意
是指教师可以通过合理的教学设计来吸引和维持学生的注意力。关联是指教
学要与学生的知识背景、个人需求和生活经验联系起来，因为与自己切身相
关的事物更容易引发关注。信心是指通过各种方式来增强学生的学习信心，
维持学生对成功的渴望。满意是指让学生感受到学习的价值、学习的快乐，
让他们在学习中获得满足。ARCS模型是激发学生学习动机的教学设计模
型，该模型关注的是如何通过教学设计来调动学生的学习动机问题。激发学
生学习动机的模型主要包括四个方面，围绕这四个方面来设计教学，就可以
较好地激发学生在课堂学习中的动机。

九. 校企合作长效机制

校企合作概念的范围有广义和狭义之分。广义的校企合作是指教育部门与产业部门或行业机构、职业学校与企业或其他职业教育机构共同举办职业教育的一种教育模式，包括所有形式和类型的合作，代表产学研合作、产教结合、工学结合、工学交替、半工半读和双元制、学徒制、合作教育、官产学合作等概念的集合。狭义的校企合作指企业与高等学校的合作（耿洁，2011）[62]。本书校企合作办学指高校与企业双方以培养社会所需的各类人才为根本目标，在平等、互利、互惠和自愿的基础上，在寻求合理的合作方式的过程中建立起来的一种密切联系、相互促进、共同发展的相对稳定的合作关系。校企合作办学就是从目前高等教育改革和发展及我国经济社会发展的需要出发，学校主动出击经济建设主战场，企业主动担当人才培养的社会责任，形成人才培养、科技服务、技术创新三位一体、互利多赢的产学研合作的有效运行体制机制。

机制是事物的内在工作方式，包括有关组成部分的相互关系以及各种变化的相互联系。机制通常指制度机制，从属于制度，是制度加方法或者制度化的方法，是通过制度系统内部组成要素间按照一定方式的相互联系和作用的制约关系及其功能（夏征农，1999）[63]。

校企合作长效机制是指能够长期保证校企合作正常运行并发挥预期功能的制度体系，它并非是一劳永逸、一成不变的，需要随着校企合作的不断深入而不断发展、完善。它使校企合作的各合作主体在一定的合作制度规范下有效运行，即有一套较为规范、稳定、系统、配套的制度体系，同时保障校企合作各方在合作过程中的利益，从而保证推动校企合作正常持久运行的"动力源"，使各个主体都能出于自身利益而积极推动和监督校企合作运行的动力（龚艳霞，2014）[64]。

十、"政产学研金服用"共同体

"政产学研金服用"共同体是指将政府、企业、学校、科研院所、金融机构、科技中介服务机构、用户等参与主体纳入一个生态圈，形成一个共融共通的创新共同体，是从产学研合作概念发展而来，是产学研合作的新发展，也是校企合作未来发展趋势。2019年，山东省政府印发《关于打造"政产学研金服用"创新创业共同体的实施意见》，提到山东将积极构建"政产学研金服用"融合创新生态，促进产学研融合创新。"政"，政府主导创环境，政府推动科技创新的协调联动机制更加完善，精简、高效的政务生态基本形成。"产"，企业主体强创新，企业创新主体地位更加突出，高新技术产业产值占规模以上工业总产值比重达到40%左右，有研发活动的规模以上工业企业占比达到40%左右。"学"，各类人才激活力，国家一流学科或进入全国学科评估A等级的学科数量力争达到20个左右。"研"，科技研发出成果，全社会研发投入持续增长，国家级重大创新平台数量实现倍增，培育新型研发机构300家以上。"金"，金融配套强保障，多层次、多渠道、多元化的创新投入机制基本形成，非金融企业直接融资占比达到25%左右。"服"，中介服务提效率，科技服务实现专业化、产业化、品牌化发展，科技服务业增加值达到2000亿元左右。"用"，成果转化增效益，技术创新的市场导向机制更加完善，科技进步贡献率达到63%左右（山东省人民政府，2019）[65]。

本章小结

　　本章为本书的绪论部分，主要介绍了本书的研究背景、研究目的与意义，以及研究内容与研究方法，并对本书涉及的相关概念进行了诠释，为本书后续章节展开奠定基础。

　　研究背景部分围绕校企合作与"政产学研金服用"创新创业共同体的理论研究脉络，主要从研究时间轴、研究内容、研究内容的学科分类、研究方法等方面对"政产学研金服用"创新创业共同体理论研究进行梳理总结，对校企合作研究现状进行整理。研究目的与意义部分介绍了"互联网+"时代带来创新创业研究范畴与参与主体扩张，即在传统校企合作研究基础上，加入利益相关群体元素，构建"政产学研金服用"创新创业共同体理论模型与合作创新评价指标体系，以丰富产学研协同创新理论研究与创新创业理论研究，为高效评价共同体的合作创新绩效提供一定的理论参考，激励"政产学研金服用"创新创业共同体高质量发展。

本章围绕从校企合作到"政产学研金服用"创新创业共同体演化与评价，根据研究目的，秉承"实践—理论—再实践—再理论"理念，围绕新时代我国高等院校校企合作创新模式的发展与演变主要采取理论研究与实证研究相结合、定性分析与定量分析相结合、比较研究与个案研究相结合等研究方法展开研究，共分为五章内容。同时，本章还介绍了研究相关的"推式教育""拉式教育""有形的手""无形的手""DACUM方法""学分银行制""楔形""校企合作长效机制""ARCS"以及"'政产学研金服用'共同体"等主要概念内涵。

第二章
校企合作理论研究与实践

第一节　校企合作实践

一、我国高等院校校企合作的现状与问题

我国高等学校校企合作自20世纪50年代以来先后经历了萌芽、转型、发展三个主要阶段。2006年年初，国务院召开了具有里程碑意义的全国科技大会，胡锦涛总书记在讲话中指出要坚持走中国特色自主创新道路、努力建设创新型国家，并提出以建立企业为主体、市场为导向、产学研相结合的技术创新体系为突破口，整体推进国家创新体系建设。校企合作被赋予新的历史地位与使命，提升到社会主义建设事业的突出位置。在校企合作的探索与实践过程中，高等学校走出了传统的象牙塔，开始以自身的人力资源优势参与科研、服务社会，并取得了良好的合作效益和社会声誉，高等学校自身在这种合作中也得到了多维度的发展。但是，在看到这些成绩的同时，也不能忽视合作中存在的问题和困惑。因我国高等学校类型与层次多样，校企合作的模式、现状以及存在的问题各不相同。

（一）我国现行校企合作政策

1. 宏观政策

自20世纪80年代国家提出高等教育应开展校企合作以来，中共中央、国

务院、各部办委、各级地方政府出台了一系列支持和鼓励高职院校开展校企合作的政策。尤其是2005年以后，陆续出台了《教育部、财政部关于实施国家示范性高等职业院校建设计划》、《加快高等职业教育改革与发展的意见》（教高〔2006〕14号）、《国务院关于大力发展职业教育的决定》（国发〔2005〕35号）、《教育部关于全面提高高等职业教育教学质量的若干意见》（教高〔2006〕16号）等文件，为高职院校开展校企合作制定了宏观政策，极大地促进了校企合作工作的开展。

2. 具体政策

校企合作的具体政策体现在各个方面，包括用工政策、技术研发政策、捐赠政策、财政扶持政策、税收优惠政策、有关鼓励和奖励政策等等。不过对企业而言，最关心的还是具体的优惠与奖励政策。

（1）对校企合作企业的优惠与奖励政策

第一，对校企合作成效显著的企业予以奖励。

2006年4月18日，中共中央办公厅、国务院办公厅出台的《关于进一步加强高技能人才工作的意见》（中办发〔2006〕15号）规定：支持企业为职业院校建立学生实习实训基地。实行校企合作的定向培训费用可从企业职工教育经费中列支。对积极开展校企合作承担实习见习任务、培训成效显著的企业，由当地政府给予适当奖励。

第二，支付给学生实习的报酬可以在计算缴纳企业所得税时按规定扣除。

支付给职业院校学生在企业实习的报酬，包括以货币形式支付的基本工资、奖金、津贴、各项补贴、加班工资、年终加薪和企业依据实习合同为实习生支付的意外伤害保险费，按财政部、国家税务总局《关于企业支付学生实习报酬有关所得税政策问题的通知》（财税〔2006〕107号）、2007年4月10日《国家税务总局关于印发企业支付学生实习报酬税前扣除管理办法的通知》（国税发〔2007〕42号），可以在计算缴纳企业所得税时按规定扣除。但接收实习生的企业与学生所在学校必须正式签订期限在三年以上（含三年）

的实习合作协议，明确规定双方的权利与义务，否则不得扣除。

第三，捐资助学费用的处理。

《财政部、国家税务总局关于教育税收政策的通知》（财税〔2004〕39号）规定：对财产所有人将财产赠给学校所立的书据，免征印花税；对企业资助和捐赠职业院校用于教学和技能训练活动的资金和设备费用，规定纳税人通过中国境内非营利的社会团体、国家机关向教育事业的捐赠，准予在企业所得税和个人所得税前全额扣除；《财政部、国家税务总局关于公益救济性捐赠税前扣除政策及相关管理问题的通知》（财税〔2007〕6号）也有类似的规定。《国务院关于大力发展职业教育的决定》（国发〔2005〕35号）规定，国家鼓励企事业单位、社会团体和公民个人捐资助学，对通过政府部门或非营利组织向职业教育的资助和捐赠，按规定享受税收优惠政策。《中共中央办公厅、国务院办公厅印发关于进一步加强高技能人才工作的意见》（中办发〔2006〕15号）规定：企业和个人对高技能人才培养进行捐赠，按有关规定享受优惠政策。

第四，对企业与职业院校共同开展产学研合作，研究开发新产品、新技术、新工艺所发生的技术开发费。《财政部、国家税务总局关于企业技术创新有关企业所得税优惠政策的通知》（财税〔2006〕88号）规定，予以税前扣除。

第五，对科技企业孵化器、国家大学科技园的税收优惠政策。

按照2007年8月20日《财政部、国家税务总局关于科技企业孵化器有关税收政策问题的通知》（财税〔2007〕121号）规定，自2008年1月1日至2010年12月31日，对符合条件的孵化器自用以及无偿或通过出租等方式提供给孵化企业使用的房产、土地，免征房产税和城镇土地使用税；对其向孵化企业出租场地、房屋以及提供孵化服务的收入，免征营业税。对符合非营利组织条件的孵化器的收入，自2008年1月1日起按照税法及其有关规定享受企业所得税优惠政策。

（2）对学校的优惠和奖励政策

第一，政策上支持和经济上的奖励。

《中共中央办公厅、国务院办公厅关于进一步加强高技能人才工作的意见》要求建立高技能人才校企合作培养制度，对积极运用市场机制开展校企合作、实施产学结合，并在高技能人才培养方面做出突出成绩的职业院校，中央财政在实训基地建设等方面给予支持和奖励。

第二，校办企业和服务企业收入的税收优惠。

《财政部、国家税务总局关于教育税收政策的通知》（财税〔2004〕39号）规定，政府举办的职业学校设立的主要为在校学生提供实习场所、并由学校出资自办、由学校负责经营管理、经营收入归学校所有的企业，对其从事营业税暂行条例服务业税目规定的服务项目取得的收入，免征营业税和企业所得税。对高等学校、各类职业学校服务于企业的技术转让、技术培训、技术咨询、技术服务、技术承包所取得的技术性服务收入，暂免征收企业所得税。另外，在高职院校资金投入机制方面，国家也制定了相关政策。《中共中央办公厅、国务院办公厅关于进一步加强高技能人才工作的意见》中提出：加大资金投入力度，建立政府、企业、社会多渠道筹措的高技能人才投入机制。各级政府要根据高技能人才工作需要，对高技能人才的评选、表彰、师资培训、教材开发等工作经费给予必要的支持。地方各级政府要按规定合理安排城市教育费附加的使用，对高技能人才培养给予支持。要从国家安排的职业教育基础设施建设专项经费中，择优支持高技能人才培养成效显著的职业院校，将高技能人才实训基地建设纳入国家支持职业教育发展的规划。

（二）我国高校和企业合作的主要模式

近年来，高校和企业经探索，已形成多种产学合作模式，归纳起来主要有以下几点。

第一，通过技术市场向企业转让科技成果。

高校通过国家部门、地区或行业举办的各种形式的技术市场、技术交易会、洽谈会、难题招标等将技术成熟度较高、市场需求量大、面广的成果向企业转移。1997年高校向企业签定技术转让合同4514项，转让金额6.18多亿元。如原山东工业大学开发的电力调度设备，通过技术转让，使一个濒临倒闭的小厂变成年销售额6.5亿元、利税7000万元的高新技术企业，并跨入国家重点企业行列。

第二，与企业进行项目合作。

这种合作有的是把高校和企业各自的优势组合起来，共同承担国家的各种科技研究开发计划或重大工程项目，有的是企业按需要委托高校进行研究与开发或技术服务等。这种主要围绕项目进行的合作，是最为普遍的一种模式，1997年这类合作项目共有16 272项。

第三，建立国家或行业"技术研究推广中心"。

如"天津大学国家工业结晶技术研究推广中心"，它既经原国家科委批准挂牌，又得到国家医药监督管理局承认，亦为"国家医药技术研究推广中心"。其研究成果在国家北方制药基地——华北制药厂转化成功后，由国家医药监督管理局在全行业推广，这是一种技术起点高、新技术推广快且非常经济有效的合作模式。国家1996年批准的30个"技术研究推广中心"，其中50%建在高校。

第四，由高校出人力和设备，由企业提供经费，在高校建立"开发研究中心"。

"开发研究中心"的工作纳入双方的工作计划，按企业发展需要，进行研究开发或超前研究，为企业提供有力的技术支撑。合作双方都按规定履行各自的职责，产权也通过法定的程序来约定。这种模式较受高校欢迎。

第五，高校与企业签订长期全面合作协议，在毕业生分配与人才培训、科学研究与技术开发、实验测试与信息咨询等方面长期合作。

这种合作模式已逐步在高校与企业中展开。如清华大学已与国内外98个知名大型企业合作，并成立了清华校企合作委员会，由校长任主任委员，还配有专人负责组织管理工作。又如，浙江工业大学与省内500个企业合作，成为这些企业的技术"依托"单位或人才培训基地。

第六，企业参与高校部分管理工作。

企业向学校出资、出设备，通过参与校董会，对学校对口培养的人才有提出建议权；学校按企业要求开展研究开发，聘请企业知名专家作为学校的兼职教授，促进校企共同发展。

第七，高校与企业共同参与"国家产学研工程"，按各自的优势组合，在国家政策支持和协调下，共同将科技成果产业化。

清华大学全玻璃真空太阳能集热管规模生产的成功就是一例。该集热管经过10年的研究开发，经集热管欧洲权威机构测定，已超过83%的国际标准。清华大学用这项成功技术与社会企业合作完成了中试，产品一投放市场供不应求，并与国内最大硼硅玻璃生产厂——北京玻璃仪器厂合作，实现了规模化生产。1992年他们共同申报并获准进入"国家产学研工程"。经原国家经贸委和市经贸委组织的专家验收，各项性能指标均居国际领先，生产线全部国内自行设计，生产规模世界第一。1995年生产65万支，产品销各省市并出口日本、比利时、澳大利亚、以色列、印度尼西亚等国。之后年产400万支集热管生产线建成投产，并在北京建成一个占地100亩的太阳城，力争达到年产值10亿。

第八，根据高校自身学科优势，有选择、有重点地自办科技企业和高技术企业。

这是我国高教体制改革和科技体制改革下形成的一种特殊产学结合模式。开始探索高校自办科技产业时，有人担心会影响高校的教学质量和学术水平，也有人认为这是"不务正业"。但在科技经济一体化迅速发展的形势下，大家领悟到高校的科技工作组织形式必须适应形势发展的要求，不能再像传统经济形态下那样，相互独立、呈线性发展。今天科研工作的各个发展阶段是个复杂的、反复交互的过程，呈双向促进并行发展的特点。忽视这一点，就会出现研究成果在摇篮里夭折的可能，因为别人已经实现商品化、产业化了。因此，在我国当前高技术产业还相当脆弱，社会企业创新能力和转化能力较差的情况下，这种特殊的产学结合的模式就显得更为重要了。高校自办的科技产业，一般都具有学科力量强，成果的技术起点高，社会企业办不了，国家又很需要，占地小、用人少的技术密集型的特征。几年来涌现的北大方正、清华紫光、东大阿尔派、复旦复华、江中制药厂等一批成功企业，使高校自办科技产业不断持续、健康发展，效益每年平均以30%的幅度增长。一些成功企业多方面的作用也逐步显现出来：在社会上的示范作用，对国家产业结构的调整起不可替代的补充作用，对相关行业技术进步起带动作用，对高校专业、学科调整起反馈作用，对高等教育资金短缺起一定的补充作用，能进入国际市场起到出口创汇的作用，在教学、科研方面起实践基地作用。以1997年为例，高校科技产业共接纳学生实习52万人，参与培养博士生1419人、硕士生2817人。清华大学企业集团经批准建立的"工程硕士培养工作站"，首次在六个工程领域十几个专业招收硕士生。江西中医学院的江中制药厂，是国家有关部门首批在企业中设立博士后流动站的企业之一。高校科技产业已成为我国高层次复合人才培养的基地之一。

第九，高校在人才、智力、成果、资本等方面与社会企业在生产要素上组合成合资企业，实现产学研结合，技工贸一条龙。

这是高校科技产业发展的必然方向，这样的企业，约占高校企业总数的三分之一。这方面也有办得很成功、效益特别好的例子。如总参信息工程学院将自行研制的具有20世纪90年代国际先进水平的大型数字程控交换机等自主拥有的知识产权科研成果，与8家国有大中型企业、22个配套生产厂家合作，成立跨地区、跨行业、跨所有制经营的大型通讯企业集团——巨龙通信设备有限责任公司。在两年多的时间里，产品便遍及全国各地，而且开始向国际市场进军，实现国产交换机出口"零"的突破。这8家企业和22个配套生产厂家产值连年翻番，累计达200亿元，安排下岗职工1.6万人，使企业焕发了生机，而学校也获得相应的回报。

第十，由高校与地方（开发区）合办大学科技园，形成科技试验开发区。

大学科技园已建立30多个，其中多数已形成科技产业群；试验区则使高校成果能在一个区域内进行辐射。如杭嘉湖技术开发试验区，先后组织156所高校与杭嘉湖地区企业合作，使170多项科技成果得以转化，累计新增产值42.4亿元，并使该地区产业和产品结构得到大幅度调整，推动了一大批高新技术产业的崛起。

（三）我国高校校企合作的特点

高校广大科技人员把面向经济建设主战场、开展产学合作看作是提高教育质量和科研水平、密切大学与社会联系的重要窗口。这样，合作的意识进一步增强，合作的主动性进一步提高，合作层次不断深入，由简单的技术转让向合作开发、委托开发、合作建立研究开发和产业化实体、组建股份制企业转化，向相互投资、相互渗透，大企业集团用资金投资高等院校，高等院校以智力投资大企业集团的产权和利益的共同体转化。

合作规模不断扩大，从面向一个企业、一个行业，发展到面向所有企业、所有行业。合作不仅仅局限于科研方面，还扩大到人才培训、职工再教育、学历教育等。高校与企业合作由随意性、盲目性、被动性，开始向按市场规律、依照法制原则进行转变，摸索出许多有益的经验。

（四）我国应用型本科院校校企合作存在的问题

与企业合作开展的实习实训不能满足应用型人才培养的要求。虽然应用型本科院校都非常重视实习实训这一实践教学环节，也多方联系积极利用各种有利条件，建立了不少的企业实训基地，但是很多实训基地徒有虚名，能够成规模接纳实训学生的企业不多。实习实训中存在的问题主要有以下几点。

第一，在企业进行实习的时间较短，时间安排上不够合理。

德国应用科技大学的第一个实习学期安排在专业学习和专长学习之间，即第三学期，使学生在理论学习的基础上，得以拓宽技能和能力，同时对职业有一定了解，获得一定的职业尝试；第二个实习学期安排则在第七或八学期进行，要求学生到企业从事本专业工程技术人员的工作，并进行毕业设计。作为国内为数不多的企业集团办学的高校，上海电机学院积极发挥其隶属上海电气集团的优势，创造各种条件安排落实企业实习实训。该校在教学计划的安排中，为各专业学生提供至少两次到企业实习或实训的机会。一般在第一学期安排一周时间的见习，主要目的是让新生通过参观相关企业了解本专业的职业性质。一周内安排四五家企业让学生参观，增强感性认识。在第八学期安排毕业实习。如果毕业设计的选题来自企业，则可以通过实习期间在企业调研搜集资料，然后学生回到学校进行毕业设计或毕业论文的写作。从总的实习时间看，整个大学四年的实习时间不到一个学期，与德国应用科技大学整整一年的实习安排相比，还是有很大的差距。从实习安排的时机看，一入学就进行实习，缺乏必要的基础知识，只能是走马观花，无法像德国应用科技大学的学生那样可以通过第一个实习学期掌握本专业基础工程技能，了解企业生产和管理的过程。

第二，实习内容以参观为主，学生很少能得到动手操作的机会。

虽然学校非常重视生产实习，学生也非常希望获得实际工作的经验，但是很多企业不愿意提供专门的技术人员和生产设备来安排实习生进行生产性操作。我国的合作企业并无德国教育企业的身份，它们对学生实践能力的培养并不承担义务，因此学校深感无奈，只能退而求其次，通过在学校建立工程中心或者建立仿真环境下的模拟实验室来提供动手实践的机会。

第三，企业很少提供劳务报酬。

学生到企业实习很少能够在第一线进行生产性操作，没有机会为企业创造价值，因此企业不可能付报酬给实习学生。相反，由于影响了企业的正常生产秩序，学校反而要向企业支付实习费用。因此这种实习没有能够实现教学与服务的结合。

第四，毕业实习难以有组织、成规模地开展。

开发能够成规模实习的合作企业对应用型本科院校是一大挑战。一般来说，工科类专业较容易落实集中实习，经管类专业则难以集中实习。依托上海电气集团的资源优势，上海电机学院电气学院的毕业实习基本上能够由学校组织，成规模地在对口企业和岗位上进行。2008年电气工程及其自动化（专升本）专业30人中，8人在上海汽轮机有限公司实习，9人在汽轮机发电设备有限公司实习，5人在上海锅炉厂有限公司实习，6人在上海电气集团风力发电设备有限公司实习，另有2人在上海航天设备制造总厂实习。而同期的经管类专业43名毕业生却分散在30家单位实习，最集中的上海昕畅国际货物运输有限公司也只容纳了4名学生，与该校同属上海电气集团的上海电气国际经济贸易有限公司也只接收了3名毕业生，大部分学生通过各种社会关系自行联系了实习单位并作为预就业的途径。电子信息专业的18位学生分布于12个实习单位。学生自己联系的分散实习往往不能够很好地达到实践教学的目的。以上海电机学院国际贸易专业为例，该专业将以电气产品贸易作为本校管理类人才培养的特色，在教学计划中特别添加了电气类的基础课程，希望能为集团培养电气专业方向的营销和贸易人才。但是毕业实习比较分散，大部分学生自行联系了实习单位，其中少有学生从事电气产品销售。由学校安排的实习生只有3人，这样就不能够很好地实现学校预定的人才培养特色。

（五）我国交通类高职院校校企合作发展存在的主要问题

1.现状

第一，交通类高职院校基础设施硬件建设加快，但企业文化特征表现不突出。

目前交通类高职院校的校园物质文化建设加紧、加快。教学楼宏伟高大、教学设施日臻完善，普遍能够为学生提供专业实践课程所需的企业实操工具、器械、设备等，但还存在着实习工位短缺，不能满足所有学生拥有充足的实践机会。学院的物质建设外部形象很少与企业特色相结合，职业特色不鲜明。

第二，交通类高职院校企业化专业化的行为文化氛围不均。

该问题主要表现在两方面：一是订单班的学生大多身着对应企业的个性化特色化工装，时刻以企业的标志和行为在校园展示，成为一种企业文化特色的风景线。但不是订单班的学生职业体验就非常欠缺，导致学生职业意识不强。二是学院对骨干专业强化企业的东西多些，而忽视对辐射专业或其他专业的企业文化建设。如物流专业为骨干专业，其实习实训设施齐备，学生通过实训便可掌握现代物流企业规范的操作技术；而此专业辐射的电子商务、市场营销等专业缺少与之匹配的设施完备的生产实习环境，使这类专业的学生实施企业化的行为受限。

第三，交通类高职院校校企融合的制度文化较为淡化。

大部分学校均形成较完善的各类规章制度，但缺少企业元素的融入。如学籍制度、考评制度对学生的行为规范延续了中学的标准，欠缺如企业化的打卡、务工等企业对员工考核的制度元素；教学实训等管理制度还固化于以往的校园设备管理制度上，缺少企业化的动态管理。

第四，交通类高职院校企业精神宣传贯彻不够。

企业精神流于口号形式，在专业教学中融入不深。一些学生懒散成性，交通企业的龙马精神和吃苦耐劳的传统作风没有形成并落实到学生的日常行为中。

2. 存在的主要问题

通过对校企合作现状的调查，我们发现，交通类高职院校校企合作仍处于起步阶段，还未形成成熟的体系，其发展中也存在一些问题。

第一，观念束缚。

无论从政府、行业（企业）还是学校本身，对"校企合作"的客观性、必然性、必要性的理论认识和实践观念，都还处于"虚而不实"阶段。很多企业缺乏长远的、成熟的合作教育的思想理念，大多数企业只是选择人才，而不参与或很少参与人才的培养。部分企业出于自身经济利益和生产实践等因素的考虑，在出现企业眼前利益和长远利益、企业本身利益和社会利益矛盾冲突时，把校企合作培训培养学生视为额外负担。

第二，校企合作重形式、轻落实。

调查发现，所有交通类高职院校都开展了形式多样的校企合作，如企业参与课程教材的开发，企业为学生提供实习机会，企业为教师提供实践机会，企业为学校提供兼职教师，企业为学校提供实训设备，企业与学校签订订单、培养协议，学校为企业进行职工培训，企业向学校提供培训经费，学校为企业提供技术服务，等等。但合作企业的数量明显偏少，合作层次较低。高职院校中拥有100家以上合作企业的院校仅4所，20家以下合作企业的院校5所，合作企业平均数以下的院校有20所。因此，作为保障高职教育质量和特色关键的校企合作教育，还未真正得到落实，基本处于松散状态。

第三，校企合作运行机制不顺畅。

校企合作运行机制特别是微观的运行制度不够成熟和完善，当与学校现行制度发生碰撞时，显得无能为力；运行的形式单一，大都是建立"校内工业中心"或"校外实践教学基地"来进行校企合作。

首先，政策扶植力度有限。虽然现在国家高度重视高职院校的校企合作，成立了校企合作协会，并开展了大规模的试点、试验工作，但还没有建立起权威、完整的校企合作的准则和指导手册。对校企合作中的企业利益保护不够，地方政府还没有建立专门的校企合作的省直机构，负责设计、监督、考核和推行校企合作，很多项目难以获得企业主管单位、劳动部门、教育部门的充分协调。

其次，校企合作缺乏整体统筹。校企合作不是单个企业对学校的问题，需要多方协调、统筹运作，共同促成校企合作成为一个可持续发展的良性循环体。

再次，校企合作以项目合作为主，目标短期化，导致无法形成一种校企合作的长效机制。

第四，校企合作积极性有待进一步提高。

企业处于激烈的市场经济竞争中，以最小的成本获取最大的利润为基本价值观，不愿意花费较多的人力、物力、财力成本与高职院校合作培养人才，因此企业在校企合作中往往处于消极、被动状态。相对于企业，学校的积极性高一些，但受传统教育理念影响，更注重校内教育对学生的培养，没有深刻意识到职业教育的特点是培养适应市场需要的技能型人才，对校企合作的责任感和紧迫感不强。无论是学校领导还是教师，他们都有自己主要负责的工作或课程，更多的时间和精力放在完成业务范围内的任务，较多考虑自身眼前利益，从而影响了校企合作工作的实施和开展。

二、我国应用型本科院校校企合作必要性

面对经济全球化的深入发展、市场经济体制的逐步完善和行政管理体制改革的进一步推进，人才需求呈现出多样化、市场化、专业化和个性化，职业需求既高度分化又高度综合，社会对专业人才素能要求越来越高。《2010年中国大学生就业报告》显示，毕业生的能力满足度略有下降。高校毕业生"求职就业难"与企业"难以找到合适的管理人才"的矛盾越来越尖锐，其本质是人才素能结构的失调。高等院校过分强调专业知识的系统性和学术性，存在专业和课程设置与市场需求脱节或错位的情况，专业适应性不强，人才培养目标不清晰。课程缺乏科学性及内在的逻辑联系，缺乏系统性和深度，缺乏实际操作性演练。实践教学硬件不足，软件短缺，校外专业实习基地建立困难，案例教学难以有效实施。就业指导缺乏系统性的职业观念、知识、方法和专业技能培养。上述问题的存在，导致在整体上应用型本科院校学生的专业素能普遍不高，造成了应用型本科院校毕业生的综合素质和专业能力与行业用人单位的实际需求之间存在差距。

为改变学校与企业在用人衔接方面的问题，如何设计实践教学与校企合作成为应用型本科院校在人才培养过程中的重要问题。

（一）校企合作有助于解决应用型本科院校专业人才供需的结构性问题

目前，我国高等院校应用型人才培养存在着高校输出人才与企业需要的专业人才不对称的结构性问题，主要表现在学生"眼高手低"，理论层面上的分析无法落实到实践操作层面上，造成企业无法从毕业生那里得到相应的价值。主要的问题在于培养人才的学校与使用人才的企业的信息沟通不顺畅，造成毕业生从学校到企业，从学校到社会衔接不力。好的校企合作能够起到"润滑剂"的作用，可以帮助当代大学生完成由学生到社会人的完美转身。校企合作不应采用传统的U2B（University to Business）模式，而应该采用B2U（Business to University）模式。好的校企合作要求企业主动参与专业人才培养方案设计与教学，高校按照企业需求做好人才培养，给学生传授最

有效的专业知识与信息，从而逐步解决人才供需结构性问题。

（二）校企合作有助于实现应用型本科院校与企业的双赢

通过实施校企合作战略，高校可以培养出更多适应社会发展、满足现代企业需求的应用型人才，实现高等院校培养人才的根本职责，履行服务社会的义务，获得良好的社会效益；同时通过校企合作，高校可从企业获得相应的效益。企业可通过校企合作获得更多的人才信息，可以有足够多的时间与机会进行人才选择；同时企业可以得到相对廉价的劳动力，创造更多的价值。

校企合作可以将学校与企业紧密地联系到一起，使两者成为"利益共同体"。

（三）校企合作有助于培养知识全面，实践能力强的应用型人才

校企合作可改变以"知识为主""教师为主"的课堂模式，在培养应用型人才过程中，除给学生传授专业知识外，还应结合企业一线，安排现场体验与实践。

第一，增强学生对于课堂学习重要性的认识。

高校中有部分学生认为理论知识在实践中作用不大，所以课堂上不会集中精力去摄取知识信息，课后也不会利用各种方式去学习与复习相关知识信息，但踏入工作岗位一段时间后才体会到校园里有好多基础性工作都没有做好。校企合作可以给学生提供零距离接触工作岗位的机会，通过实践让学生检验自己哪些知识没有学好，应该以什么样的态度来面对大学学习与生活，因此定期安排企业实习对于学生的自我认知与成长大有裨益。

第二，提高学生知识运用能力。

部分学生在大学课堂学习很多专业知识，但是没有实践机会，经过一段时间后，这些知识受到"后摄抑制"影响，被一些新事物、新信息取代，当真正需要使用的时候，这些知识已经被遗忘。校企合作可以给学生提供学期实践课程或课程设计，让学生通过实践理解课本知识，有效地将课本知识转化成实践中的能力。

第三，培养学生的职业精神。

有很多学生进入企业后需要一段时间适应与转变，给企业与学生个人造成时间成本的上升。校园里的大学生好比温室中的花朵，无尽享受着阳光与雨露，缺乏职业精神与职业意识。校企合作可以给学生提供接受风吹雨打的机会，使学生通过实践学会处理工作中的问题与各种关系，提高学生自身的综合素质，顺利完成由学生到社会人的转变。

第二节　校企合作研究综述

一、校企合作概念

校企合作是践行产教融合理念的重要载体，随着经济社会的发展，校企合作建设已经进入从规模扩张向内涵建设转变的关键时期。在改革中突破资源瓶颈，调动各种力量，搭建完善的校企合作长效机制，是提升职业院校办学质量的关键。从刘昌明（1988）[66]首次提出"校企合作"到2004年陈至立在《抓住机遇，积极进取，开创职业教育工作新局面》中明确"校企合作办学模式"，校企合作在高等教育政策中实现了其自身概念定位。2014年在全国职教工作会议上通过的《国务院关于加快发展现代职业教育的决定》明确提出要推进人才培养模式创新，坚持校企合作、工学结合，强化教学、学习、实训相融合的教育教学活动。从概念内涵角度来说，余祖光（2009）[67]认为校企合作是现代化、大规模、高成本的社会活动，是一种涉及不同社会经济主体之间的合作，其合作主体涉及企业（行业）、学生和学校三方。从广义上讲，校企合作是指校企双方根据产业结构、技术结构、企业发展、市场需求等方面的需要，共同研究专业设置、培养目标、人才规格、教学计划、课程和教学内容安排，以及共同承担相应的教育管理工作的一种办学模式。但就其核心内容而言主要是在人才培养、培训中进行的合作，属于国际上通称的合作教育（王艳辉，2017）[68]。

校企合作办学模式是职业院校和行业、企业为满足社会经济发展对高技能型人才的迫切需求，利用学校和行业、企业不同的教育环境和教育资源，坚持互助共赢、互利互惠的合作原则，以培养符合岗位需求的高素质、高技能型人才为人才培养目标，共同制订人才培养计划、产学研相结合，培养具有高素质、创新型、高技能型人才的教育办学模式。

二、校企合作国外研究综述

国外关于校企合作研究以美国"合作"教育、英国"三明治"教育、德国"双元制"教育为主。

美国是世界上最早正式提出校企合作的国家，"合作教育"模式以社区学院为主建立，Geisler与Rubenstein概括总结对校企合作研究重点集中在校企合作组织结构、合作模式与机制探讨研究、合作相关利益各方在目标和任务上的本质差异、校企合作的动机、校企合作的优劣分析、评估合作项目重要性等六个方面；Senker对校企合作密切加强的原因进行分析，从学校需求、企业面临竞争压力、政府获得效益三个方面进行探讨。美国的"合作"教育模式主要是交替模式，在学校与企业间交替进行，学生毕业前回到学校集体学习，并完成毕业论文或毕业设计。"合作"教育模式下学校可以随时了解到学生的各项情况以及缓解相应的教学资源、设施设备等压力，同时可培养学生对工作内容的适应性，提升学生工作责任心。该模式的主导方为学校，整个过程中要求学校、企业、学生紧密联系，全程参与、相互配合。

英国的校企合作模式以"三明治"教育模式为主。"三明治"教育模式亦称夹心教育模式。三明治课程（Sandwich Courses）是一种"理论—实践—理论"的人才培养模式，其实施方式是在两学期之间，通过在校授课和到企业实习相互轮替的教学方式实现以职业素质、综合应用能力为主的人才培养目标。在英国，这种培养模式主要有两种形式。第一种形式分为三个阶段，学生中学毕业后，先在企业工作实践一年，接着在学校里学习完两年或三年的课程，然后再到企业工作实践一年，即所谓的"1+2+1"和"1+3+1"教育计划；第二种形式是第一、二、四学年在学校学习三年理论，第三学年到企业进行为期一年的实践，即所谓的"2+1+1"教育计划。不论用哪种方式完成"三明治"课程，学生都需要在最后一年回到学校完成学业。学生通过在校学习与企业实习相互交替轮换的方式实现理论知识与职业素养相互结合，提高知识综合应用能力的教育模式。这种模式的特点体现在三方面：第一，学生实习工作实践相对较长且集中；第二，学生可以在企业实践活动过程中强化所学理论知识，在实践中了解自己真正欠缺的知识和能力，回校期间学习目标更加明确；第三，企业可以从实习学生中选择所需人才，有利于企业减少选择员工付出的各项成本。

德国的校企合作模式主要体现在"双元制"教育模式上。"双元"指企业与学校，这种教育模式兼顾企业和学校，二者并重。"双元制"职业教育是指学生既具有在校学生的身份，又具有企业学徒者的身份。这种教育成功地缩短了教育与企业实际需求之间的距离，利于学生毕业后能够马上融入企业，实现学校与企业的无缝接轨。这种教育的特点具体表现在三方面：第一，教育同生产紧密结合，突出职业技能；第二，企业介入高校培养人才的过程，以企业培训为主，可极大程度降低校企合作衔接成本；第三，采用各种互通式教育形式。但这种模式学校对企业依赖性很强，需承担一定的风险与成本。

国外校企合作模式研究方面还有日本"官产学合作"模式，即政府及其相关研究机构、学校、企业合作模式。实施过程中政府起调控作用，企业是推动科学技术进步的主体，高校提供的研究开发能力是关键，企业将从高校获得科研成果转化带来的实际经济效益（胡继荣，2020）[43]。

综上所述，国外校企合作机制的主要特征有四个。第一，发挥政府在职业教育校企合作中主导作用。国外职业教育校企合作的成功经验表明，政府高度重视职业教育是校企合作发展的重要前提，从国家层面对校企合作的管理机构层次、职责的规制是保障合作持续、有效的关键。第二，健全有力的法制保障。早在20世纪60年代，美国明确提出高校和企业间合作是职业教育发展方向，并颁布了《职业教育法》。90年代中期，美国总统分别签署《2000年目标：美国教育法》和《院校工作多途径法案》，这两项法律的签署极大地促进职业教育的发展，让高校和企业间的合作得到法律的认可和保障，加深了高校和企业间的合作。同时，德国也颁布了《职业教育法》及其配套法《职业教育促进法》；澳大利亚颁布了《国家培训保障法》。这些国家完善的职业教育法律体系是保障职业教育校企合作良性发展的重要条件。第三，权威有效的行业组织。德国的联邦、各州、行业雇主协会和雇员协会共同制定了多达376个与职业教育有关的法律规定。澳大利亚行业需求决定高校培养模式，行业的作用从国家宏观决策渗透到院校的具体教学安排，同时在联邦政府管理职业教育的权威机构，即国家培训总局中设置了由各行各业代表人物组成的相关理事会、咨询委员会和TAFE服务处。行业通过参加TAFE院校董事会、帮助院校建立实训基地等直接参与院校管理，共同制定办学方针，评估办学质量，并为院校提供兼职专业教师，为学生提供实习机会和较为充分的就业机会。第四，灵活多元的资金筹措方式。国外关于教育与培训资金筹措方式从政府、企业、行业到地方基金、民间投资等，十分多元化。澳大利亚的行业协会对院校发展提供巨大财力支持，成为政府之外的职业教育资金的重要来源；另外，法律规定企业每年都要向政府缴纳一定的企业员工培训费用，企业必须缴纳与该企业年收入相应的费用，政府和企业间多种投资方式获得大量资金用于维系高校和企业间的合作关系。

三、校企合作国内研究综述

国内关于校企合作的研究主要集中在以下三方面。一是结合校企合作的实践模式开展研究，构建符合社会需求的校企合作人才培养模式。这类研究从实践出发，结合理论探索研究为高等院校构建校企合作机制提供了理论引导（胡继荣，2020[43]；冉从敬等，2020[44]；张静等，2019[45]；余祖光，2008[46]；胡颖蔓，2009[47]；徐建平，2010[48]等）。二是借鉴国际校企合作的人才培养经验，对我国目前存在的问题提出应对策略，并进一步探索我国校企合作机制的完善路径（曹梦婷，方展画，2018[49]；李祥富，2008[50]；兰小云，2013[51]等）。三是关注宏观政策建制，试图通过对政府角色和作用分析建构校企合作的政策方向和决策指导（王淑华，2020[52]；吴慧萍，2011[53]；吕昕，2012[54]；吴强，2015[55]等）。

（一）校企合作实践模式构建与校企合作人才培养模式

1. 校企合作模式的理论基础研究

学界从不同角度探讨校企合作模式构建的理论基础。在校企合作模式构建中，教育与生产劳动相结合理论与威斯康星思想为其提供方法论指导；终身教育思想与建构主义理论为校企合作模式设计提供科学依据；系统原理为校企合作绩效评价提供科学标准；人本原理为校企合作模式构建提供价值导向目标。另外，还有学者从经济学角度，用核心竞争力、交易成本、资源依赖等理论解释职业院校开展校企合作的必要性，以比较优势理论指导校企合作的实施（周常青，2018）[69]。

2. 校企合作实践现状研究

职业院校是校企合作实践先行者，也是学界研究相对较为集中的领域，具体做法较多，学界研究进行以下几方面整理。一是各类高校开展校企合作的具体做法与经验；二是高等教育校企合作普通经验模式总结；三是校企合作具体存在的问题及原因分析；四是校企合作问题的解决意见。我国的校企合作实践主要表现出高校主动、企业被动、政府无动。高校在校企合作方面具有主动性先决条件，即培养能适应社会需求的具有专业知识与技能的高等人才，而目前高校相比产业发展呈现滞后性，高校不具有直接接触行业市场的机会，必须通过平台或桥梁，才能为学生提供良好的发展空间，完成好新时代高校教书育人的初心与使命，培养建设新时代中国特色社会主义的合格接班人。企业是接触行业市场的最直接因素，也是最活跃因素，自然是高校接触市场的重要桥梁，然而我国目前校企合作在权责利的划分方面存在着学生主体性问题，学生所属单位的观念依然根深蒂固，企业对培养高校学生后的入职率情况并不看好，往往有"为别人做嫁衣"的想法，使得企业在校企合作中处于被动地位。政府部门主要基于以下两点对校企合作问题"不温不火"：一是不希望主动超越行政权力去创新一些模式与探索，二是尤其一些非一二线主要城市的地区政府部门对高校培养人才最终"为谁所用"的问题心存戒备。目前研究领域认为这个问题的主要解决思路是政府积极作为，通过政策法规协调校企合作中显现的矛盾（孙龙等，2014）[70]。前文中已提到我国高校校企合作的主要模式类型，这里主要对校企合作模式进行具体总结。目前国内比较常见的校企协同培养模式主要有"订单培养式""项目驱动式""顶岗实习式""产学研结合式"等（胡继荣，2020）[43]。

（1）"订单培养式"模式

企业有针对性地培养人才，委托应用型本科院校根据企业的需求培养人才。学生在大学四年时间里的前两年一般是系统接受专业基础课与专业必修课学习，第三年根据企业需求进行选修课程学习与培训，第四年根据订单企业需求进行专业实操学习，以压缩学生入职后对工作岗位的适应时间。

（2）"项目驱动式"模式

学校按照校企合作相关项目合约，定向培养应用型专业人才，优化符合双方共同发展的教学目标与教学体系，以达到校企双方共同受益的目的。

（3）"顶岗实习式"模式

从符合企业需求出发，与行业企业签订实习协议，将学生毕业顶岗实习与企业试用期有效结合，将其分配到企业相应的工作岗位工作。实习期间，学生不仅学会将学习理论知识与实际相结合，而且还具备一定的责任意识。

（4）"产学研结合式"模式

该模式借鉴德国"双元制"模式，已成为国内大多数地方应用型本科院校重要的办学定位。应用型地方院校的人才培养目标和模式应更具针对性与实用性。学生在校期间，主要突出特色办学，以学校的教学内容与教学体系为主；学生实习期间，企业进行技能培训、实践操作，让教学知识与实践过程实现有机结合。

冉从敬等（2020）[44]构建了高校前沿科研团队探测模型，从企业视角出发，以主题模型和聚类算法为技术支撑，获取技术领域下的多个子技术主题，从更加细粒度的层面明确企业的研究重点和薄弱领域，进而在子技术主题层面，以相似专利密度对高校进行排名，明确最佳合作高校，并在此基础上，以相似专利为媒介，挖掘高校科研团队，为提升校企合作效率、推动技术创新、实现高校科技成果转化提供实践路径。

胡继荣（2020）[43]认为"三·三"制校企协同育人模式是应用型高校不断深化人才培养模式改革的最好注脚。"三·三"制是指"三进、三出、三融合"，通过校企协作，建立以提高实践能力为引领的产教融合、协同育人的人才培养模式。"三进"是指企业项目进课堂、专家骨干进教室、多元助学进校园。"三出"是指学生到企业实践、教师下企业锻炼、科研助企业发展。"三融合"是指校企理念融合共定培养方案、校企资源共建教学资源、校企人员融合共育应用型人才。通过应用型高校"三·三"制校企协同育人模式，加强产学研机制以及校企合作，提高人才培养质量与优化教育教学体系。应用型高校"三·三"制校企协同育人模式研究与实践是新常态下时代发展与应用型院校自身发展的需要，也是新时期下实现服务区域经济的重要途径。

张静等（2019）[45]认为应用型人才培养是应用型院校教育教学的根本，应用型院校可通过大力发展建设校内创新与创业实践基地，通过引企入教、产教结合、产学研合作等合作模式，以订单式、半工半读式建立校企人才联合培养机制，结合社会需求、学生的就业需求、学校的生存发展需求、企业的选人用人需求，探讨出一条校企协同育人的实践思路。通过探索与实践校企协同育人模式，可进一步优化学校的专业设置，深化课程教学改革，提高教师的教育教学水平，培养学生的动手能力、创新能力、职业胜任能力。

校企合作模式的创新开始形成具有深度和广度的新型组织形态。校企合作从2005年确立大力推进以来，与企业合作的范围逐渐扩大，合作程度逐渐深入，合作领域逐渐拓宽，形成政府、高校与企业以合作共赢为基础，以协议形式缔约建设的相互开放、相互依存、相互促进的利益实体，即校企合作的新型组织形式——校企共同体（叶鉴铭，周小海，2010）[71]，追求资源依赖的稳定性，建立协调、互惠、学习、制衡等运行机制的"校企合作联盟"（苏海亚，涂三广，2010[72]；张海峰，2009[73]），具有沟通政企校实训实习基地、教师实践基地、学生学习基地、企业员工培训基地等功能的"企业校区"模式（吕静锋，2010）[74]，实施紧密型的校企共同体合作的"校企一体化"模式（白志刚，2009[75]；叶鉴铭等，2009[76]），促进专业建设、实现教学资源整合、培养双师型教师、取得多项效益的"教学工厂"（王增杰，2008）[77]，打破了传统的单一校际合作或校企合作模式，即能发挥学校和企业优势的"校-校-企合作"（白敏植等，2010）[78]，等等。

（二）借鉴国际校企合作的人才培养经验，探索我国校企合作机制的完善路径

1. 校企合作的国际比较

国内外学者从国际经验角度梳理总结校企合作，除介绍美、德、英、日模式之外，还有新加坡"教学工厂"模式、澳大利亚"TEFE"模式、俄罗斯"学校-基地企业制度"模式等，主要介绍了这些校企合作模式的具体做法、优势及对我国校企合作的启示借鉴意义。

郝志强（2011）[79]详细介绍了美国职业教育校企合作的管理机制，并对我国职业教育校企合作管理机制提出了几点建议：建立监督、研究、咨询、管理有机统一的职业教育校企合作管理体系；政府职业教育管理向服务型方向转变；建立职业教育校企合作的国家框架和项目；注重建立加强校企合作的机构与机制。

汪静（2014a）[80]通过对德国职业教育校企合作中法律体系研究和我国职业教育法律体系的解析，认为德国校企合作法律体系对我国构建校企合作长效机制的启示主要有：建立健全我国职业教育法律体系；强调校企合作多样化，开发形式多样的合作模式；加快职业教育改革步伐和创新步伐；兼顾职业教育校企合作的公益性和商业性，使校企合作更加注重实际。

曹梦婷，方展画（2018）[49]对澳大利亚校企合作对接计划进行研究。2004年昆士兰州政府倡导实施的校企对接计划是澳大利亚面对全球知识经济背景下技能短缺危机，打破传统校企合作模式的创新举措。研究认为政府向社会力量购买公共服务，以激活社会力量参与职业教育办学活力，实现校企深度融合是现代职业教育体系建设探索路径之一。通过对校企对接计划的产生背景、框架、制度安排、原则及成效与问题等的分析发现，推动我国职业教育公私伙伴关系确立，解决我国职业教育校企合作体制机制问题需要从观念、利益机制、政府治理模式、保障机制等多方面入手。

郝志强，米靖（2011）[81]从促进校企合作管理中的政府角色、行业企业作用发挥、认证框架和项目的作用以及研究机构的作用四个方面对澳大利亚促进校企合作的管理机制进行探讨，并提出改善我国职业教育校企合作管理机制的相关建议：设置改革机构；发挥企业行业部门的职能；推进职业教育校企合作国家框架和项目建设；建立良好的对话机制。

汪静（2014b）[82]从研究"精英治国"的新加坡理工学院和工艺教育学院为教育主体，构建新型的"校内教学工厂""工读双轨计划"等职业教育模式入手，深入分析新加坡校企合作的优势，探索适合我国国情的高等职业示范校和骨干校建设的意见：政府细化立法；加大资金投入；学历教育和在职培训并重；高职院校探索校企合作新机制。

2.校企合作机制研究

校企合作机制的研究不仅是为了找到校企合作的必要性，更要找到校企合作的持续可行性。其研究的主要内容包括校企合作的动力机制、运行机制和促进机制，这也是校企合作的规律性所在。当前我国校企合作水平不高的原因，归根到底是还没有真正找到在我国政治经济和社会环境下的校企合作规律，抑或说西方的校企合作理论尚未与我国高等教育实践实现结合与创新。具体文献研究本书第四章做详细解读。

（三）宏观政策建制，对政府角色与作用研究

唐林伟（2013）[83]认为在高校发展处于劣势地位和企业没有校企合作共

同培养人才的社会文化传统的现实条件下，政治资本介入是必需的，也是有益的。但由于我国高校尚未完全建立现代大学制度，政治资本介入的程度过深或者发挥作用的场合错位都容易对校企合作产生负面影响。现实中，政府部门在我国高等职业教育发展过程中对高校专业设置与专业建设管得太多，对教师职称评定缺乏职业教育特色，从企业引进人才没有弹性机制，以及在促进行业企业参与人才培养方面政策供给的不足，等等，都对校企合作造成了不利影响。

王淑华（2020）[52]基于民办高职院校与行业企业的产教融合，通过三方联动构建命运共同体，推动民办高职院校人才培养模式的转变，以寻求稳定、深入、可持续发展的长效合作机制。

余祖光（2008）[46]提出建立校企合作长效机制要遵循两个原则：一是政府主导原则，二是坚持教育与培训本质要求原则。在此基础上从明确政府职责、经济拨款、加强基础建设、灵活合作政策、加强制度建设几个方面对高职院校校企合作长效机制进行了研究（马莉莉等，2014）[84]。

吴慧萍（2011）[53]在"紧密型深层次校企合作长效机制建设研究"中，从制定健全的法律法规和保障机制、成立办学指导委员会、创设教学质量监控体系、建立教师和员工的轮换制度四个方面提出建立长效机制的基本思路，为深层次校企合作打下基础，并在此基础上提出"互利共赢"的利益机制、"互基互挂"的参与机制、规范有序的约束机制、心系企业的情感机制、政策引领的保障机制（曹梦婷，方展画，2018）[49]。

吕昕（2012）[54]将影响校企合作长效机制的外部因素归纳为社会文化环境、科学技术环境和政策环境；将影响校企合作长效机制的内部因素归纳为校企合作的盈利能力、校企合作办学运行机制、科研成果转化机制（李祥富，2008）[50]。

本章小结

　　本章内容遵循辩证唯物主义"实践—理论—再实践"的循环升华理念。首先，研究总结归纳了校企合作实践开展情况。主要从我国高等院校校企合作的现状与问题、应用型本科院校校企合作的必要性，以及以山东交通学院经管学院市场营销专业为例，通过实地调研分析应用型地方本科院校校企合作的发展情况。其次，在总结实践问题的基础上，回顾了校企合作理论层面的概念以及国内外学者的研究现状。主要可归纳成以下几点。

　　第一，实践开展情况。我国应用型本科院校经管类专业现阶段校企合作实施过程中表现出精细化程度不够的弱点，在合理利用现有资源，通过资源整合完成高等院校应用型人才培养方面存在着明显不足，成为我国高校迅速追赶和接近国际高等教育办学水准的瓶颈。中国当代大学生被动地接受教师课堂上讲授的内容，很少有学生利用课余时间自学交通方面的相关知识，阅读当前最前沿的交通方面的教科研成果，主动参与社会实践的学生更是凤毛麟角。大学生就业后往往需要花很长时间去学习适应工作，导致企业与学生磨合时间增加。国内教育界也充分认识到了我国学生的实战性、动手能力不强的问题并做出了一些改革的尝试。周建庆提出的市场营销教学改革实验田模式，主张校企联合，将理论与实践相结合，开拓教学新模式、新思路——开垦实验田、培植、耕耘等，通过校企合作为学生创造实践机会。在现实中，很多高校为解决学生实践能力和就业问题，确实在做联合企业共建人才培养体系的教育教学改革模式的尝试，在一定程度上为学生提供实践机会。崔瑜琴主张"实战教学"模式代替实验教学模式，认为学生应该走出实验室、走进企业、走向市场。还有的研究认为中国的营销专业实践课程应当进行多元化改革，不仅要为学生提供校内外的实践锻炼机会，更应当培养"双师型"师资队伍。目前我国应用型本科院校的校企合作尝试仍存在协同度不够等问题，没有清晰明确的发展路线和切实有效的监督控制管理方法，在效果上还跟国外的实践教学模式有差距。

第二，理论研究情况。从目前全球学者对校企合作研究与实践方面来讲，英、美等国家走在最前列，在研究领域主要以美国的"合作"教育模式、英国的"三明治"教育模式、德国的"双元制"教育模式为代表，日本、澳大利亚、新加坡、俄罗斯等教育强国也各自形成了具有自身特点的校企合作教育模式。在国内，校企合作作为教育模式已经被大量的高校与学者在实践与研究层面进行了诸多尝试，达成了一些共识，但还未形成自身特点鲜明的创新模式。

国内关于校企合作的研究主要集中在以下三方面。一是结合校企合作的实践模式开展研究，构建符合社会需求的校企合作人才培养模式。这类研究从实践出发，结合理论探索研究为高等院校构建校企合作机制提供了理论引导。二是借鉴国际校企合作的人才培养经验，对我国目前存在的问题提出应对策略，并进一步探索我国校企合作机制的完善路径。三是关注宏观政策建制，试图通过对政府角色和作用分析建构校企合作的政策方向和决策指导。

国内外高校的校企合作培养模式虽然各有差异，但是也有着共同点：高校普遍注重培养学生实践应用能力，注重校企合作，重视企业师资力量；校企之间资源融合相互服务，合作中形成共识，企业参与人才培养，校企共建合作管理模式与机制。目前国内校企协同育人有"订单培养式""项目驱动式""顶岗实习式""产学研结合式"等模式，但整体来看校企合作协同育人方面还存在着企业重视程度不够、对合作的重要性认识不足、企业的主体作用不明显、校企合作人才培养措施不多、合作项目不深入等主要问题。

综上所述，已有研究已经不再把校企合作作为单独的一种办学模式进行研究与实践，而是认为校企合作是践行产教融合理念的重要载体，是高校实践教学的一种形式，服务于高校培养新时代中国特色社会主义建设事业所需的应用型、复合型、创新型人才，深嵌于高校人才培养模式之中。因此，正确解析并构建新时代我国应用型本科院校经管类专业校企合作创新模式，需对实践教学、人才培养模式等方面问题展开系统化研究，需遵循"走出去，请进来"原则，分析研判国外高校的经典实践案例与理论研究成果，特别是对与我国人才培养理念、文化特点相似的其他亚洲国家的先进教育理念与创新点加以分析与借鉴。

第三章
韩国高等教育人才培养创新驱动模式研究

第一节　韩国高校经管类专业实践教学模式研究

一、韩国高等教育发展与研究现状分析

（一）韩国高等教育现状

众所周知，作为亚洲"四小龙"之一的韩国在20世纪七八十年代实现了经济上的腾飞，韩国的高等教育伴随着韩国经济的高速发展处于亚洲的领先地位。韩国教育一直以来遵循着多元化发展的模式，在教育的大众化和普及率方面取得了显著成效。另外，韩国高校一直以来实施的学分制和学分银行制为韩国高等教育发展发挥重要的作用。

第一，多元化的高等教育办学体制。

到目前为止，韩国共有高等院校1429所。按照学校投资人性质进行分类，韩国高等院校主要分为以国家、道、市各级政府投资兴办的国立大学、公立大学和以私人企业财团投资兴办的私立大学三种类型。国立和公立大学有首尔大学、釜山大学、韩国国立公州大学、忠北大学、忠南大学、江凌原州大学、江原大学、庆北大学、庆尚大学、群山大学、木浦大学、首尔市立大学、昌原大学、安东大学、仁川大学、全南大学、全北大学、济州大学

等。在韩国高等学府中，私立大学众多，超过韩国高等学府总数的80%。私立大学中首尔地区有高丽大学、延世大学、成均馆大学等有名学府，釜山地区有东艺大学、釜山外国语大学、韩国海洋大学等有名学府。

按照学校的性质分类，韩国高等院校主要分为综合性大学（173所）、研究生院（1051所）、教育大学（11所）、专门大学（专科学校，158所）、放送通讯大学（1所）、产业及技术大学（19所）、远程教育大学（15所）、企业大学（1所）等。学制因学校性质的不同有所差异，其中主流的综合大学和教育大学（师范大学）的学制为4年，医科大学的学制为6年，全日制教育的专科、广播函授大学和电视大学，护士学校和神学院学制为2～3年。韩国高等学府共有在职教职工6万余人，在校学生360余万名，近九成的高校学生来自普通高中的毕业生。

第二，多渠道筹措办学经费。

韩国高等教育的发展是市场化运作的结果，从中央到企业集团再到个人共同为韩国高等教育的发展提供经济支援。韩国的教育财政一般由三部分组成：中央和地方各级政府财政拨款，学生缴纳的期成会费和课程费、入学费等各种费用，学校法人和社会的捐助。为鼓励私立学校的发展，韩国政府对私人和社会团体投资兴办学校予以政策上和经济上的支持，颁布了《私立学校法》等鼓励私人办学的法律，免除私立学校所得税和财产销售税，并给学校提供如学生奖学金、教师养老金保险和科学研究经费等拨款（李泽民，林淼，2003）[85]。由于政府对私立教育给予诸多支持，所以民间办学热情高涨，形成私立与国立、公立大学之间在办学、招生、学生就业等层面上的良性竞争，共同促进韩国高等教育向前发展。

第三，社会需求为导向。

高等教育的发展离不开社会的支持，同时，高等教育的一个重要责任是为社会服务。韩国高等教育在争取各种社会资源共同发展高等教育事业的同时，致力于满足社会需求，为社会培养需要的人才。韩国经济在经历了20世纪70年代和80年代初期的飞速发展之后，进入了发展的调整期，高等教育的目标也转向自我调整，稳定教育规模，提高教育内涵，重视教育质量，以适应经济的稳步发展。韩国高等教育发展与社会经济发展相协调，培养出的人才适应社会经济发展需要，同时社会经济的发展也更加有利于高等教育大众化的迅猛发展（陈琴，胡维治，2008）[86]。

第四，学分制和学分银行制的实施。

韩国高等教育实施弹性学制。弹性学制是指学习内容有一定的选择性，学习年限有一定的伸缩性的学校教育教学模式，是允许学生提前或推后毕业的一种柔性管理制度。弹性学制是学分制管理的一个重要的标志。韩国高等教育获得快速发展的一个重要因素是实施合理的学分制和学分银行制。韩国高校不论国立、公立，还是私立均实行学分制，根据不同的学科实施不同的学分管理制度。学分制为学生提供充分的自由学习空间和参加社会实践机会，也为韩国高等教育很多现行的机制和具体措施提供了良好的基础。

学分制是一种以人为本的教育体制。学分制是相对于学年制而言的，是建立在选修基础上的以学分为单位计算学生学习质量和数量，衡量学生完成学业状况的一种教学管理制度。学分制决定学生能否毕业不以学年为标准，而以修满规定的学分为标准。在学分制体系中，学生完全可以驾驭自己，进而达到全面自由的发展。韩国高校一般要求学生从入学开始，八年内毕业。这中间学生可以根据自己的实际情况选择休学，选择服兵役，选择出国进修，选择工作。总之，韩国高校把学生看作是"顾客"，学校不为学生进行选择，只是作为服务的提供者，通过加强制度和体制的建设，织就一张无形的网。

韩国的学分银行制是一个认证各种校内外学习经历，并根据《学分认证法》认定先前学习的教育体系。当学分累积到某个特定标准时，学生即可获得学位，从而创造一个开放的、终身学习的社会。学分银行制由如下几种要素组成："learning experience in school"指校内学习经历；"learning experience out of school"指校外学习经历；"learning + certificate, prior learning"指学习+证书、先前学习；"accreditation"指认定；"diploma（bachelor degree, associate degree）"指文凭（学士学位、副学士学位）。

为解决韩国社会所面临的问题和构建韩国终身学习社会，韩国教育改革委员会在1995年5月提出了建设新的教育体系的建议。教育改革委员会把"开放教育的社会，构建终身学习社会"作为政策目标，并提出把建设学分银行制作为达成目标的方法，其目的就是鼓励公民努力获得学位，从方便学习的角度扩大高等教育机会。韩国教育科学技术部（MEST）将这一使命赋予了一家政府教育机构——韩国教育开发学院。自1998年起，该院开始负责学分银行制度的运行和管理，但从2008年开始，学分银行制由国家终身教育研究所负责运作。

学分银行制有以下两个特点：一是学分银行制度下的教育比大学教育更易获得；二是与传统大学不同，学分银行制度下的教育可以认可先前学习和非正规教育的学习成果。先前学习是指在经认证的高于中学教育的学校以外获得的非学院式学习或基于经验的学习。先前学习学分认可以下各种类型的学习：工作和生活中的学习，社区服务和志愿者拓展课程，个人学习和阅读，各类志愿者工作，参加由行业协会、企业、政府资助的非正式课程和在职培训。先前修习的学分并不是授予学习者的学习经历的，而是授予学习者通过先前学习所获得的与大学程度相当的知识、技术和能力。与科罗拉多社区学院系统相比，韩国的学分银行制仅认定有限领域内的先前学习，其他不被认可的先前学习经历自2008年起可记录并累积在终身学习账户中。终身学习账户记录并累积其他低于或高于高等教育程度而不被学分银行认可的证书、终身学习项目、志愿者活动、出版物、奖项、专利和工作背景。韩国学分银行制认可的是各种证书、学士学位自学考试成绩、重要无形文化遗产、非全日制大学教育、完成了的大学学习、韩国国家终身教育研究所（NILE）和教育科学技术部（MEST）认可的学分银行课程。如果学习者已经在其所从事的领域获得国家职业资格证书，并拥有一定技术或能力，那么再让他从基础学科开始重新学习将不仅仅是时间和金钱的浪费，也是没有效率的。学分银行制认证这样的先前学习，以便学习者可以学习更高层次的课程，并尽早获得学位（朴仁钟，2012）[61]。

学分银行制的推行使学生获得二次择校的机会，同时方便学生和学校进行二专业与辅修专业的选择和管理。学生可以根据自己的实际需要进行"二次购买"，而且不会因为退学而前功尽弃。

学分制推动授课教师加强自我完善的主动性。在韩国，高校教师的社会形象和地位都很高，特别是高校教师基本上都有国外访学或攻读学位的经历，学生们在自由选课的过程中可以根据学分的分布要求选择适合自己的上课时间和授课教师，也从一定程度上推动教师主动地接触学生、贴近学生的生活。

学分制推动课程设置更加合理。韩国的本科大学按照不同的学科规定了不同的毕业学分分数，只要达到要求的学分分数就可以毕业。韩国高校主要分为春季和秋季两个学期，每个学期15周的时间。结束15周课程之后有3周的小学期，小学期也根据不同专业分设不同课程并赋予相应学分。为保证小学期学分质量，小学期严格按照课时量赋予学分，因此一般在小学期的课程比较紧张，基本上每天都有课程和作业。韩国高校经管类专业一般采用130~140学分，只要学习得到这些学分就可以申请毕业。以韩国国立公州大学为例，其要求学生从入学开始8年内完成130个学分，只要完成就可以申请毕业。经管类专业的课程主要分为教养课和专业课两种，具体分为专业必修课、专业选修课、教养必修课、教养选修课等。教养课程需要完成33个学分，其中，教养必修课9个学分，教养选修课24个学分（核心课程6个学分，一般课程18个学分）；专业课程需要完成63个学分，其中，专业必修课24个学分，专业选修课18个学分，深化课程21个学分；除此之外，学生还需要根据自己的兴趣爱好再选择并完成34个学分，共计130个学分（국립공주대학교，2017）[87-88]。

学分制和学分银行制的实施要求学校在课程设置上必须达到一定的规模，达到一定的数量和种类，给学生们充足的选择机会。韩国高校除开设传统的课堂授课之外，还充分利用网络的便利条件，开设如网络大学课程

（OCU）和多媒体视频课程等。在开设的OCU课程中，学生可以选择本校教师开设的课程，也可以选择外校教师开设的课程，可以选择教养课程，也可以选择专业课程。

（二）韩国高等教育研究综述

根据王冠蕙（2018）[89]统计，截至2017年10月，以"韩国高等教育"为主题，共在中国知网检索到文献817篇，其中期刊论文640篇，硕博论文136篇；万方数据库检索到文献905篇，其中期刊论文675篇，硕博论文163篇。我国学者主要从韩国私立高等教育、韩国BK21工程、韩国高等教育大众化、韩国高等教育国际化、学分累积制度、中韩高等教育比较等方面进行了研究。

自中韩建交至21世纪初期，韩国高等教育研究多集中在韩国高等教育整体战略、政策、措施等宏观层面对我国高等教育的启示与借鉴，希望能够汲取为我所用的经验。特别是2008年韩国李明博政府实施的极具发展前景的韩国世界一流大学科教振兴计划——"WCU计划"，引起国内学者的关注（张雷生，文春，2013[80]；张雷生，2010[81]）。

赵俊芳等（2016）[92]、孙盘龙等（2018）[93]等一批学者从"WCU计划"对韩国高等教育的推动作用层面进行了研究。"WCU计划"是一项站位高远、政府主导、多方参与、影响深远的国家引才战略，以聘用海外高层次学者为基点，通过结构性引进各类国际杰出人才，培育创新型研究者，开展基础学科中颇具前景的新领域、交叉领域研究，满足国家核心领域的迫切需求，促进国家经济社会发展。"WCU计划"由韩国教育部的"培养世界水准的先导大学项目"、韩国科技部的"培养世界水准的先导大学项目""培养地方研究生院特殊化领域项目"3个独立项目合并而成[94]，韩国教育部为"WCU计划"每年投资1650亿韩元，5年总共投资8250亿韩元。

如表3-1所示，"WCU计划"的顺利实施使得韩国高端人才数量在短时间内得到迅速增加，科研能力与创新水平得到了迅速提升，韩国高等教育知名度与影响力也达到了前所未有的新高度。然而，提升高等教育知名度与影响力的最终目的还要回归到人才培养这个根本问题上来。

表3-1　"WCU计划"成效

第一批与第二批结束后人才引进	
诺贝尔奖获得者	10人
美国国家工程院院士	35人
美国国家科学院院士	29人
其他海外学者	277人
总计	351人
来源国家	26个

2008年—2013年韩国学者论文SCI论文发表情况	
SCI级别期刊发表论文	10 680篇
排名前十的期刊	39.5%
SCI顶尖期刊	4%
NSC综合期刊	38篇

英国QS发布年度世界大学排名	2008年	2011年	2013年
韩国大学世界排名前200位	3所	—	6所
首尔国立大学	50位	42位	35位
韩国科学技术院	95位	90位	60位

注：数据根据孙盘龙，辛斐斐（2018）[93]材料整理而来

　　近十年来，我国学者开始探究韩国高等教育发展特点，开始总结普遍规律并结合我国实际加以分析升华。李东航（2014）[95]在《产业结构升级背景下韩国高教结构调整及其启示》中认为韩国高等教育结构适应并推动了战后韩国的两次产业结构升级，为韩国的经济腾飞做出了巨大贡献。其认为我国高等教育应借鉴韩国经验，立足国情，采取适应产业结构调整，优化高校专业结构；应对区域发展失衡，推进高校多元发展；满足高端应用型人才需求，发展职业技术研究生教育；发挥立法、行政、资金等多种调控手段的合力等策略，以实现高等教育结构与产业结构升级的良性互动。

　　已有研究对韩国高等教育研究大多集中于描述韩国高等教育是什么、韩国高等教育的政策措施有哪些等宏观问题上，对于韩国高等教育为什么会迅速发展缺乏深入系统的探索，比如在对韩国高等教育人才培养模式方面的深层次研究相对较少。朱春楠（2016）[96]对高等教育国际化视阈下的韩国创新型人才培养进行了分析，认为韩国高等教育国际化包括国际化的课程内容、师生的国际交流、国际科研合作计划三个主要因素，对创新型人才培养发挥了重要的影响作用。文章对韩国高等教育国际化背景、动因、内容与路径进行分析，探索韩国高等教育国际化对创新型人才培养实质性推动作用。韩国政府致力于建立和完善以"产、学、研"为其特征的"国家创新体系"，并积极推动高等教育人才培养模式改革，以期为创新体系的有效运转提供人才保障（姜英敏，李昕，2015）[97]。文章着力介绍了韩国高等教育创新人才培养模式改革在研究生教育加强产学研合作培养、本科教育实施大学教育力量改善计划、推动地方人才地方培养计划、推进大专转型建设成高等职业教育中坚力量方面的特点。

　　综上可见，已有的韩国高等教育人才培养模式研究多从宏观层面入手，并没有系统深入介绍人才培养模式的本质特征，以及韩国高等教育体制下专业人才是如何育成的。这其中有学者对韩国高等教育存在不同的主观看法，比如部分学者考虑到嫁接他国的教育模式在我国教育土壤进行培植获得成功的概率较小，也不乏学者认为韩国高等教育也是在学习欧美发达国家高等教育基础上结合本国国情发展而来。然而，人才培养模式创新是落实国家高等教育战略、政策、措施的重要落脚点和支撑点，脱离人才培养模式研究高等教育宏观层面问题，不利于系统阐释韩国高等教育发展过程中取得的成效，以至于影响借鉴效果。鉴于此，本章将围绕韩国高等教育人才培养模式创新在人才育成过程中起到的推动作用展开研究。

二、韩国高校经管类专业的实践环节

韩国高校经管类专业的实践环节主要包括校内"三个课堂"实践环节和校外社会实践环节，如图3-1所示。

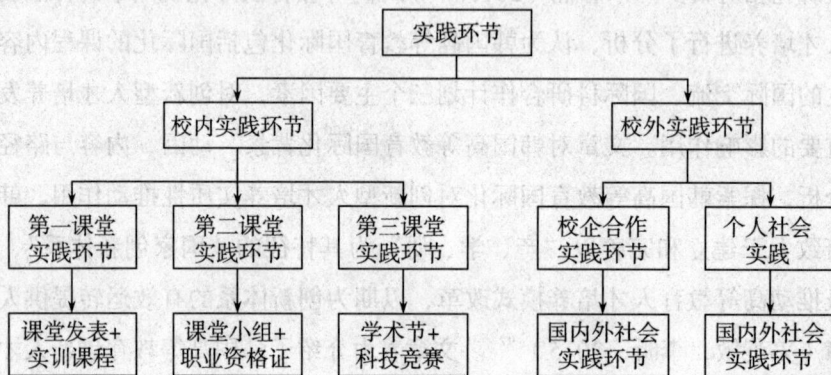

图3-1　韩国高校经管类专业的实践环节模式图

（一）校内第一课堂实践环节

第一课堂是指在规定的教学时间里进行的课堂教学活动，主要包括学习基础知识和基本理论；实践教学的第一课堂是指在规定的教学时间里进行的课堂实践教学活动，主要包括对基础知识和基本理论基础上的课堂发表、软件应用等课堂实践活动。第一课堂实践环节包括基础理论课程学生课堂发表环节和实践实训课程设计两种形式。

经管类专业基础理论课程学生课堂发表环节是韩国各所高校普遍采用的一种形式。每个学期开始的时候为学生们分组并指定发表的内容和具体要求，一般要求学生按照组别采取理论结合实践、定性结合定量的方式，采取PPT形式精炼讲解，但是准备过程中要将所有的材料整理形成文字稿提交，期末考核的过程中小组发表作为期末总成绩的重要组成部分。以韩国国立公州大学经管类专业市场营销原理课程为例，市场营销原理在课程改革的实践中，取消了期末考试环节，取而代之的是期中考试、期末小组发表、作业完成情况和出勤情况等综合评定。其中，课堂实践环节占期末总评的30%。课堂实践环节由两部分组成：一是制作BCG矩阵模型案例，在学期中期以个人作业的形式提交；二是进行市场营销事例分析或者为已有商标或假想商标制定市场营销战略，在学期后期用4周的时间进行PPT小组发表，要求提交A4纸张10页左右的准备资料和PPT发表资料。

第二种形式是实践实训课程的设计。韩国高校市场营销专业在注重学生掌握营销基础知识的同时，也注重学生对营销及相关软件的操作能力。比如，在专业课的学习过程中，营销ERP软件、EXCEL、SPSS等统计软件的操作能力会作为实践课程或者是理论课程的实训环节，占据课程体系一定的比例。市场调查课程是市场营销专业的一门重要的专业课程，是连接理论教学和实践活动的重要路径。韩国高校市场调查课程重视学生学习基础理论知识与实践操作的紧密结合，整个课程采用原理讲解、上机实践操作以及最后的课程发表的"三步走"环节。鉴于市场调查课程考察学生的综合专业能力的培养，所以大多数高校将课程安排在高年级进行。以韩国国立公州大学经营系为例，市场调查课程在15周的正常学期中有4周以上的时间进行实验室课程设计，进行SPSS统计软件实践教学，体现了课程设计过程中"以学生为中心"的指导思想。另外为配合市场调查课程中数据获取、计算原理等课程内容，会在经管类专业一至三年级开设经营统计学、市场营销原理、经营数据库等课程作为应用性很强的市场调查的基础性课程，体现了"由浅入深""由理论到实践"的教育思想。

（二）校内第二课堂实践环节

第二课堂是指在第一课堂外的时间进行的与第一课堂相关的教学活动，是对第一课堂学习的延伸、补充和发展，是实践教学的重要组成部分。从教学内容上看，它源于教材又不限于教材；从形式上看，它生动活泼、丰富多彩。

第二课堂实践环节包括经管类专业课程学生小组会议、参加各种校内学生社团、考取营销师等职业资格证书、课外学习辅导班等，形式多样，但是第二课堂实践环节表现出的显著特征是与第一课堂的紧密相连。

由于第一课堂在经管类专业知识的学习过程中多采用学生多媒体教学

方式和学生小组课堂发表相结合的方式进行，客观上需要学生小组在课下进行准备。一个小组通常由4～5人组成，其中一名为组长，小组会议由组长主持，首先进行分工，之后各小组成员往往采取图书馆查找资料、网上查找资料、社会调查的方式进行资料汇总，然后汇总数据进入实验室或微机室进行数据分析，制作报告书和发表材料，最后进行练习发表。

韩国高校内有很多学生社团，以学生社团牵头组织的各类校级活动往往可以邀请到很多韩国影视界明星到场助兴，吸引很多学生甚至是周边居民前来观看，社会影响力较大。这些社团往往以各级学生会牵头，组织各种学校和学院的活动，而教师和学校行政人员很少参与组织各类校级、院级的活动。在组织社团活动的过程中，学生需要亲自进行营销策划、项目宣传、寻找赞助商、项目控制、项目总结等。在这些社团当中活跃着很多经管类专业的学生，学生通过参加社团活动可以锻炼实践能力。

韩国高校经管类专业学生为了找到一份自己满意的工作，会主动选择考取一些专业资格证书，因为越来越多的企业在进行新员工资格选拔的过程中要求有各种职业资格证书，经管类专业所对应的工作岗位也不例外。很多企业的相关岗位除了要求新员工具有英语托业考试成绩、计算机资格证书等基础资格证书之外，还要求具有营销师等职业资格证书，这从客观上促使经管类专业学生在毕业之前考取营销师资格证书。另外，一部分学生还会考取会计师资格证书等相关专业资格证书，以求在择业过程中占据有利位置。因此，韩国高校的图书馆一般是24小时可供使用的，只要在晚间图书馆关闭之前进入图书馆，学生就可以通宵学习。图书馆也配置Wi-Fi无线网络，方便学生使用笔记本电脑。特别在考取各类证书之前，图书馆里通宵学习的学生就更多了。高校除了给学生提供足够的时间和空间，鼓励学生考取各类职业资格证书之外，还通过举办课外学习辅导班的方式帮助学生进行复习，提高考试通过率。比如营销师资格证书、财经管理师1～2级。管理会计师1～2级等都会开设辅导班，另外像英语托业考试、计算机应用技能考试将会以必修课的形式要求学生必须拿到相应的学分。

（三）校内第三课堂实践环节

第三课堂是指第一课堂和第二课堂之外的与专业学习相关的校内外实践活动，主要是指国家及地方各级教育机关、企业、高校及各级学院、系和专业组织的学生专业实践活动。形式上主要表现为举办各种特别讲座、学术节和各级别学术科技竞赛。

韩国高校定期组织各种特别讲座和学术节来丰富学生的知识，拓展学生的视野。很多高校都定期邀请名家、企业家、学者来校讲座，以韩国国立公州大学经管类专业为例，利用学校、学院组织的学术节和特别讲座的机会选拔并组织学生参加，特别是对于积极参加课外科技活动的学生会得到很多的机会。很多经管类专业学生认为参加这些对于学生拓展知识、开阔视野帮助很大，并且非常有利于学生参加各种学术竞赛等课外科技活动。比如说，经营系每学期举办大学院（研究生院）学术交流会，会上所有研究生和博士生都会就自己近期研究的领域进行学术发表，并会邀请韩国著名水产企业董事到场进行特别讲座，每期会议都会选拔经管类专业本科生作为观众和服务生参加。另外，韩国国立公州大学经营系不定期组织国际学术会议，也会给经管类专业本科生一定的名额参加会议，便于学生了解全球企业管理、营销管理的发展状况。部分参加会议的学生会后会进行论文写作，参加各种营销论文大赛。韩国国立公州大学人文社会学院定期举办特别讲座。在调研的过程中，正值学院举办"东洋——古典的世界"特别讲座，活动共邀请四位学者，2013年10月23日至11月13日每周周三下午4—6时分别进行四次特别讲座。

韩国高校鼓励经管类专业学生参加学校、政府、企业组织的各项学生课外科技活动，经管类专业学生可以自由组队参加校级及更高级别的学生科技竞赛。学生团队的人员数量根据比赛的不同而不同，在团队组建过程中，可以吸纳不同专业的学生甚至是不同高校的学生入队。韩国高校学生团队参加科技竞赛没有固定的指导教授，主要由团队成员独立设计并完成竞赛项目，在这个过程中，可以充分发挥学生的创新思维，锻炼学生的基本素质和专业能力。

（四）校外社会实践

如果三个课堂实践环节大部分的活动地点发生在校内的话，那么校外实践环节主要发生的地点在校外，主要指学校、其他组织或个人组织的企业实习等社会实践活动。

校外社会实践主要有两种形式：一种校外社会实践的组织主体是学校，学校与企业签订校企合作协议，按照协议规定，学生参加企业实习实践活动；另一种校外社会实践的组织主体是学校之外的其他机构，包括各级政府机构组织的，政、校、企三方联合共同运营的国内外实习、实践活动或者学生自主寻找并参加的校外实践活动。

韩国高校校外社会实践的形式多样，最主要的形式是校企合作。学校的空间是有限的，绝大多数高校校内资源无法满足学生完成毕业设计的要求，因此，韩国高校积极发展与企业的合作、与高新科技园的合作、与政府的合作、与研究院的合作以及与高校之间的合作。高校采用多种渠道为学生提供校外实践机会，主要分为学院联系企业进行企业现场体验和实习、高校专门机构联系企业进行现场实习两种。韩国很多高校设置专门的机构为学生寻找校外实践机会。韩国国立公州大学就有一个专门的机构叫作综合人力开发院，属于高校内的行政职能部门。这个机构的主要职责之一就是主动联系国内外企业，为学生创造更多的实习机会。韩国国立公州大学将国内企业的现场实习和海外实习分别赋予相应学分，纳入教养选修课的一般课程中，学生可以根据自身情况进行课程申请。其中，国内的企业现场实习的时间为3周或以上，完成实习可以得到3个学分；海外实习分为3周、6周、12周和18周及以上，分别赋予3学分、6学分、12学分和18学分。综合人力开发院将根据申请学生的人员数量进行第一轮选拔，选拔的标准主要有学习成绩、相关实习经历、专业教授推荐等。经过初选的学生将进入第二轮面试选拔，直至产生规定数额的入选学生为止。

另外，韩国高校鼓励学生自主寻找并选择校外实践的机会，学生可以申请休学自行寻找参加社会实践活动的机会。在韩国高校高学费和鼓励生育政策等客观条件下,很多韩国高校学生都通过自己的双手来赚取生活费用及其他费用,所以很多学生在假期或是休学期间参加社会实践活动,一来缓解了父母的压力,二来增加了自身的社会实践经验,为今后走向真正的工作岗位做好准备。在进行调研的过程中,大多数韩国大学生表示有过社会实践经历,并且认为参加社会实践可以提高自身的基础素质,也为了解社会、选择职业方向提供了很好的帮助。大多数参加过社会实践的学生回到校园后学习目标更加明确,更加珍惜大学教育的学习机会。

三、韩国高校管理类专业实践环节的实施和评价

(一)理论联系实践,校内实践环节强调"三个课堂"的紧密结合

韩国高校经管类专业以培养学生掌握专业基础理论为中心,以培养学生掌握解决实际的营销问题为目标,采用理论教学与实践教学相结合的方式;在培养学生专业能力的过程中,强调校内"三个课堂"实践环节,注重发挥学生自主学习的能力;在进行专业基础理论的教学过程中摆脱僵化的固定模式,采用灵活的教学模式激励学生自主学习专业知识,掌握专业技能。

第一课堂实践环节为学生提高专业能力提供"实践基础",注重多媒体教学和实验室、机房的应用,重视营销及相关软件的实际应用能力,多采用小组发表的形式考核。第二课堂实践环节为学生提高专业能力提供"营养补充",主要包括经管类专业课程学生小组会议、参加各种校内学生社团、考取营销师等职业资格证书及课外学习辅导班等。第三课堂实践环节为学生提高专业能力提供实战机会,主要包括各种特别讲座、学术节和学术科技竞赛等。

以韩国国立公州大学经营系为例,该系将教育目标设定为在国际化、情报化时代,培养适应时代发展要求的、有能力的现场实践型的经营人才,围绕着这个教育目标,注重三个层面的教育:一是为夯实经营基础知识教育,注重经营事例为中心的适应现场实践型人才教育;二是注重沟通交际能力的培养;三是注重使用数字化教育环境,掌握数字化工具使用。

　　市场营销专业作为经营系的专业之一，注重培养学生的营销基础知识和解决实际营销问题的能力。其中一项很重要的能力是市场调查与分析的能力，围绕着这项能力的培养，一年级开设经营统计学课程，二年级开设市场营销原理课程，三年级开设经营数据库课程，四年级开设市场调查课程。一至三年级的课程不仅为四年级市场调查课程做理论上的准备，而且在这些看似纯理论性课程的教学过程中，仍然渗透着实践教学环节。比如一年级开设的经营统计学通过培养学生的应用能力来完善学生对课程的理解和把握，在课程教学过程中，要求学生掌握对经营现象概括性的基础统计分析和假设验证能力，并通过作业发表的形式进行考核，这门课程为四年级市场调查课程的学习提供理论基础。二年级开设的市场营销原理课程培养学生对于营销专业基础知识的学习，同样通过小组发表等形式来进行考核，锻炼学生对基础知识的理解和应用，而且在市场营销原理的课程中有专门一章介绍市场调查，为四年级的课程奠定基础。三年级经营数据库课程，主要培养学生理解数据库管理的基础和经营情报系统数据库的构成，学习灵活使用经营活动中各项管理领域的分析方法论，学习关于数据库的设计、构成、资料分析的理论和实际情况。有一至三年级的相关课程的学习作为基础，四年级进行市场调查课程的学习会更有条理性，学生也更容易接受。在进行市场调查课程学习过程中会学习EXCEL、SPSS统计工具的应用及原理，并通过分析实际案例的形式进行课程考核，所以在完成市场调查课程之后，学生可以掌握营销决策能力、分析能力等。掌握数据处理能力的四年级学生可以轻松地完成毕业设计，更有利于参加各级别的论文大赛、研究课题以及参加各类学生科技竞赛。

（二）质量为先，校外实践环节充分尊重学生的自主选择

　　校外实践环节主要包括高校为组织主体的校企合作，非高校机构组织的政、校、企三方合作和学生自主寻找并参加的社会实践活动。韩国高校及其他机构为高校学生提供充足的参加校外实践活动的选择机会，学生可以根据自身情况量身打造适合自己专业发展的社会实习、实践机会。

　　韩国高校组织的校外实践环节以校企合作为主，主要由高校内专门组织机构联系企业并签订合作协议。经管类专业学生可以根据自身情况选择申请国内企业实习，也可以选择申请国外实习。不论是国内企业实习还是国外实习都会按照实习时间赋予相应的学分。校企合作实习学分并不是必修课程，而是纳入教养选修学分。如果学生认为校企合作项目不符合自身发展的具体情况，可以通过选择其他的教养选修课程获得相应学分。除了高校专门组织机构与企业签订合作协议进行校企合作之外，各个学院或者各个系也可以自主联系企业给学生创造实习和学习机会，供学生选择。

　　另一种校外实践环节的组织主体是学校之外的其他机构，包括各级政府机构、企业或者学生自主寻找并参加的校外实践活动。韩国政府大力扶植大学生人才的国际化培养和精致化培养。韩国的本科院校按照所有权归属可分为国立大学，公立大学和私立大学。其中国立大学是由国家出资办学，公立大学由市政府出资办学，也可称为市立大学，大多数的学校是私人或企业集团所有的私立大学。韩国政府非常重视大学教育，不论是国立大学、公立大学还是私立大学，政府都会以各种形式进行援助，这种援助既包含经济援助，也包含教育资源的援助。韩国政府牵头，以各个学校为主体，积极拓展海外市场，与海外的大学和企业进行联合，组成产、学、研的大综合体。韩国本科高校每年都会定期（学期中或是假期）选拔一批学生进行海外研修，在这个过程中采用学分互换的方式，既不耽误学生正常毕业，又为学生开阔眼界、增长见识提供了宝贵的机会。而且，为了提高学生的积极性，被选拔出国留学的学生会得到学校和政府额外的奖学金，如果表现优异会获得全额奖学金资助。韩国政府会利用一些政府行为促成校企合作，这种企业一般是国内的大企业或是国外企业。韩国高校每年都会鼓励学生在毕业前休学，进行企业实习。这种实习是在学生完全脱离学校的前提下进行的。实习一般分为国内的三个月至半年的短期实习或者国外一年以上的长期实习。学校会给予适当的学分认证。当然如果学生在实习期间表现优秀，学校会促成学生与实习企业签约，完成学生就业工作。

韩国各级政府机构重视高校营销人才的培养，每年为高校提供很多国内外企业的实习岗位机会并给予资金上的支持。高校学生可以申请参加社会实践活动，学校根据学生的学习成绩、外语成绩、职业资格证书等综合能力评定排名确定参加成员。韩国各级政府重视学生的社会实践能力。学生自身对于社会实践能力的重要性有着清楚的认知，知道社会发展现状和企业用人标准，有的学生通过参加社会实践活动找到了自身实践能力的差距。因此，大部分学生会主动寻找机会参加校外实践，提高自己的社会实践能力，为自己将来找到一份理想的工作打下坚实的基础。

韩国高校校企合作形式多样，为学生提供多种校外实践机会，但是校企合作的核心是"质"而不是"量"。正是因为韩国高校及其他各级有关部门积极参与到培养学生社会实践能力中来，韩国高校才不必为找不到合作企业而发愁。充足的社会资源为韩国高校选择合作对象企业提供了便利，很多高校都可以联系到一些比较知名的企业，比如三星集团、现代集团、国民银行等。校企合作的方式可以是顶岗实习，也可以是参观见习。高校通过为学生创造这样的实习机会，提高学生就业率和学校知名度；企业通过这种合作可以优先进行人才选拔和人才储备工作，还可以得到政府政策上的支持。

（三）韩国高校教育过程政策及评价内容与方法建立在以企业为中心的基础上

韩国政府设定的新型产学合作政策的方向转变为高校、企业、政府、经济财团等组织进行联网合作。如表3-2所示，国家均型发展委员会2004年公布新型产学合作的方向，与已有模型存在差别，因此，需要设计新的教育过程。

表3-2 新型产学合作的新方向

项目	已有模型（产学合作）	新模型（新产学合作）
基本观念	供给者中心、政府主导型	需要者中心、各主体联网
目的	R&D中心	实用化、商品化中心
教育	理论、研究中心	现场实务、实习中心

续表

项目	已有模型（产学合作）	新模型（新产学合作）
支援范围	项目、学部、专业支持	高校为单位综合支援
参与范围	枝叶的（教授、作业）	总体的（学生、教授、产业体职员）

注：出自国家均衡发展委员会[98]

根据上表所示，新型产学合作的核心转变为需要者为中心，即企业中心的现场实务教育过程（강정화，2011）[99]。教育科学技术部2002年发文表示产学联合本身不是目的，而是达成研究技术开发的促进，培养高度适应现场性人才等目的的方法和手段。为了让新产学合作落到实处，教育科学技术部从2008年开始实施"强化教育力量支援产业"。这个产业包含大学的教育条件改善以及为成果产出促进高校间竞争等评价指标在内的本科教育管理及教育过程指标（오미숙，2010）[100]。2011年政府支援部门"广域经济圈领先企业人才育成部门""产学合作中心大学育成部门""地方研究团体育成部门"等合并，2012年起成立"产学合作领先大学育成部门（LINC）"。这个部门以企业要求的人才育成、实际的研究开发及技术转移的活性化处理、高校-产业体-研究所之间有机的相互关联为基础，为了地方大学和产业共同成长创建和传播多种产学合作新模型。韩国政府将调整产学合作活性化的高校教育过程及运行现状定期公示于高校情报公示栏中，这足以说明产学合作活性化在教育过程中的重要性。（강정화，2011）[99]。

表3-3是韩国职业能力开发院为了开发以需要者为中心的教育过程构建的新产学合作政策的核心课题和支援部门的框架表。就业关联定制型教育是充分反映企业的意见，为培养企业需要的人才积极开发多种多样的定制型教育模式。高校通过这些项目的运营，使毕业生的就业能力能够得到有效的提升；另外，通过现场实习学分制和实习活性化能够实现理论与实践兼备的高校教育，最终培养出能够真正帮助企业的专业人才（정지선等，2007）[101]。

表3-3　新产学合作政策的核心课题和支援部门的框架

新产学合作政策的五大核心课题	新产学合作政策的主要目标
产学合作中心大学育成； 评价制度的改善； 高校投资设立企业； 产学DB构筑和活用； 公私合营合作体系构筑	产业需要中心教育制度； 产业体主导型产学合作推进； 谋求高校产学合作部门推进效率化
高校的人才培养型产学合作支援部门（HRD）	

就业关联的定制型教育	现场适应度提高型	地域革新及特性化型	委托教育型

革新技术研究开发型产学合作支援部门（R&D）
技术转移及创业支援部门

注：出自정지선等（2007）[101]

韩国教育科学技术部为实现企业为中心的教育政策实施支援。另外，大学教育评价的实际担当者——韩国高校教育协议会高校评价院对高校评价内容做了具体阐释（表3-4）。

表3-4　产业界观点的高校评价内容

评价领域	评价项目	评价指标
专业职务能力	①教学课程一致度	产业界的需要和高校开设课程的比较（教育过程一致度比较评价）
	②教学科目课堂充实度	课程设置的适应性
		学生学习程度和现场实用性
	③高校开设课程综合理解度	专业相关综合能力
	④现场实习运行	现场实习参与率
	⑤现场实习满意度	实习内容的职务连贯性
		实习机关的实习提供水准
一般职务能力	⑥外语、情报化、表现、领导力	职务能力满意度

注：出自한국대학교육협의회 대학평가원[102]

韩国高校教育协议会将产业界观点的高校评价的领域分为专业职务能力

和一般职务能力，然后制定每项能力的细分评价项目。评价指标包括开设关于可以强化适用于企业的现场职务的课程和培养学生毕业后直接能够适应企业现场能力的现场实习。这些是政府对高校教育过程政策的具体实施方案，高校的各个专业应该根据给予直接影响的评价指标开设相应的教育课程。

韩国高校经管类专业运用需求者为中心DACUM方法进行教育过程设计，具体过程如表3-5所示。通过对管理者与专家采访做职务定义分类，设定职务模型，检验职员教育需求度与工作任务重要度，通过检验推导出主要工作任务与工作任务对应的知识、技术与工具等。工作任务和技术组合填写完成后将教育领域进行组别化，并相应推导出教育课程，通过专家讨论会调整后，制作出教育过程路线图（강경종，김종우，2001）[103]。为实施DACUM方法过程，选定8~12名专门小组成员，其中专家需要在工作现场任命，另外分别选定引导者、记录者、观察者，制作职务模型，最后按照顺序进行职务模型检验，填写工作任务/技能组合和教育课程/技能组合，并完成职务教育过程的路线图。

表3-5　DACUM方法过程

	工作分类（Job Classification）	工作定义（Job Definition）	工作职位模型（Job Model）	确认核实（Verification）	任务/技能矩阵（Task/Skill Matrix）	课程/技能矩阵（Course/ Skill Matrix）	路线图（Road-Map）
内容	工作分类	作业整理；技能定义	职责设定，任务分配	教育需要点，任务重要度调查，工作模型确定	K.S.T分类，填写任务和技能组合	填写课程/技能轮廓图	建立体系，检查
过程	新过程	DACUM过程					
方法	管理者及专家采访	选定主题专家（Subject Matter Expert, SME），采访，专门小组	专门小组	问卷法，采访	采访，专门小组		

注：出自강경종，김종우（2001）[103]

韩国高校经管类专业在多年来教育实践活动所形成的较成熟的人才培养模式基础上制定的教学大纲和教学计划书，帮助学生搭建充实的专业知识体系。通过各种校内外实践环节的锻炼，经管类专业学生可以成为具备完整营销知识体系并有较强实践能力的满足现代企业需求的应用型人才。

四、韩国高等教育人才培养模式特点

（一）"推式教育"与"拉式教育"相结合，提高学生专业素能与教师教学质量

韩国高等教育注重教学实践环节的根本目的是提高学生专业素能，培养能够适应社会需求、能够胜任相关专业工作岗位的专业人才，主要采用"推式教育"与"拉式教育"相结合的模式，通过实践让学生从思想上充分认清专业知识理论教育的重要性，使学生更加珍惜接受课堂教育的机会，同时促进高校教师进一步提升自身教学水准。

1. "推式教育"与"拉式教育"含义解析

"推式教育"是指教育者推动受教育者主动参加校内外专业实践活动（孙龙，2016）[56]。教育者利用客观存在的教育资源，推动受教育者参加社会实践活动，通过身体力行接受内外部因素刺激，唤起受教育者学习动机，使其产生在心理上与行动上主动接受教育的反应。

"拉式教育"是指教育者利用能够吸引受教育者注意力的教育手段和方法促使受教育者接受教育（孙龙，2016）[56]。"拉式教育"在高等教育中主要表现为教育者通过慕课、案例教学等方式来吸引学生学习注意力，激发学生专业学习兴趣来完成课堂教育。这种教育方式具有即时性特点，不能让学生产生长时间心理共鸣，不能给学生持续的影响力，易于被学生自身惰性所稀释，无法为学生提供持续的学习动力。受教育者短时间内容易接受教育者的教育，表现在课堂上能够一定程度地认真完成听课，但课后学生通过自主学习来提升自身专业素能的动力不足，导致学生不能主动参加第二课堂与第三课堂的学习与实践，从而影响学生整体学习效果和动手能力。"拉式教育"在高等教育中主要表现为翻转课堂、参加学术科技竞赛等方式，引导和推动学生通过实践活动主动接触专业的社会现状，从实践中发现与总结自身不

足，自我认识到自己应学习什么知识、以怎样的态度去学习知识，产生学习专业知识的需求和动力。在行动上主要表现为易与教育者产生共鸣，主动接受教育者教育，并寻求各种方式方法，主动完善自身专业知识体系。

2. "推式教育"与"拉式教育"驱动模式运行机理

"推式教育"与"拉式教育"驱动模式运行机理如图3-2所示。韩国高等教育提倡实践反哺教学，采用"推式教育"与"拉式教育"相结合模式的前提是要求教育者接受过专业的社会实践锻炼。韩国高校教师多有海外学习经历和企业实践经历，特别在近年来高校教师招聘过程中，没有海外高等教育学位、访学经历，或没有国际知名企业的工作经历很难在激烈的竞聘中抢占先机，这为教师开展课堂授课与实践活动指导提供了专业基础与实践基础。相比主观性较强的模拟教学，受教育者往往在客观性更强的实践教学中受到心理与精神层面的触动更深刻，从而刺激受教育者主动接受教育，主动寻求更多的学习渠道与方法，因此在人才培养方案编制过程中，将学生推出课堂，推向社会实践，鼓励学生在一段时间的专业课程学习后，参加校内外实践活动，并设立相应学分考核学生。"推式教育"模式不是一味强调将学生推出校园。专业理论课程教学是学生参加校内外实践活动的基础，组织多种校内外实践活动的前提是学生拥有一定的专业理论基础。韩国高校在进行专业

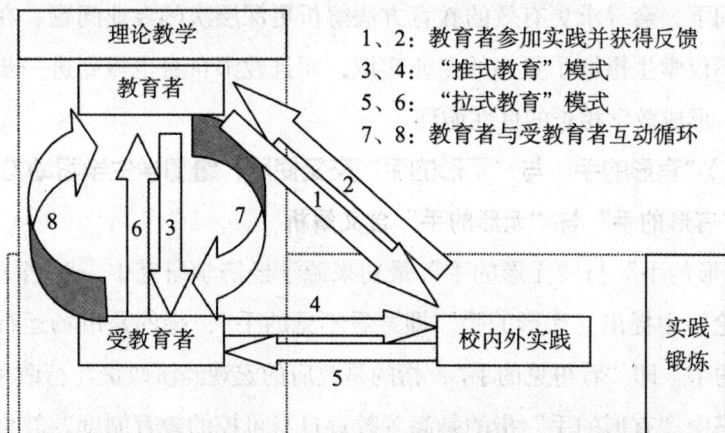

理论教学

1、2：教育者参加实践并获得反馈
3、4："推式教育"模式
5、6："拉式教育"模式
7、8：教育者与受教育者互动循环

教育者

受教育者

校内外实践

实践锻炼

图3-2 "推式教育"与"拉式教育"驱动模式运行机理图

课程设置的过程中注重学生基础知识的积累过程，压缩教师授课时间，增加学生在课堂上的主导性，很多课程需要学生在课下多下功夫，课堂上汇报任务完成情况，因此学生在图书馆里"彻夜不眠"的情况比比皆是。同时在学习专业课程的过程中，"推式教育"需要"拉式教育"的积极配合，要求教师在理论教学的过程中引导与激励学生，将学生推向校内外实践活动，从实践中学习和检验学生知识运用能力。同时实践过程又是一个让学生自我发现不足与短板的过程，学生从实践中自我感知专业能力不足会使其产生心理层面的缺失感与危机感，激发其进一步学习专业知识与实践技能的欲望与需求。当学生结束阶段性的实践活动回到课堂，学生学习主动性与目的性会明显提高。此时，教师采用"拉式教育"更容易获得学生认可，学生在课堂上对知识摄取的欲望与效率会更高，从而获得更好的学习效果。同时，学生也能更有目的性与针对性地选择一些专业选修课程，补全专业知识体系。

"推式教育"将学生推出课堂，参加校内外实践活动，在实践中找到自身差距与不足，重新回到课堂时学习动机会更强烈，对知识摄取的渴望程度更深、目的性更强。按照社会心理学观点，面对缺失感与危机感时，人会主动自我保护、自我救赎，以便重新找回自我平衡状态，表现为受教育者主动寻求教师的指导与帮助，且提问问题的专业层次会更深。教育者在受教育者不断追问下，会寻求更有效的教育方法解析更深层次的专业问题。在这个过程中，不仅学生摄取了更多的专业知识，而且教师自身也得到进一步的完善与提升，形成教学相长的良性循环。

（二）"有形的手"与"无形的手"交叉使用，增加学生学习动力与压力

1. "有形的手"与"无形的手"含义解析

"有形的手"与"无形的手"最初来源于经济学研究中。亚当·斯密在《国富论》中提出"无形的手"即"看不见的手"，指的是市场运行规律；"有形的手"即"看得见的手"，指的是政府的宏观经济政策与行政手段。

本书中"有形的手"指的是高等教育自身可控的教育制度、教育内容、教育实施、教育流程等高校校内因素。高等教育有效地调动高校校内资源要

素，对学生学习与未来发展给予方向性引导，同时对学生的学习状态与效果进行管理控制，主要包括学分制与弹性学制等教育制度的推行、专业课程设计等教育内容的修订、校内外实践环节等教育实施方案的拟定，以及实现学生专业素能全面提升与社会需求契合的人才培养流程设计。

首先，韩国高等教育全面实施学分制与弹性学制为学生积极参加社会实践活动提供制度上的保障。韩国高等教育以受教育者为中心，建立较完善的学分制度与弹性学制，更好地调动学生参加校内外实践活动的积极性与主动性，高校在人才培养方案中设计社会实践活动的必修学分与选修学分，学生可以申请休学参加社会实践活动，学生自主学习的权利得到制度保障。其次，韩国高等教育在教育内容设计方面，以德鲁克经验主义学派指导思想"实践—理论—再实践"理念为基础，通过反复的理论与实践活动，促使学生更好地完成社会实践任务。第三，为强化实施实践环节的效率与质量，韩国高校将校内实践环节渗透进专业教学课堂，实现校内专业理论教学与实践教学的紧密结合，积极促成校外实践活动，通过提高校外实践活动质量，进一步提升学生的全面素能，实现校外实践活动与学生素质教育的紧密结合。第四，基于以上三点，以教育制度为保障，以教育内容为基础，以教育实施为中心，形成韩国高等教育专业人才培养的教育流程体系。

本书中"无形的手"指的是高等教育无法通过使用计划、组织、领导、控制等管理职能进行调节的高校校外因素。如对学生学习产生间接影响力的来自社会层面的政策法规、就业环境与家庭状况等校外因素，主要包括男生服兵役制度、就业环境压力、家庭经济负担等。

第一，兵役制度对韩国高校男生的影响。韩国实行义务兵役制。韩国兵役法规定，凡是20—30岁的男性公民经兵役厅体检合格均服从国家兵役制度，服役时间按照兵种不同略有差异，一般在24个月左右。韩国男生均面临服兵役问题，大部分学生为保持未来工作的连贯性，选择在大学二年级休学服兵役，兵役结束后回到学校继续完成学业。韩国男生普遍反感兵役义务，一是认为服兵役很辛苦，二是认为服兵役会导致学习失去连贯性，影响学习效果。但客观地说，军队生活对男生吃苦耐劳精神、人际交流沟通能力等基本素能的提升产生积极效果，服过兵役的男生在心理与行动上更成熟，更珍惜大学校园学习机会，对个人未来职业生涯规划更有自信。第二，强烈的就业压力对韩国高校学生的影响。从1997年亚洲金融危机开始，韩国就业岗位不足的问题就开始显露，2009年全球的金融危机再次将韩国就业岗位不足的问题推升到国家问题上来，在就业问题上受到影响最大的是高校毕业生（Song，2013）[104]。韩国统计厅[105]调查结果显示，2011年韩国青年（15—29岁）失业率达到7.6%，共计32万人；2012年为7.5%，共计31.3万人；2013年为8.0%，共计33.1万人；2014年达到9.0%，共计38.5万人；到2015年2月达到11.1%，共有48.4万人；到2018年3月失业率达到11.6%，呈现出逐渐增长的态势。影响青年失业率的一个主要原因是青年群体不去主动尝试就业，而是为找到满意的工作岗位在毕业后参加学院或职业培训机构组织的各种培训（Han，2004）[106]，究其根源在于企业对人才需求标准的提高。如同美国企业在标准化教育改革中的参与程度（高原，2018）[107]，企业在韩国高等教育专业人才培养过程中扮演着"无形的手"角色，客观上提升就业竞争的激烈程度。韩国企业人才招聘将高校毕业生在校期间学习成绩与参加社会实践情况作为判断毕业生对本职工作的态度与专业水准，因此部分韩国高校学生在修满毕业学分前会放弃部分不够优秀的学分。从就业的角度来讲，高校学生在校期间努力学习是将来获得一份满意工作的必要条件。同时，韩国倡导终身学习理念，构建完整的终身教育体系，使终身教育得到立法的实践和普及（邓毅，张蕾，2017）[108]，企业强调员工进入企业后的再学习并作为职员考核晋升的评价指标之一。就业形势的压力与韩国企业向社会传递学习重要性的信息，倒逼高等教育在人才培养过程中重视学生专业素能培养，特别是知识应用能力的培养，倒逼学生在高校学习期间投入更多的时间与精力提升个体专业素能，这有助于高校形成良好的学习环境氛围。第三，韩国家庭经济负担对韩国高校学生的影响。韩国是一个拥有5000多万人口、鼓励多生育的国家，每个家庭一般都要供给2～3名大学生，所以韩国

家庭的经济负担很重。韩国高校学费按学期收取，一年两次收费，主要由期成会费、听课费、入学金三部分构成。根据高校性质的不同、学科专业的不同，学费差异较大。相比于国立大学与公立大学，私立大学的学费更高。以首尔地区学费较贵的私立大学为例，人文、语言、社科类专业学费最低的需要约450万韩元/学期（约2.7万人民币/学期）；理工科、体育类专业其次，约550万韩元/学期（约3.3万人民币/学期）；医学、音乐、艺术类专业学费最高，约600万韩元/学期（约3.6万人民币/学期）。截至2017年8月，韩国劳动者人均月收入为243万韩元；截至2016年年底，韩国55.1%的家庭妇女没有正式工作。因此高校学生大多利用假期和周末时间去各类企业、团体、组织打工，这一方面锻炼学生的社会实践能力与吃苦耐劳精神，另一方面刺激学生充分认识高校学习时间与学习机会的珍贵性（장윤선，김미림，2018）[109]。

2. "有形的手"与"无形的手"驱动模式运行机理

动力不是永续的。超出一定时间区间范围，动力就会枯竭。而压力在一定条件下可转化为动力，适度压力可促使学生不断产生新的学习动力。韩国高等教育交叉使用"有形的手"与"无形的手"，一方面激发学生学习动力，另一方面给予学生适度的学习压力。如图3-3所示，韩国高等教育交叉使用"有形的手"与"无形的手"模式，主要通过"有形的手"为学生学习提供方向性引导，为学生打造良好的自主学习平台与各种形式的发展路径，学生可结合自身特点进行选择。"有形的手"为学生注入"我要学习"的动力，通过完善教育制度、教育内容、教育实施、教育流程促进学生在正确路径上选择正确方式完成学业。韩国高校重视实践在专业人才培养中的作用，根据培养目标设计教育课程与相应的学分制度，按照学习过程的"刺激-反应"模式，通过采用"推式教育"将学生推送到校内外参加实践环节，让学生通过实践认识自身专业能力的差距。同时，高校借助外部环境这只"无形的手"，使学生在社会实践过程中接受就业形势与职场竞争等环境刺激，产生学习压力，激发学习动机。之后，高校通过使用"拉式教育"激发从实践中重新回到课堂的学生学习兴趣，帮助学生将"要我学习"的压力转化为

"我要学习"的动力。经过"理论—实践—再理论—再实践"理念指导的流程再造，学生再次回到校园后学习动机是强烈的，学习兴趣是浓厚的，学习态度是积极的，学习目的是明确的，学习效果是更佳的。当学生学习动力减弱时，高校使用"有形的手"将学生再次推送到校内外参加实践活动，如此循环往复，不断地为学生注入学习动力，激发学生学习动机，提升学生学习兴趣与学习效果。而每完成一个循环，学生的专业理论水准与实践能力均可得到阶段性的提升，总体上呈现螺旋上升的趋势。

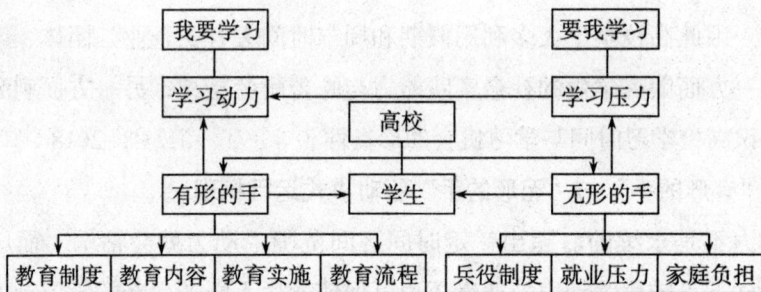

图3-3 "有形的手"与"无形的手"驱动模式运行机理图

五、韩国高等教育人才培养创新驱动模式

韩国高等教育在长期的实践过程中形成具有本国特色的"推式教育"与"拉式教育"相结合、"有形的手"与"无形的手"相结合的人才培养驱动模式，激发学生学习动机与学习兴趣，调节学生的学习动力与学习压力，提升学生学习效果；以"理论—实践—再理论—再实践"的理念设计专业理论课程与校内外实践活动，以学分制与弹性学制为制度基础，结合校内外社会实践活动为学生提供实战机会，综合使用"推式教育"与"拉式教育"驱动模式。这一系列管理方法的使用实质是高校通过"有形的手"控制学生在校期间的学习效果。同时，学生在校外实践过程中不仅会感受到专业能力的不足，还能感受到来自社会环境、就业形势与家庭状况等"无形的手"带来的学习压力，并激发学生学习动机，高校使用"拉式教育"驱动模式将学生的

学习压力转化为学习动力，提升学生学习兴趣与学习效果，继而提升专业人才培养质量与社会需求的契合度。总结韩国高等教育人才培养创新驱动模式主要有以下两点。

（一）"先推后拉""推拉结合"创新驱动模式

理论来源于实践并指导实践。没有专业理论基础，社会实践是空洞的，即使优秀的学生也只能"只知其然，难知其所以然"，这不符合高等教育人才培养的初衷，一定程度上容易使学生曲解理论教学与社会实践的关系。一味强调社会实践的重要性还会使学生对专业理论知识学习产生惰性，这会影响学生未来创新发展的幅度与深度，会在一定程度上成为学生职业生涯发展的瓶颈。同样，理论是需要实践检验的，只对高校学生进行"拉式教育"，只采用各种方式实现精彩的理论讲解、案例教育，没有社会实践锻炼机会，学生学习过程中是枯燥的，不利于其学习动机与兴趣的形成，学生毕业后会表现出职场生活适应周期长与创新实践能力不强的短板。高校教师通过专业课程传授专业基础知识，并使用"推式教育"引导学生参与实践，让学生在实践中发现自身不足，配合使用"拉式教育"激发从实践回到课堂的学生学习动机与学习兴趣，使学生产生"我要学习"的动力。如此循环往复，形成"推拉结合"驱动模式，在学生4年专业学习中反复进行"理论—实践—再理论—再实践"环节，这正是目前我国高等教育人才培养过程中所需要进一步夯实的。高等教育应配合使用"推式教育"与"拉式教育"，采用"先推后拉""推拉结合"的驱动模式，为学生更好地接受专业教育提供必要的引导与管控。

（二）"有形加无形""无形胜有形"创新驱动模式

韩国高校使用"有形的手"将学生推向社会实践活动，给学生机会近距离接触社会与职场生涯，一方面可以使学生实践课堂所学的专业理论知识，另一方面通过使用"无形的手"给学生施加学习压力，实质是为激发学生学习动机，控制学生学习效果的管理行为。韩国高校使用"无形的手"主要是利用韩国社会环境、就业形势等特点向学生传递应该珍惜校内学习机会的信息，给学生施加应该努力学习的压力。学生参加社会实践并感知竞争环境的激烈程度与教师在课堂上介绍社会竞争环境给学生施加压力相比，学生不会认为学习压力来源于高校与教师，不会对课堂产生逆反心理，反而会形成社会环境"要我学习"与"我要学习"的紧迫感与责任感。高校应充分重视社会力量这只"无形的手"，配合使用"有形的手"调节学生学习压力与学习动力的转换，管理控制学生的学习效果。"有形加无形""无形胜有形"驱动模式也为我国高等教育在创建"双一流"大学、提升应用型大学人才培养质量方面提供重要借鉴（孙龙等，2020）[110]。

六、韩国高等教育人才培养创新驱动模式的理论基础

（一）"刺激-反应"模式理论

约翰·沃森提出的"刺激-反应"模式（S-R模式）是研究人类行为的最具代表性的理论，认为人类复杂行为可被分解为刺激与反应两部分，即人的行为是受到刺激的反应（谢弦，林萍，2012）[111]。刺激来自两方面：身体内部刺激和体外环境的刺激。反应总是随着刺激而呈现（图3-4）。

图3-4　S-R模式

在此基础上的S-O-R模式认为人的行为是因为受到内外因素刺激作用，经过复杂的心理活动过程（简称为"暗箱"），产生动机，在动机驱使下完成行为（李滨，覃素香，2013）[112]（图3-5）。

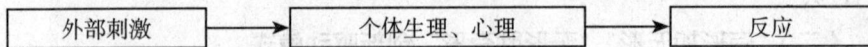

图3-5　S-O-R模式

学习理论认为人类后天经验引起的行为变化的过程就是学习，学习过程是驱策力、刺激物、提示物、反应和强化诸因素相互影响和相互作用的过程（图3-6）。如学生具有提高外语听说能力的驱策力，当这种驱策力被引向一种可减弱它的刺激物，如外语培训时，就成为一种动机，学生在动机支配

下，做出报名参加培训班的反应，但何时、何处、如何做出反应取决于周围较小的或较次要的刺激，即提示物，如同学鼓励、朋友介绍及促销广告等，于是参加培训班，若感到满意则强化这一反应，报名该机构开办的其他培训班，若失望，则不会做出相同反应（谢弦，林萍，2012）[111]。本书主要从S-O-R模式理论、学习理论出发，分析韩国高等教育人才培养模式特点对大学生提高学习兴趣、激发学习动机、主动参与学习的作用机理。

| 驱使 | → | 刺激 | → | 诱因 | → | 反应 |

图3-6 学习过程的"刺激-反应"模式

（二）"推式"与"拉式"策略

"推式"与"拉式"是供应链管理的核心概念，指两种截然不同的供应链驱动模式（马莉莉，2014）[84]。后来"推式"与"拉式"策略应用于市场营销学等其他领域。"推式策略"指利用推销人员与中间商促销将产品推入渠道，生产者将产品积极推向批发商手中，批发商又积极将产品推向零售商，零售商再将产品推向消费者，如图3-7所示。

| 制造商 | → | 批发商 | → | 零售商 | → | 顾客 |

图3-7 推式策略

"拉式策略"指企业针对最终消费者，花费大量资金从事广告及促销活动，以增进产品需求，通过消费者向零售商下订单反向拉动整个渠道系统（谢弦，林萍，2012）[111]，如图3-8所示。本书将供应链管理"推拉式"策略引入韩国高等教育人才培养过程，解析韩国高等教育人才培养模式特点。

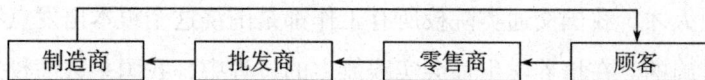

| 制造商 | ← | 批发商 | ← | 零售商 | ← | 顾客 |

图3-8 拉式策略

第二节　韩国高校管理类专业实践教学模式对我国高校校企合作人才培养模式的启示

韩国高校经管类专业在人才培养方面以社会发展为导向，贯彻"教育先行"的理念，以提高学生的专业知识和专业技能为根本目的，以"学分制"的实施为制度基础，采用"推式教育"与"拉式教育"相结合的教育模式，强调校内三个课堂实践环节和校外社会实践相结合的具体实施办法；采用"有形的手"和"无形的手"相结合的教育模式，调整学生高校学习期间的动力和压力关系，控制学生在校期间的学习效果，达到培养适应现代社会发展的经管类专业人才的最终目的。

我国应用型本科院校经管类专业现阶段校企合作实施过程中表现出精细化程度不够的弱点，在合理利用现有资源、通过资源整合完成高等院校应用型人才培养方面存在着明显不足。结合韩国高等教育实践教学创新模式特点，提出以下几点建议。

一、促进我国应用型本科院校校企合作进入集约化发展轨道

第一，建立以高校、学生、企业"三方"利益为核心，以绩效为考核方式的校企合作体系。

我国交通类院校校企合作实施的根本出发点是为我国交通行业培养优秀的专业人才。我国交通类院校所有工作都是围绕这个根本出发点制定具体的战略措施的。在培养学生社会实践能力的过程中，我国多数高校采用比较普遍的途径就是校企合作，将学生送到企业去实习，接受培训。但是，现实的情况是校企合作的质量和效果不佳。表现在很多企业抱怨应届毕业生"做

事"的能力不强，进入企业需要相当一段适应时间，有的大学生经过一段"试用期"后仍然无法达到企业的要求。种种迹象表明，现阶段我国高校、企业、学生之间存在角色转换问题和人才培养的衔接问题，真正有效的校企合作可以为三大主体填补这些空白，实现各自利益的最大化，这也是校企合作的根本宗旨。为改变这种状况，高校在实施校企合作的过程中应该以实现学生、学校、企业"三方"利益最大化为根本原则，这就需要首先明确"三方"的利益是什么，进而采取必要的措施和考核制度。

高校层面上，主要以培养人才为根本出发点，以培养人才过程中消耗的人力、物力、财力等为学校正常运行的主要成本，以培养出优秀人才获取各种收益。学生层面上，通过社会实践完善自己的知识结构，不仅要了解"是什么""为什么"，更要清楚"怎么做"，通过企业实习完成自我专业能力的提升，以便毕业后更快、更好地融入社会。企业层面上，用更低的成本完成企业部分基础性的业务工作，减少相应成本，同时为企业获取人才、储备人才提供一次很好的"面试"机会。

具体到校企合作的层面上，企业可以采用绩效考核的方式对学校进行考核，主要可以"学生给企业带来了什么"为依据为学生实习质量进行量化打分，并赋予学生和学校相应的报酬；学生通过实习中付出的劳动得到相应的物质报酬，同时提升自己的社会实践能力并得到实习学分；学校通过对学生的教育培养，输送学生参加企业实习从企业中获取相应的物质报酬并赋予学生相应的学分和分数，同时达到更好地服务社会的目的。同时，高校在校企合作中可以实现为企业输送优秀人才，从而达到提高学生就业率和就业满意率、获得良好的口碑及其他社会效益的深层次目的。

这就要求校企合作应该逐渐实现由"粗放型"向"集约型"转化。为了完成任务而完成任务已经不能适应现代社会发展要求，校企合作应该建立在DACUM方法的基础上，严格管理学生在实习期间的工作完成情况，给学生以适当的压力，让学生从思想上认识到没有实践的理论是"纸上谈兵"，没有理论的实践是"无源之水"，两者都不是与时俱进，都无法适应现代社会发展对于人才的要求。因此，本书建议采取绩效考核的方式完成企业、学生、学校之间的实习协议，根据考核结果赋予相应的实习学分和实习分数，从而提升校企合作的效果，为进一步实现培养优秀交通行业专业人才提供保证。

第二，政府牵头为高校提供更多的海外实习、实践机会，开阔学生视野和提高学生自身能力。

现阶段我国大多数高等院校独立完成与海外企业进行学生实习的无缝对接是比较有难度的，但是国外的实习经历对于人才培养过程又具有其他方式所无法比拟的独特性。为学生创造良好的国外学习实践机会，将学生推向世界市场，既可以拓展学生的视野，又可以全面锻炼学生的基础能力和专业能力。这种方法可以促使学生将压力转化为动力，可以促使学生真正从思想上认识到应该怎样珍惜高校校园学习机会，从而提高学生学习的主动性。所以，将国内高校与海外高校、企业相对接，需要我国政府为高校搭建起一个大舞台。

二、合理利用各种教育资源，实现资源效益最大化

第一，借鉴推式教育与拉式教育相结合、"有形的手"与"无形的手"结合使用的方法提高我国交通类院校学生的学习效果。

随着我国经济水平的飞速发展，社会对人才需求水准提升的速度高于现阶段家庭、学校、社会对人才的培养能力。人民生活水平进入由温饱到小康的转变时期，家庭对孩子的教育方式和教育水准也向高等教育方式方法提出越来越多的挑战。在家长长期的关怀和溺爱下，在长期的应试教育体制的影响下，学生在得到很多益处的同时也缺失了很多，很难在短时间内改变学生时代的很多烙印，而这些烙印对我国高等教育完成学生由校园向社会转变的过程产生很大的阻力。这要求我国交通类院校在实施教育的过程中结合学生特点，充分利用各种资源，发挥资源效益优势，提升高校学生的基本素能和专业素质。高校采用推式教育与拉式教育相结合，"有形的手"和"无形的手"相结合的方式，从大学生学习兴趣的启发到学习韧性的培养，从激发学

生动力到施加适量的压力，利用"有形的手"主动控制学生学习管理工作。同时，教育界及社会各界从政策上和社会氛围上大力支持和配合高校的教育工作，高校利用"推式教育"方法主动将学生推入社会实践，让学生在实践中发现不足，感受到压力；高校通过"拉式教育"将学生适时拉回校园，帮助学生完成"要我学习"到"我要学习"思想上的转变，将学习压力转变为学习动力，有助于提高学生专业知识学习效果。我国交通类院校在推行实践学分过程中应当多从学生的思想层面入手，抓住学生的内心世界，充分利用现阶段的教育资源和社会资源，不仅要从满足学生学习需求的角度思考问题，更要从如何满足学生学习需求的层面上设计一套完整的、稳定的交通类院校人才培养体系。

第二，抓好校内三个课堂实践环节，为提高校企合作的效果提供强有力的前提保证。

不论在哪个历史时期，不论是应用型高校还是理论研究型高校，高等教育的第一要务都离不开专业知识能力的训练和培养。伴随着时代的发展、科技的进步，当代大学生应当达到满足现代企业人才需求的标准。这就要求交通类院校学生学会运用专业知识的能力，特别需要学会在社会实践中运用专业知识的能力。抓好校内三个课堂实践环节，是培养学生学习兴趣，培养学生走出校门、接受社会大课堂检验的基础和推动力。在日新月异的知识经济时代，很多高校都与企业联合，建立专业学生校外实习基地，学科发展合作单位等不同形式的校企合作模式。高校将学生推向社会进行实习、实践之前，利用校内三个课堂实践环节对大学生进行前期教育，完善大学生的专业素养培训是学生接受社会实践检验的基础和前提。加强校内三个课堂实践环节是高校利用"有形的手"进行学生管理控制的表现形式之一。我国交通类院校进行应用型人才培养的过程中，应该将校内三个课堂实践环节与专业人才培养方案紧密结合，人才培养方案中应体现需要者为中心、企业为中心的理念，这也是校内三个课堂实践环节的设计和实施的方向。综上，交通类院校应紧抓学生校内三个课堂实践环节，为学生进行社会实践打下良好的基础。

三、学分制是进行校内外实践活动的制度保证

学分制的实行是高等院校的发展趋势，国外大部分高校和我国的部分高校都在实施学分制。学分制的实施可以充分发挥学生学习上的自主性，给学生提供具有弹性的学习时间，给学生更多的机会去自主选择专业课程和校内外实践活动。我国的交通类院校制订适应于现代企业需求的人才培养方案需要学分制作为制度保障。学分制为更有效地实施校内外实践活动、更有效地实施校企合作提供时间和制度上的保证。

我国交通类院校制订人才培养方案应从学生的实际情况出发，贴近社会需求和企业的需要，面向我国交通行业当前发展过程中面临的困难和问题以及今后的发展方向，设计专业课程和实践环节上应体现交通行业特色，避免"大""全""无"。尽量缩减现阶段本科学生应完成的学分分数，减少课程开设的门数，对开设的每门课程实行精细化管理，给学生和教师留出足够的课时完成理论到实践再到理论的完整教学过程（孙龙等，2014）[70]。

本章小结

与我国国情相似的亚洲国家中，日、韩的高等教育发展相对较早，也相对成熟。以近邻韩国为例，作为亚洲"四小龙"之一的韩国在20世纪七八十年代实现了经济上的腾飞，韩国的高等教育伴随着韩国经济的高速发展处于亚洲的领先地位。韩国教育一直以来遵循着多元化发展的模式，在教育的大众化和普及率方面取得了显著成效。另外，韩国高校一直以来实施的学分制和学分银行制为韩国高等教育发展发挥重要的作用。

韩国高校经管类专业在人才培养方面以社会发展为导向，贯彻"教育先行"的理念，以提高学生的专业知识和专业技能为根本目的，以"学分制"

的实施为制度基础，采用"推式教育"与"拉式教育"相结合的教育模式，强调校内三个课堂实践环节和校外社会实践相结合的具体实施办法；采用"有形的手"和"无形的手"相结合的教育模式，调整学生高校学习期间的动力和压力关系，控制学生在校期间学习效果，达到培养适应现代社会发展的经管类专业人才的最终目的。结合韩国高等教育实践教学创新模式特点，提出以下几点建议。第一，促进我国应用型本科院校校企合作进入集约化发展轨道。建立以高校、学生、企业"三方"利益为核心，以绩效为考核方式的校企合作体系；政府牵头为高校提供更多的海外实习、实践机会，开阔学生视野，提升自身能力。第二，合理利用各种教育资源、实现资源效益最大化是提升高校学生专业素质的良好途径。借鉴"推式教育"与"拉式教育"相结合、"有形的手"与"无形的手"结合使用的方法提高我国交通类院校学生的学习效果；抓好校内三个课堂实践环节为提高校企合作的效果提供强有力的前提保证。第三，学分制是进行校内外实践活动的制度保证。

第四章
基于楔形育人模式的新时代高校校企合作长效机制与政校企合作评价研究
——以山东交通学院电子商务专业为例

第一节　研究背景

2017年10月，十九大报告提出了中国发展新的历史方位，中国特色社会主义进入了新时代，这是一个重大判断。进入新时代，是从党和国家事业发展的全局视野、从改革开放近40年历程和十八大以来5年取得的历史性成就和历史性变革的方位上所做出的科学判断。这个新时代，是承前启后、继往开来、在新的历史条件下继续夺取中国特色社会主义伟大胜利的时代。报告立足于党的十八大以来的新实践、新成就，谋划了到21世纪中叶的奋斗目标（新华网，2017）[113]。

校企合作概念的范围有广义和狭义之分。广义的校企合作是指教育部门与产业部门或行业机构、职业学校与企业或其他职业教育机构共同举办职业教育的一种教育模式，包括所有形式和类型的合作，代表产学研合作、产教结合、工学结合、工学交替、半工半读和双元制、学徒制、合作教育、官产学合作等概念的集合；狭义的校企合作指企业与高等学校的合作（耿洁，2011）[62]。本书中，校企合作办学指高校与企业双方以培养社会所需的各类人才为根本目标，在平等、互利、互惠和自愿的基础上，在寻求合理的合作方式的过程中建立起来的一种密切联系、相互促进、共同发展的相对稳定的合作关系。校企合作办学，就是从目前高等教育改革和发展及我国经济社会发展的需要出发，学校主动出击经济建设主战场，企业主动担当人才培养的社会责任，形成人才培养、科技服务、技术创新的三位一体、互利多赢的产学研合作的有效运行体制机制。

校企合作是学生在高校学习阶段进行实战操作的机会与平台，推进产教融合与校企合作对职业院校至关重要，对应用型本科院校也同样重要。应用型本科院校指以应用型人才培养为办学定位，而不是以研究型人才为办学定位的本科院校，现阶段一般集中于本科第二批、本科第三批录取院校。应用型本科教育对于满足中国经济社会发展、对高层次应用型人才需要以及推进中国高等教育大众化进程起到了积极的促进作用。2014年3月教育部改革方向已经明确：全国普通本科高等院校1200所学校中，将有600多所逐步向应用技术型大学转变，转型的大学本科院校正好占高校总数的50%。应用型本科重在"应用"二字，要求以体现时代精神和社会发展要求的人才观、质量观和教育观为先导，以在新时代高等教育形势下构建满足和适应经济社会发展需要的新学科方向、专业结构、课程体系，更新教学内容、教学环节、教学方法和教学手段，全面提高教学水平，培养具有较强社会适应能力和竞争能力的高素质应用型人才。要求各专业紧密结合地方特色，注重学生实践能力，培养应用型人才，从教学体系建设体现"应用"二字，其核心环节是实践教学。

现今的校企合作大多有"合"无"作"，有"实"无"效"，究其原因在于校企双方不能建立互利共赢的长效机制（王方等，2013）[114]。校企合作长效机制是指能够长期保证校企合作正常运行并发挥预期功能的制度体系，它并非是一劳永逸、一成不变的，需要随着校企合作的不断深入而不断发展、完善。它使校企合作的各合作主体在一定的合作制度规范下有效运行，即有一套较为规范、稳定、系统、配套的制度体系。同时保障校企合作各方在合作过程中的利益，从而保证校企合作正常持久运行的"动力源"，使各个主体都能出于自身利益而积极推动和监督校企合作运行（龚艳霞，2014）[64]。建立校企合作长效机制可以节省管理类专业人才培养的社会成本，缩短管理类人才培养的时间成本，因此如何建立校企合作的长效机制是现在和将来亟待解决的问题。

据统计，自2001年教育部正式批准对外经济贸易大学、北京邮电大学和浙江大学等13所高校相继开设电子商务专业以来，截止到2017年12月，经过近20年的发展，全国共有440余所本科院校（不含独立学院）开设了电子商务专业，占公办和民办本科院校总数的44.99%（教育部公布数据，截止到2017年6月这两类本科院校共有978所）。山东省共有23所本科院校开设了电子商务专业（不含独立学院），占同类本科院校总数的40.4%。从人才培养的社会经济背景来看，《2017中国电子商务报告》数据显示，2017年我国电子商务交易额达29.16万亿元；国家政策层面，中办、国办及其他政府部门从2016年下半年到2017年共下发《国家信息化发展战略纲要》（中办发〔2016〕48号）、《电子商务"十三五规划"》（商电发〔2016〕482号）及与之相关的文件63份；中国电子商务研究中心发布的《2017年我国电子商务人才需求报告》数据显示，87%的受访企业反映电子商务人才已成为目前电子商务企业发展的最大瓶颈，而我国本科院校每年培养的电子商务专业毕业生却不足5万人，电子商务人才培养理应成为风口。但电子商务专业在部分省教育主管机构被列为C类专业，甚至有部分高校针对电子商务专业曾出现过停止招生的情况。电子商务专业人才培养供给和社会需求已成为我国高等教育所面临的经典"悖论"。

一、新时代我国跨境电商领域专业人才的综合素能分析

随着跨境电商行业的不断发展，跨境电商企业销售的产品品类和销售市场更加多元化，企业对电商人才需求也水涨船高。跨境电子商务属于交叉性学科，既有国际贸易的特点，也有电子商务的特点。电商领域专业人才既要具有运营管理能力，还要具备一定的数据分析与外语沟通能力。目前电商专业毕业生数量相当可观，但兼具国际贸易与电子商务能力的跨境电子商务企业对人才的综合性需求越来越强，单一的专业知识体系可能无法满足企业对人才的需求，业界越来越多的企业招不到合适的跨境电商人才。2015年由中国对外经济贸易大学国际商务研究中心与阿里巴巴联合研究制作了跨境电子商务人才分析报告，从304个有效样本中发现，企业普遍认为跨境电商人才存在严重缺口，85.9%的样本显示跨境电商人才缺口严重存在，82.4%的样本显示招到的人不能按要求完成工作任务。大学阶段的人才培养一定程度上存在与社会人才需求的脱钩问题。

调查显示，小企业对电子商务专业人才需求相对较多。小企业更倾向于招聘专科人才，也希望这些人才具有复合型的知识和技能。中型企业对专业学科人才需求有一定的倾向，企业更多希望聘用复合型的跨境电商专业人才，跨境电商企业更多缺业务岗位的人才；82%的企业希望大学增设实践类课程，但企业实际并不缺纯技术人才，也不缺高级管理人才，大量缺失的是具备综合能力与素质的业务人才，企业希望高校以培养复合型人才为主要方向。

如何理解复合型人才？跨境电商是典型性的整合性学科，体现在经济学、管理学、信息技术、法律等学科的交叉与整合。现代企业对全产业链运营的复合型创新人才十分青睐，学校不能单独培养复合型创新人才的原因主要有：第一，很多学校没有开设商科学院，很多都是经管学院，更没有设计好大商科人才培养模式；第二，教育体系不承认交叉整合学科，而实践创新创业却来源于学科的交叉融合。新文科建设理念包含跨学科融合的问题，成为未来文科类专业建设的主要方向，可以实现跨境电商专业复合型创新人才的培养。

综上所述，目前高校也在围绕如何培养复合型跨境电商专业创新人才进行培养模式方面的不断探索。"双创时代下的大商科人才培养模式"是产业与教育的全方位融合、培养领先的"创意+C2B"现代服务型人才，是基于万亿规模的O2O商业生态圈、面向10亿消费人群的现代服务人才培养；其特点是跨界、复合型、大商科，其目标是提升大商科专业建设水平，构建以面向未来的C2B商业模式为核心的实战与创业经营平台，培养熟悉现代企业全产业链运营的复合型创新创业人才。

二、我国电子商务专业人才培养三阶段

为系统梳理自2001年至今我国电子商务专业本科人才培养模式的研究动态，本部分以教育界对电子商务的认知为工具，对我国本科层次电子商务人才培养模式进行演化分析。根据时代发展对专业人才的需求变化，我国本科层次电子商务人才培养主要分为以下三个阶段，具体内容如表4-1所示。

表4-1　我国本科层次电子商务人才培养三阶段演化

阶段	研究焦点	特点	人才培养模式逻辑
起步阶段	电子商务的本质是技术还是商务	工科属性为主	电子商务=电子+商务
行业发展阶段	电子商务的本质是商务	开始注重商科属性	工学结合、任务导向、嵌入式、订单式、复合型人才、双创、三创、行业电子商务人才培养等
进阶阶段	电子商务的生态属性	呈现商科+工科属性	校企合作、基于协同理论的复合型人才培养、多维人才培养模式、"政产学研金服用"一体化等

第一类是基于对电子商务属性认知而构建的人才培养模式。在我国电子商务教育刚起步阶段，关于电子商务的研究主要集中在"电子商务的本质是技术还是商务"，因此教育界也据此来构建人才培养模式。从各高校公布的人才培养方案课程体系设置来看，第一批开办电子商务专业的院校以工科类为主，因此部分高校专业人才培养方案中的课程体系多以计算机类课程为主，具有较强的工科特色。后来各高校跟风开设电子商务专业，2003年就扩张到181所高校开设本科层次的电子商务专业。各高校根据自己对电子商务的理解与实际师资情况，按照"电子商务=电子+商务"这一逻辑构建电子商务专业人才培养方案。该阶段电子商务专业人才培养方案的总体特征就是

"技术+商务"二段式培养。

第二类是基于对电子商务工作内容认知而构建的人才培养模式。自2010年我国电子商务交易额突破4万亿元以来，每年都以超过2万亿元的规模在不断增长。2010年，阿里举办双届"双11"购物节，总成交额达到9.36亿元，这个数字已经超过了我国香港一天的零售额；同年，京东商城销售额也突破百亿大关。自2010年腾讯张小龙团队推出微信以来，借助移动互联技术的迅猛发展，微信已成为影响最大、发展最成熟的社交媒体之一，微商也逐步成为电子商务的生力军。电子商务的普及和渗透，使人们意识到"电子商务的本质是商务"，因此高校也开始转向按电子商务内容来构建人才培养模式。常见的这类模式包括"工学结合""任务导向""嵌入式""订单式""复合型人才""双创""三创""PCTP"和行业电子商务人才培养等。这类人才培养模式最大的特点是根据工作任务来构建专业人才培养方案，较第一类有较大改进，但伴随着电子商务模式与技术创新日新月异，这种模式体现出与行业协同性不足等问题。

第三类是基于对电子商务生态属性认知而构建的人才培养模式。在大部分高校开始按照电子商务工作内容进行人才培养模式改革的同时，有些高校已经意识到电子商务的生态属性，并从这个角度来构建人才培养模式。电子商务生态系统是商务生态系统的一种，是由电子商务核心交易企业、金融服务企业、物流服务企业、政府等组织机构以联盟、虚拟合作等方式通过互联网平台分享资源而形成的一种生态系统，其成员间信息共享、协同进化，实现自组织和他组织。基于这种认知而构建的人才培养模式包括"政产学研用一体""校企合作""基于协同理论的复合型人才培养""多维人才培养模式"等。

通过对电子商务人才培养模式研究的梳理，我国电子商务专业本科人才培养之所以会出现前述"悖论"问题，其主要原因在于：第一，把学校理解为电子商务人才培养的唯一主体。这种逻辑环境下，学生成为高校单方面培养出来的"产品"，虽然强调与企业等利益相关者合作，但是企业只是扮演用人单位这个"客户"角色，存在信息不对称、利益不对称与兴趣不对称等问题。第二，将校企协同育人等同于校企合作。校企协同育人是基于校企合作而实现的，但其深度已远超越现行的校企合作模式，还应该包括资源协同、制度协同和价值协同等。第三，对电子商务实践性认知不够。电子商务是基于新一代ICT技术的商务模式创新，其最大特点就是运营中的"微创新"，加之技术发展的迭代性，因此，电子商务专业具有十分强的实践性。实践性强的学科应该从行动研究视角来构建人才培养方案，而现行人才培养方案基本都是基于认知主义或结构主义理论构建的，势必会造成人才需求与供给的脱节。

三、校企协同育人解决上述问题的意义

基于校企协同育人机制，解决电子商务专业人才培养供给和社会需求"悖论"的主要意义包括：

一是山东省高等学校落实省委省政府新旧动能转换战略部署的实践。鲁教计字〔2018〕1号文件明确提出"完善协同育人机制，鼓励校企共同制定人才培养标准、修订专业课程，实施联合培养、订单培养，将企业生产经营标准和环境引入教学过程，建立教学过程与企业生产过程一体化人才培养模式"。因此建立协同育人的电子商务人才培养模式是高等教育主动作为、主动落实山东省新旧动能战略的实践。

二是推进山东省高等教育综合改革的实践。省委、省政府在《关于推进高等教育综合改革的意见》中明确提出"鼓励高校与行业企业共同建设专业，共同制定人才培养方案，共同开发课程，共建实习实训基地"，因此建立协同育人的电子商务人才培养模式是推进山东省高等教育综合改革的具体实践。

三是探索产教融合、协同育人的实践。国务院办公厅《关于深化产教融合的若干意见》对产教协同育人、引企入校等做了明确要求，特别提出"校企育人'双重主体'"，因此建立校企协同育人机制是推进产教融合的具体实践。

四是提高电子商务人才培育与社会需求的契合度，有利于山东省电子商务人才培养的健康可持续发展。电子商务专业人才培养会出现上述"悖论"的主要原因就是学校培养体系与社会需求的系统脱节。建立协同育人机制是解决这个"悖论"的有效途径，不仅能提升人才培养与社会需求的契合度，还有利于该领域的健康可持续发展。

我们可以发现我国电子商务专业本科人才培养会出现前述"悖论"问题的主要原因在于：第一，把学校理解为电子商务人才培养的唯一主体。这种逻辑下学生是学校单方面培养出来的"产品"，虽然强调与企业等利益相关者合作，但是企业只是扮演用人单位"客户"的角色，存在信息不对称、利益不对称及兴趣不对称等问题。第二，将校企协同育人等同于校企合作。从现有模式来看，很多学校将校企协同育人等同于校企合作。虽然校企协同育人是基于校企合作而实现的，但其深度已远超越现行的校企合作模式，还应该包括资源协同、制度协同和价值协同等。第三，对电子商务实践性认知不够。电子商务是基于新一代ICT技术的商务模式创新，其最大特点就是运营中的"微创新"，加之技术发展的迭代性，因此电子商务具有十分强的实践性。实践性强的学科应该从行动研究视角来构建人才培养方案，而现行人才培养方案基本都是基于认知主义或结构主义理论构建的，势必会造成人才需求与供给的脱节。

第二节　理论依据与文献研究

一、楔型人才培养

学生在高校学习期间，不同时期呈现出不同的专业学习期望值。楔型人才培养针对学生不同时期对于电子商务专业期望值的变化，探寻学生专业学习动机情况，发现问题后通过校企联合干预的方法进行解决，并且相应地调整教学计划。

　　楔形是一种数学图形，最常见的是上升楔形（rising wedge）与下降楔形（falling wedge）。本书所采用的是上升楔形概念。楔形常被用来形容股票价格的技术反弹。上升楔形的形成，最少有两个高点，以每点的最高及先前的最高点连成一条最高的阻力线；同样，最少有两个低点，以每点的最低及先前的最低点连成一条最低的支持线。本书采用此概念来形容学生的专业认知。楔形人才培养的具体含义如下：第一，楔形人才培养模式的核心变量是学生专业认知和校企持续共同干预；第二，学生带着报考时的专业高期望入学；第三，根据实践和经验，学生会在入学不久后出现对专业的模糊认知，这个时候需要校企共同来进行专业认知教育以提升学生专业认知；第四，随着学习的不断深入，学生会在不同阶段出现对专业的模糊认知，根据校企协同育人机制，每当学生出现专业认知模糊时，需双方采用恰当的干预措施；第五，校企双方持续协同干预，让学生的专业认知动态贴近现实并促进学习状态和专业技能提升，以实现人才培养目标。关于楔形人才培养的含义具体可参见图4-1。

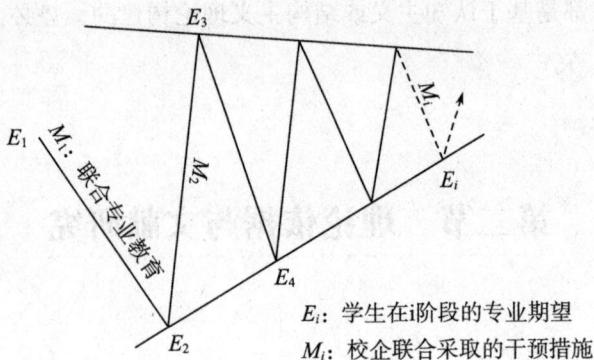

E_i：学生在i阶段的专业期望
M_i：校企联合采取的干预措施

图4-1　楔形人才培养模式含义

　　第一阶段，学生对电子商务专业都很有信心，有很高的期望值。开始，学生以学习电子商务专业基础知识为主。随着对电子商务基础知识的学习，学生逐渐不满足于基础知识的学习。在这个节点，在学生进行电子商务基础知识、技能学习的同时，学校在与电子商务企业合作时，更多的是努力为学生提供适当的时间，让他们专注于发展自己的核心素养能力。在电子商务方面的教学增强了学生运用专业知识的能力，同时也提高了他们在工作环境中的期望。

第二阶段，在电子商务综合能力学习阶段，学生学习到了部分职业技能，却没有地方伸展手脚，这时的期望又会降低。在这个节点要充分利用校企协同共建的电子商务师资团队、实训基地，让学生在模拟的平台软件上进行实践和学习。实训期间，教师将电子商务直接与使用电子商务的企业联系起来，教导学生如何满足运行实际电子商务项目，让该模式和工作期望保持同步，并逐渐形成分层人才培养机制。

不仅如此，学校还可以聘请电子商务领域的知名企业家、高级技术人员、总监等富有实践经验的专家加入教学团队，全面提升教学团队的实践技能水平；同时，定期邀请企业兼职教师进校园，参加教学团队的各项工作，从常规教研讨论、举办讲座、担任课程实践指导或主讲教师，让企业兼职教师通过多种方式，多维度地参与教学团队建设，全面强化老师在实践技能中的作用（林昆，郑霖娟，2021）[115]。

第三阶段，在学生电子商务扩展学习阶段，学生进行集中顶岗实习。创业课程为学生提供在职经验，让他们接触到电子商务的实操技能，同时，根据学生对电子商务实际业务的理解与能力任务分配，根据任务完成度，由与学校合作的电子商务企业进行评估，以提高学生对专业的认可度与期望值（姚子龙，2020）[116]。

二、ARCS动机模型含义

美国南佛罗里达大学心理学教授凯勒将相关动机的研究做汇总分析后，于20世纪80年代设计出了动机设计模型，并提出了围绕该模型的教学设计过程。该模型因简便和可操作性强，在教学设计领域影响很大。该模型关注的是如何通过教学设计来调动学生的学习动机问题。凯勒（1987a）[117]认为学生学习动机主要有四个构成因素，即注意、关联、信心和满足，取其每个英文单词的第一字母，简称为ARCS。

该模型主旨是为了激发学生的学习动机。首先，要引起学生对一项学习任务或学习目的的注意和兴趣；其次，使学生理解完成这项学习任务与自己密切相关；再次，要使学生觉得自己有能力完成这项学习任务，从而产生自信；最后让学生产生完成学习任务后的满足感。在教学中，教师首先要使用新奇的手段，用个人化或情绪化的材料唤起学生感知，用提问、反论来激发学生的探究欲望，用多种讲授风格和形象化实例及比拟增加学习的情趣。同时要与学生共同制订目标，说明学习效用，给学生创造对自己的学习自己决策的机会，帮助学生将成功归因于自己的努力和能力。教师还向学生提供机会，使学生在自然、真实的环境中运用新学到的知识与技能，用表扬、正面反馈、象征性奖励等外部奖励和采取公平的评分方法，促进学生在心理上产生满足感。

凯勒（1987b）[118]指出ARCS动机模型四因素可以细分出12个亚类。注意的3个亚类是唤起学习者的感觉，激发学习者探究的态度，通过变化维持学习者注意力。相关的3个亚类是最大限度满足学习者的需求，提供给学习者合适的选择、责任和影响，把教学与学习者经历相结合。自信心的3个亚类是帮助学习者对成功建立起积极的期望，提供给学习者成功的学习体验以让他们相信自己的能力，让学习者清楚地知道成功是源于自身的努力。满足感的3个亚类是给学习者提供运用刚学的知识到有意义的场合的机会，对学习者的成功加以强化，让学习者感到他们得到了平等的待遇。

根据以上ARCS动机模型的分类，凯勒（1987c）[119]提出ARCS动机模型教学策略。在此基础上，Keller（1999）[120]提出了四阶段的动机教学设计，指出教师的教学设计和管理是让学生行为付诸实施的重要因素之一。首先是分析（analysis）：收集和分析信息以确定动机特点和差距，形成动机提高目标；其次是设计（design）：具体说明动机问题，想出可能的解决方法并选择最可行的策略；第三是开发（development）：做好计划，把动机策略有机融合到系统里其他成分中；最后是评估（evaluation）：让学习者来评价所采用策略是否有效。动机设计过程是ARCS动机模型中最重要的一个组成部分（Keller，2008）[121]，教师可根据学生的动机特点选用合适的动机策略和设计，针对学生动机较弱的项目进行改善才能达到教学效果（黄飞，李梅兰，2011）[122]。如果教师在教学中围绕学生的注意、关联、自信心和满足这四个方面来设计教学，就可以较好地激发学生在课堂教学中的学习动机。

三、ARCS动机模型在管理类专业教学中的应用

（一）注意

激发学生学习动机的第一方面是吸引学生的注意。吸引是为了完成学习任务，教师通过语言或行为让学生去注意该任务。在心理学中，注意可分为无意注意、有意注意和有意后注意。在课堂教学中，教师需要把学生无目的、无需意志控制的无意注意转化为有目的、有意志控制的有意注意，最后随着教学内容的深入，学生在不知不觉中变有意注意为有目的无需意志控制的有意后注意。有意后注意是学习的最高层次，也是教师吸引学生注意的最终目的。如果学生在学习过程中达到了有意后注意，那么可以说教师的教学是非常成功的。教师要想达到这一步，"吸引"学生的无意注意是基础。吸引学生的无意注意，关键是教师在给学生进行教学的过程中充分利用强度、新异、对比等客观刺激因素和兴趣、情绪、知识经验等学生的主观因素（崔美玉，2007）[123]。教师可通过三方面的教学设计来吸引和维持学生的注意力。

第一，知觉唤醒。通过使用新奇的、与以往不一致的或不确定的事件和教学情境来吸引和维持学生的注意力。例如，教师上课时在讲台上摆着一个封着的纸箱子，让学生猜猜里面可能装着什么东西，通过纸箱子里的东西与课堂教学内容进行衔接。

第二，激发探究。通过提出问题，或者让学生生成问题，激发学生的信息探究行为。例如，提出问题：牛奶企业可不可以利用世界杯足球赛进行事

件营销?

第三，变化。通过变化各种教学要素来维持学生的兴趣。例如，教师通过变换各种媒体或学生的学习方式来吸引学生注意力，如综合利用实验室机房、小型会议室、多媒体、网络教学等各种教学方式，或进行课堂讨论和分组辩论的形式进行教学。

教师在具体实施的过程中应注意以下四点。

第一，学习材料的新异性。要引起学生的注意，首先要利用学习材料的新异性。比如，给学生呈现学习材料的新鲜感、挂图的展示、板书时粉笔的颜色、字体的变化以及在多媒体教学中的图片和视频信息等，这些刺激都能够引起学生注意。当然，它一般只是引起无意注意，没有学习目标。教师要利用这个机会提出能引起学生思考的问题，从而使无意注意转化为有意注意。

第二，教学导入过程的兴趣性和情绪性。要引起学生的注意，可以用贴近学生生活的事例导入教学。比如刚开始上课时，可以很随意地跟学生谈起近几天发生在学生周围的与本学科有关的事进行讨论，从而把学生的积极情绪"勾引"到上课的状态。然后有意但隐蔽地提出与教学有关、学生有兴趣思考的问题，从而激发学生的好奇心，比如，"这周用了几次打车软件""你知道你使用打车软件与网络营销有什么关系吗"等。这些源于现实生活的问题的提问能引起学生的极大兴趣，从而促进有意注意的产生，顺利地过渡到教学内容。但要注意的是所举的生活事例不仅要与生活息息相关，而且要略高于学生的已有知识，不然学生很容易就回答出来，就没有"悬念"了。这样不仅不会引起学生的注意，反而可能造成学生注意力的分散。还可以用课前提问来导入教学。课前提问这种方法虽然是"老一套"，但始终是一个非常有效的方法。首先是因为每个人都有可能被提问到，学生从自身的"安全"考虑，都会比较关注。其次，提问的内容是上节课学过的内容，是已有知识，从任务上来说是较容易的，所以学生比较容易回答，而且可以适当满足学生获得在同学面前自我表现的成就感的需要。用学生的话说真是"又喜欢又害怕"。在这种心态下组织教学能不引起学生的注意吗？

第三，教师语言的强度。要引起学生的注意还可以利用教师教学语言的强度。教师趣味的语言、抑扬顿挫的语调都能引起学生的注意。教师的语言应既要有情趣，又要有意味才好，使学生笑过之后有进一步的深思，这样的语言可以引起学生的注意。

第四，教学方式、方法的新异性。要引起学生的注意可以运用教学方式和方法的新异性。首先运用教学辅助教具，比如多媒体课件、管理学相关的教学软件、智能手机。这些教具不仅能够吸引学生的注意力，同时从心理学的角度看，可以减轻学生短时记忆的负担，提高学习效率。其次，创设心理上的挑战。每一个学生都有很强烈的好奇心，教师恰恰可以抓住学生的这种心理特点为教学所用，"迫使"他们引起注意。比如，为了引发学生的主动思考，先告诉学生："有一道题很难，老师没有讲过，要靠你们的悟性把它想出来。你们敢不敢？"这种挑战式的提问往往会强烈地引起学生动脑的兴趣。然后再对答对的学生予以表扬，极大地满足了学生的成就感。而没有想到答案的学生也会因题目的确很难而找到心理平衡，不会产生挫折感，反而会羡慕被表扬的同学，以后也许会更为关注这类问题。另外，也可以通过开展小组讨论等方式来引起学生的注意。

（二）关联

所谓关联，是指教学目标和教材内容应与学生的需要和生活相贴近，教学要与学生的知识背景、个人需求和生活经验联系起来。因为与自己切身相关的事物，更容易引发关注。

通过客观刺激和主观因素，可以在短期内吸引学生的无意注意，但当学生将随后的教学视为与其无关时，就难以维持他们的有意注意。当教学被认为是不相关时，学生潜意识里就会想："我们为什么要学习这个？"而如果教师无法让学生明白现在所学的知识是与他们的现在和未来相关的，那么学生就很容易丧失学习兴趣。用凯勒的话说："如果你利用从学习者及情境的分析中获得的信息来帮助学生理解教学中所教内容的相关性，你就能吸引他们的注意；否则就吸引不了他们的注意。"换言之，教学目标和教学内容必须与学生的需要和生活目标相贴近。

教师可以通过三个方面的教学设计来加强学生对学习知识与已学知识的关联效果。

第一，熟悉化。在教学中通过使用与学生的经验相关的明确的语言、事例、概念、价值观等，帮助学生把新学习的知识整合起来。例如，教师让学生从自己的生活情境中找出概念的例证，如马斯洛需求层次理论。

第二，目标定向。借助说明或者事例向学生说明教学的目标和学习内容的价值，向学生提出学习的目标或者让学生自定学习目标。例如，教师交代课堂学习目标，说明这些学习内容对学生提高自身专业水平有哪些帮助。

第三，动机匹配。通过使用各种策略把教学与学生的各种学习需求匹配起来。例如，教师允许学生根据自己的兴趣选择课堂发表内容以及毕业设计写作方向。

教师在具体实施过程中应该注意以下两点。

第一，给学生讲清知识的重要性和将来的用途，从而激发学生对知识的间接兴趣。比如，讲到市场营销4P理论的时候，可以让学生针对自己感兴趣的行业选择一家企业进行4P分析，并以作业的形式提交并在课堂上进行PPT演示比赛，让学生在学习中体验到知识的实用性、重要性和趣味性，学生就会认真地去学。同时，学生为了获得好的平时成绩，就会特别予以关注。

第二，设计问题情境，激发学生学习动机。我国著名的教育心理学家皮连生曾说过："创设问题情境是在讲授内容和学生求知心理之间创造一种'不协调'，将学生引入与问题有关的情境中。"在学习中，当学生面对适当水平的学习困惑，内心就会产生"解惑"的意愿，这种意愿是与其情感需要密切相关的，可以有效地激发其学习动机。那么，在教学中如何创设问题情境呢？可以通过设置认知障碍、认知矛盾、"悬念"等方法进行。比如，在讲解BCG矩阵模型时，可以问学生：为什么A企业选择放弃问题象限的某事业部而不放弃瘦狗象限的某事业部？连续而又相互矛盾的问题一下子让学生产生了"困惑"与"不协调"，激发了他们的求知欲。

（三）信心

要通过各种方式来增强学生的学习信心，维持学生对成功的渴望。

要激发学生的学习动机，必须让他们自信，相信自己能掌握好在教学中所传授的知识。反之，自卑和挫败感的产生，会使他们对所学课程产生厌恶感和恐惧心理。为了建立学生的自信，教师在教学中应提供学生容易获得成功的机会。但现在很多教师在教学中给学生进行"满堂灌"，即不考虑学生不同程度的实际情况，一口气讲了很多内容，结果学生很难掌握基本知识，更无法理解知识的运用。这就导致教师上课累得要死，学生听得厌倦和排斥；教师失望，学生也失望。因此，培养学生的信心是至关重要的。

教师主要通过三方面来增强学生学习的信心。

第一，期望成功。让学生明确作业要求和评价标准，知道老师对自己的期望。例如，教师提出学习要求，表示"相信同学们有能力完成社会实践任务"。

第二，挑战情境。设置多元的成就水平，允许学生确定个人的学习目标和成绩标准，让每个学生都能体验到成功。例如，提供一些有些难度而学生又能解答的问题，让他们感觉到自己的能力"非凡"。

第三，归因方式。提供反馈，让学生明白自己取得学习成功，是自己具有能力并且付出努力的结果。例如，教师在说明学生为什么取得好成绩时，说这是学生努力学习的结果。

教师在培养学生信心过程中应注意以下四点。

第一，遵守循序渐进的教学规律，实行因材施教。教师应从易到难，让学生在掌握知识的过程中体验到成功的快乐。教师课堂提问时应注意将难易不同的问题分配给不同程度的学生，使他们都能参与问题讨论。

第二，教师具有清晰明确、层次分明的思维能力。如果教师风趣生动的语言、抑扬顿挫的语调极大地提高了学生参与学习的积极性，那么教师清晰分明的思维将有助于学生对知识的记忆和整理。学生学得轻松，自然就会学得自信。因此，教师在处理教材时应非常熟悉教学重难点，教学思路要清晰明确，语言要轻松自然。在教学中，教师要有"敢破敢立"的思想，也就是根据自身优势和学生的认知程度，敢于"改造"教材，把零乱、枯燥、不好用的教材设计成层次分明、有趣、符合学生口味的课程，让学生听得清楚、听得舒服、听得满意、听得自信。有了这样的感觉，学生就有了兴趣和学习的自信。只有自信的学生才会主动地探索未知世界，主动探索所获得的知识。

第三，提供学生容易获得成功的机会。提供学生容易获得成功的机会应注意以下几方面。首先，要密切关注和发现有进步意向的学生。学生的学习过程是一个动态的变化过程，对学习没有兴趣的学生可能只是以前掌握得不好，但某些因素使之有了初级学习动机的需要。对于这些学生要予以特别"关照"，不妨多提问他们，多表扬他们，让他们体验到更多的成功感和老师的鼓励，那么他们的兴趣就容易得到巩固。其次，通过考试树立信心。比如，试卷不要出得太难，让学生从成绩中看到自己的进步和成功，或者考试之后与学生座谈，让学生明白其实只要自己再努力一点就能获得更好的成绩，激励学生的信心。

第四，在培养学生自信心的过程中也要注意表扬的适度性和针对性。针对不同的学生，根据他是否真正进步与具体成就进行表扬，同时一定要说出他值得表扬的原因是什么，使之归因于自身的努力和能力，这样才能真正让学生树立学习信心。

（四）满足

要让学生感受到学习的价值、学习的快乐，让他们在学习中获得满足。每一节课都应让学生学有所得，让学生从成功中获得满足感。有研究认为，学习的高动机依赖于学习者是否能够从学习经历中得到满足。学生在学习过程中如果获得了满足，那么就会更加热爱学习，对以后的学习会有一种期待感。主要通过三种方式让学生获得满足。

第一，自然的结果。提供机会，让学生在一种真实的或者模拟性的情境中运用新习得的知识或技能。这种方式旨在激发学生的内在学习动机。例如，让学生运用所学的知识算一算企业采用第三方物流省钱，还是自建物流体系省钱。

第二，积极的结果。对学生的学习结果提供反馈，给予表扬、激励等强化手段，使他维持后继的学习动机，保持良好的学习行为。例如，对于课堂发表表现好的同学，给予更高的平时成绩并进行口头表扬。

第三，公平。对学生的学习评价坚持同样的标准，让学生感觉到教师评价的公平性。这是使学生维持学习动机的重要途径。例如，教师在期末考试时面向全班公布平时成绩的判定标准。

教师主要通过三个层面让学生获得满足。

第一，从知识本身获得内在满足。从马斯洛需求层次理论来看，每个人都有缺失性需要和发展性需要。而认知需要是发展性需要中的重要一部分，它不会因得到满足而暂时终止，而将一直推动人去从事满足这些需要的行为。教师要善于在教学中不断满足学生的认知需要。如果在一堂课中设置了问题情境，就应该让学生得到满意的答案。因此，课堂小结在教学结束时是非常重要的，它不仅让学生的知识形成一个系统，更重要的是让学生验证这节课的收获。

第二，从情感上让学生得到满足。同样，用马斯洛需求层次理论来说，就是要满足学生的归属与爱的需要、自尊需要和自我实现的需要。教师要"善解人意"，满足学生被关注的需要和获得成就感的需要。该给机会让学生表现就让其表现，该鼓励时就鼓励，该表扬时就表扬，不要吝啬教师的"美丽的语言"。

第三，从"实惠"上得到满足。学生还是正在成长中的人，有孩童的一面。在表现好的时候，给予一定的"实惠"，也可以让他们获得适当的满足感，当然，应以平时成绩分数奖励为主。

在三种获得满足的方法中，从知识本身获得内在满足是最可靠的，也是最持久的。满足的获得会使学生产生一种期待心理，从而为下一次的课打下良好的情感基础。

注意、贴切、自信和满足是一个整体，没有主次之分，缺少任何一个要素，都可能使学习者丧失学习动机。教学的设计与实施要系统考虑到这四个要素，忽视任何一个要素，都可能导致教学实施的无效或失败。因为课堂教学是科学，也是艺术，掌握了学生的心理特征，教师就能运用自如地把丰富的教学内容在课堂这个艺术舞台上传授给学生。尽管学生的个性千差万别，但他们总有共性的东西。掌握了共性，也就掌握了规律，在规律指导下进行教学，问题就容易解决。

这个共性就是激发学生的学习动机，因为动机是在需要的基础上产生的，没有需要的人是不存在的。因此，在教学中教师应利用好 ARCS动机激发模式，以组织好教学，提高课堂教学效果。

总之，凯勒的 ARCS动机模型是一个很具有可操作性的动机体系，对于解决学生缺乏学习动机的问题、改善课堂教学的效果和沟通师生关系方面都有重要的指导作用。

第三节　楔形育人模式研究模型与假设

一、研究模型

为探索楔形育人模式特点，更好地设计发挥校企双方协同育人作用，本部分从学生主体出发，探寻学情特点，并在此基础上进一步剖析校企合作的育人效果，特别是确定高校与企业在人才培养过程中的介入点与协同关系，本部分构建专业认同、专业期望与学习动机间的关系模型（图4-2），进行三者间的关系论证，为后续校企合作评价体系构建与楔形人才培养模式设计提供受教育群体特征方面的理论依据。

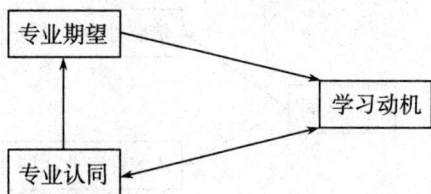

图4-2　受教育群体学习动机研究模型

（一）学生对电子商务的专业认同由情感性专业认同、认知性专业认同构成

陈妍等（2008）[124]从社会层面出发，提出了专业发展和就业、社会需求、人才招聘机制，他人对自己所学专业的认知和社会认可等是影响专业认同的因素。专业认同的概念维度研究方面，目前学界暂无统一的、精确的量表与测评工具，专业认同也没有统一的概念维度划分。梳理关于专业认同研究的文献，如表4-2所示。

表4-2　不同研究者关于专业认同的维度划分

研究者	维度（影响因素）
秦攀博	认知性、情感性、行为性、适切性
周三	专业情感、专业投入、专业承诺、人际支持、专业胜任、专业目标
鲍秋旭	专业了解度、情感度、学习投入度、发展认同度、培养认同度
李亚飞	专业地位、专业价值、专业培养、专业情感、专业学习、前景发展
李章吕，黄楠	专业认识、专业动机、专业情感、专业发展前景、就业期盼
刘长乐	专业认知、专业情感、专业意志、专业行为

不同研究学者对专业认同维度的划分有所不同。大部分学者均认同专业认知与专业情感态度两大维度，并以此编制调研问卷（林燕琼，2020）[125]。据此，本书认为专业认同由认知性专业认同与情感性专业认同构成，具体如图4-3所示。

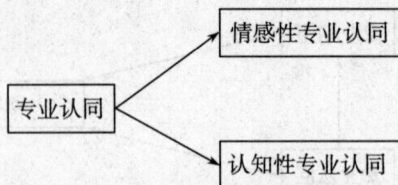

图4-3 专业认同构成维度

（二）学生专业期望由学生对教师的期望与对教学的期望构成

专业期望指学生对高校提供专业服务的期待。这种期待受到学生以往经历的影响，一般由对人与对物的因素的期望构成。专业期望中人的因素主要分为对教师期望与对同伴期望两大因素，具体由教师师德、教师指导方式、教师指导质量、师生关系、同伴学业、同伴关系、同伴沟通等因素构成（王萌萌，2020）[126]。物的因素主要指学生对教学相关的平台设备的期望。比如混合式教学模式的使用，将传统教学方式和在线学习的优势结合起来，充分实现学习资源、学习环境、学习方式的结合，最终起到提高学生学习效率、改善学生学习效果的作用（尹军霞等，2021）[127]。其模式是教师建立一个在线教学平台，学生使用该平台观看专业学习资料；课堂上，教师专注于学生课下自主学习问题进行授课，以确保课堂学习效率。本书认为专业期望的构成维度由学生对教师素养的期望与对教学平台的期望构成，具体如图4-4所示。

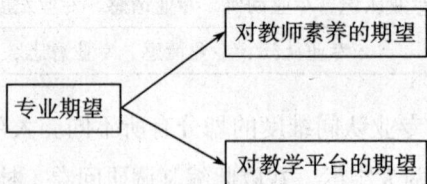

图4-4 专业期望构成维度

（三）学生学习动机由注意、关联、信心和满足构成

ARCS动机模型由注意（attention）、关联（relevance）、信心（confidence）和满足（satisfaction）四个动机要素的英文单词的首字母组合

而成（易乐双，段海燕，2019）[128]。其中，"注意"强调激发学生对学业的兴趣；"相关"旨在让学生明白所学知识与自身发展密切相关；"自信"指学生对成功的期待；"满足"是学生完成学习任务后产生的积极的情感体验，该模型主要关注教师如何在教学过程中利用这四类动机策略充分调动学生学习的积极性。本书认为学习动机的构成维度如图4-5所示。

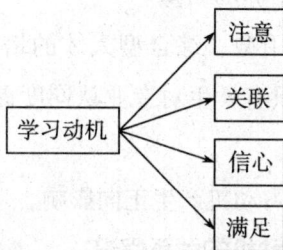

图4-5 学习动机构成维度

二、研究假设

（一）专业认同与学习动机的关系假设

学习动机是指引发与维持学生的学习行为，并使之指向一定学业目标的一种动力倾向。不同心理学家从不同角度对学习动机进行了阐释，主要包括强化理论、归因理论、需要层次理论、成就动机理论、自我价值理论、自我效能感理论等，激发和培养学习动机的策略主要有采用启发式教学、控制动机水平、给予恰当评定、维护学习动机、正确处理竞争与合作等。学习活动直接受到学习动机的影响（赵宪民，马欣，2010）[129]。学习动机对学生的学业成败起着重要作用，并间接影响着学生对学习活动的参与度。学生的学习动机不仅与激发、吸引与授权的事物有关，而且还能启发、引导、激励和促成学习行为（张文龙，2012）[130]。

专业认同属于态度研究领域，指学习者或从业者在专业学习、工作或研究领域中对所学或所从事专业的认可度，包含是否喜欢所学专业，是否认可其价值，在专业学习或工作过程中能否感知到自身价值，是否愿意将所学专业作为职业发展方向甚至是个人终身发展目标（乐传永，孙婵娟，2016）[131]。赵帅（2019）[132]认为专业认同与学习动机是有关联的，但研究没有证实专业认同对学习动机有明显的促进作用。张燕等（2011）[133]认为专业认同和学习动机、学习动机和学业成就之间均存在显著的正相关关系。赵祥欣等（2021）[134]也认为专业认同的缺失会对学习动机造成偏差，并将会极大影响专业人才培养的质量。

电子商务专业注重应用型、综合型人才的培养。学生学习动机的开发需要有足够的专业认同，只有学生对专业认同度提升，学习动机才会相应提升。据此，本书提出假设1。

假设1：专业认同对学习动机产生正向影响。

（二）专业期望与学习动机的关系假设

期望是指一个人根据以往的能力和经验，在一定的时间里希望达到目标或满足需要的一种心理活动。专业期望指学生对高校提供专业服务的期待（秦海燕，2019）[135]。动机指人们产生某种行为的原因。动机的产生必须有内在条件和外在条件的作用：产生动机的内在条件是达到一定强度的需要，需要越强烈，动机越强烈；产生动机的外在条件是诱因的存在，诱因指驱使有机体产生一定行为的外在刺激（吴健安，聂元昆，2017）[136]。竞争性的期望有助于增强学生学习动力。掌握知识是必要的，但仅有学习的需要并不一定会产生相应的学习动机，一方面需要采取适当的方法与技巧，帮助学生产生学习动机，另一方面需要创造良好的外部学习环境，以便更好地刺激具备学习动机的学生转变为充满激情的学习者。激励与动机有着错综复杂的联系，期望理论认为动机与期望成正比，可以通过改变学生的专业期望来改变学习动机。据此，本书提出假设2。

假设2：专业期望对学习动机产生正向影响。

（三）专业认同与专业期望的关系假设

王荣（2015）[137]认为专业认同可通过专业期望部分作用于择业决策，说明学生越认同自己的专业，越能提升其对专业的期望，进而较快、较准确地做出职业选择。专业认同与专业期望呈现显著相关关系。专业认同与其各维度、专业期望与其各维度均呈现显著相关，结构效度良好。据此，本书提出假设3。

假设3：专业认同对专业期望产生正向影响。

（四）学习动机与专业认同的关系假设

赵慧勇，宁静（2013）[138]认为专业认同感强的学生对专业有较强的专业喜好，并随着努力探索，对专业的认知不断增加，并不断感觉到自己适合所学专业，也适合将来所从事的工作，产生较强的专业适切感，这种适切感对学习积极性产生促进作用，更坚定了学生的学习动机。坚定的学习动机会促进学生对专业的认知，并加深对专业的情感，促使学生愿意付出更多努力来学习，取得更优异的成绩，从而增强其适切感。因此，专业认同与学习动机具有互相促进关系。据此，本书提出假设4。

假设4：学习动机对专业认同产生正向影响。

三、研究设计与调研对象选取

（一）问卷设计

根据以上关系模型与研究假设，结合前人研究，本部分构建专业认同、专业期望与学习动机三大变量为主体的调查问卷。问卷的答案项目选项根据李克特的五分量法进行设计，依次为"完全认同""比较认同""中立""比较不认同""完全不认同"，代表了调查对象对问项用户对本部分的同意程度。本书中，问卷调查以"基于校企协同育人的电子商务专业期望与专业认同对学习动机的影响关系研究"为主题，通过"问卷星"网络调查平台的问卷发放获取数据来源。问卷中所涉及的影响因素题项以及来源如表4-3至表4-5所示。

人口统计分析部分，即问卷参与者个人基本信息，包括性别、年级与所在院校班级等题项。

专业认同主要由情感性专业认同与认知性专业认同两个维度构成。

情感性专业认同包括"提到学习本专业我感到自豪"（4-1）、"我热爱本专业的专业研究"（4-2）、"我支持同学就读本专业"（4-3）、"我对本校对本专业的师资配置感到认同"（4-4）、"我对本校在本专业的课程安排感到认同"（4-5）、"我认为自己毕业后会从事专业相关工作"（4-6）、"我自己制定专业学习的长远规划"（4-7）、"我越来越觉得自己应该在本专业继续深造"（4-8）等题项。

认知性专业认同包括"我了解就业所需的相关知识"（5-1）、"我了解本专业理论知识"（5-2）、"我愿意花大量的时间进行专业学习"（5-3）、"我认同外界对电子商务专业的评价"（5-4）、"我了解本专业领域的现有研究前沿"（5-5）等题项。

专业期望主要由对教学平台的期望与对教师素养的期望两个维度构成。

对教学平台的期望包括"课程实训效果会影响自己的专业期望"（6-1）、"教学态度会影响自己的专业期望"（6-2）、"课程目标会影响自己的专业期望"（6-3）、"教学理念会影响自己的专业期望"（6-4）、"理论课程与本专业实践课程的衔接会影响自己的专业期望"（6-5）、"专业图书资料会影响自己的专业期望"（6-6）、"专业软件质量会影响自己的专业期望"（6-7）、"专业的就业信息会影响自己的专业期望"（6-8）等题项。

对教师素养的期望包括"教师师德会影响自己的专业期望"（7-1）、"教师指导质量会影响自己的专业期望"（7-2）、"教师指导方式会影响自己的专业期望"（7-3）、"师生关系会影响自己的专业期望"（7-4）等题项。

学习动机主要由注意、关联、信心、满足四个维度构成。

注意包括"教师充满热情的授课会吸引我"（8-1）、"教师讲解重点时，我会集中注意力听讲"（8-2）、"我会专注于专业课程内容学习"（8-3）、"教师运用有趣方法授课会吸引我"（8-4）、"上课时教师的提问能激发我的好奇心"（8-5）等题项。

关联包括"我认为课程学习的内容将来会对我有用"（9-1）、"我认为专业课程与我关注的内容关联度高"（9-2）、"我认为本专业课程对个人发展很有帮助"（9-3）、"本专业课程内容与我已知知识有很大关联"（9-4）、"我很清楚商学院课程内容与我已知知识之间的关联度"（9-5）、"课程内容与我的想法和目标一致"（9-6）、"课程内容和我关心的领域相关联"（9-7）、"我认为专业课程对我来说有用"（9-8）、"课程内容与我的实际生活相关联"（9-9）等题项。

信心包括"我有信心学好本专业的课程"（10-1）、"我认为自己能准确理解专业课程知识"（10-2）、"本专业课程内容能增强我的专业自信"（10-3）、"我很难预测自己的考试成绩"（10-4）、"我认为自己具备课上掌握课程内容的能力"（10-5）、"我认为商学院课程设置难度适中"（10-6）、"我有自信准备好专业课考试"（10-7）等题项。

满足包括"本专业课程体系设计让我满意"（11-1）、"我愿意学习本专业课程内容"（11-2）、"我对课堂上学到的知识感到满意"（11-3）、"我认为课堂上学到的知识容易理解"（11-4）、"我喜欢通过和其他学生比较产生获得感"（11-5）、"我对老师给我的成绩感到满意（11-6）等题项。

表4-3 专业认同量表

项目	序号	内容	参考文献
专业认同	4-1	专业自豪	林燕琼（2020）[125]
	4-2	专业研究	
	4-3	专业支持	
	4-4	专业师资配置	
	4-5	专业课程安排	
	4-6	从事专业相关工作	
	4-7	制定专业学习规划	
	4-8	专业继续深造	
	5-1	就业所需知识	
	5-2	专业理论知识	
	5-3	专业学习	

续表

项目	序号	内容	参考文献
专业认同	5-4	专业评价	林燕琼（2020）[125]
	5-5	专业研究前沿	

表4-4　专业期望量表

项目	序号	内容	参考文献
专业期望	6-1	课程实训效果	王萌萌（2020）[126]；尹军霞等（2021）[127]
	6-2	学校对教学的态度	
	6-3	课程目标	
	6-4	教学理念	
	6-5	理论课程与实践课程的衔接	
	6-6	专业图书资料	
	6-7	专业就业信息	
	6-8	专业软件质量	
	7-1	教师师德	
	7-2	教师指导质量	
	7-3	教师指导方式	
	7-4	师生关系	

表4-5　学习动机量表

项目	序号	内容	参考文献
注意	8-1	热情授课	정경석（2013）[139]；박수경（1998）[140]；Grebe（2021）[141]；Rong（2020）[142]
	8-2	讲解重点	
	8-3	专业课程内容	
	8-4	有趣授课	
	8-5	教师提问	
关联	9-1	课程内容将来有用	
	9-2	课程内容与关注内容关联度高	
	9-3	课程对个人发展有帮助	

续表

项目	序号	内容	参考文献
关联	9-4	课程内容与已知知识有关联	
	9-5	清楚课程内容与已知知识的关联度	
	9-6	课程内容与想法目标一致	
	9-7	课程内容和关心领域关联	
	9-8	课程对我有用	
	9-9	课程内容与实际生活有关联	
信心	10-1	有信心学好课程	정경석（2013）[139]；박수경（1998）[140]；Grebe（2021）[141]；Rong（2020）[142]
	10-2	准确理解课程知识	
	10-3	课程内容增强专业自信	
	10-4	难预测考试成绩	
	10-5	具备掌握课程内容能力	
	10-6	课程设置难度适中	
	10-7	准备专业课考试	
满足	11-1	专业课程设计	
	11-2	愿意学习课程	
	11-3	课堂知识满意	
	11-4	课堂知识易理解	
	11-5	通过与他人比较满意	
	11-6	成绩满意	

（二）调研设计与对象选取

山东交通学院是一所应用型本科院校，电子商务本科专业始建于2006年，并于同年9月开始在济南长清校区与无影山校区正式招生，截止到2016年7月共计培养了10届毕业生385人。伴随着威海校区的落成与国际商学院的建立，电子商务专业于2016年秋季开始在地理区位优势更加明显的威海校区招生办学。按照学校确定的"培养交通事业一线有成长力的工程师和管理者"的办学定位，结合威海校区涉海涉外办学特色与国际商学院学科专业布局特点,以"涉海、国际化、信息化"为特色的办学理念,山东交通学院与青岛青软实训教育科技股份有限公司联合创办电子商务专业(跨境电商方向)校企合作项目。山东交通学院负责基础课、专业基础课的学习任务,企业方负责后三个学期强化学生动手能力与实习实训,培养"懂管理、熟外语、谙技术、晓营销"的复合型电商人才。学生既要掌握扎实的电子商务专业基本理论、基础知识、基本技能,还要能够完成企事业中电子商务项目策划工作,同时具有分析和解决企事业电子商务问题的能力。国际商学院电子商务专业(跨境电商方向)始建于2016年,属于校企合作项目,企业合作方为青岛青软实训教育科技股份有限公司与山东网商科技集团有限公司,目前共计招收与培养学生562人。

本次调研以山东交通学院电子商务专业学生为调研对象,收集数据的过程前期通过问卷星平台编辑调查问卷,于2021年3月21日至2021年5月6日通过QQ、微信等网络渠道发放问卷获取数据,共收回521份调查问卷,最终获得有效问卷521份,有效问卷回收率为100%。本研究使用SPSS24.0软件对数据进行了处理分析。

第四节 楔形育人模式研究结果与讨论

一、描述性统计分析

本部分使用描述性统计分析对被调查者的性别与年级进行了统计分析,结果如表4-6所示。

表4-6　描述性统计分析结果

基本信息	类别	次数	有效百分比
性别	男	274	52.59%
	女	247	47.41%
	汇总	521	100%
目前的年级	大一	106	20.35%
	大二	119	22.84%
	大三	124	23.80%
	大四	172	33.01%
	汇总	521	100.00%

　　描述性统计分析的结果显示，被调查者中男生274人，占52.59%；女生247人，占47.41%。调研对象所在年级方面，大一106人，占20.35%；大二119人，占22.84%；大三124人，占23.80%；大四172人，占33.01%。

二、信度和效度分析

（一）信度分析

　　为了检验数据结果的可靠性，本研究采用信度分析中的克隆巴赫α来检验量表的信度，学界一般认为系数值达到0.8～0.9为非常理想值，0.6～0.7为可以使用值（이학식，임지훈，2008）[60]。本研究通过SPSS24.0软件进行信度分析，具体结果如表4-7所示。

表4-7　信度分析结果

题项	删除项后的标度平均值	删除项后的标度方差	修正后的项与总计相关性	删除项后的克隆巴赫α	克隆巴赫α
4-1	201.98	1 048.246	0.669	0.980	0.981
4-2	202.13	1 048.631	0.666	0.980	
4-3	201.97	1 048.933	0.679	0.980	
4-4	202.10	1 050.709	0.651	0.981	

题项	删除项后的标度平均值	删除项后的标度方差	修正后的项与总计相关性	删除项后的克隆巴赫 α	克隆巴赫 α
4-5	202.04	1 047.943	0.662	0.980	
4-6	202.05	1 045.509	0.715	0.980	
4-7	202.08	1 046.324	0.722	0.980	
4-8	202.00	1 045.644	0.726	0.980	
5-1	202.08	1 044.563	0.745	0.980	
5-2	202.04	1 048.738	0.739	0.980	
5-3	202.03	1 044.449	0.740	0.980	
5-4	202.05	1 048.651	0.727	0.980	
5-5	202.03	1 045.253	0.724	0.980	
6-1	202.06	1 044.033	0.733	0.980	
6-2	202.10	1 045.411	0.713	0.980	
6-3	202.02	1 045.834	0.734	0.980	
6-4	202.08	1 045.592	0.747	0.980	
6-5	202.04	1 044.377	0.741	0.980	0.981
6-6	202.02	1 049.534	0.681	0.980	
6-7	202.05	1 049.674	0.686	0.980	
6-8	201.99	1 049.99	0.690	0.980	
7-1	202.02	1 046.371	0.727	0.980	
7-2	202.06	1 050.202	0.702	0.980	
7-3	201.99	1 048.744	0.715	0.980	
7-4	202.05	1 049.33	0.714	0.980	
8-2	202.04	1 050.262	0.736	0.980	
8-3	201.97	1 050.318	0.725	0.980	
8-4	202.03	1 050.955	0.728	0.980	
8-5	201.99	1 048.235	0.744	0.980	
9-1	202.10	1 042.777	0.769	0.980	
9-2	202.09	1 044.44	0.776	0.980	

续表

题项	删除项后的标度平均值	删除项后的标度方差	修正后的项与总计相关性	删除项后的克隆巴赫α	克隆巴赫α
9-3	202.04	1 043.441	0.785	0.980	
9-4	202.14	1 044.741	0.703	0.980	
9-5	202.03	1 046.688	0.742	0.980	
9-6	202.09	1 044.923	0.763	0.980	
9-7	202.03	1 044.864	0.761	0.980	
9-8	202.18	1 044.812	0.661	0.981	
9-9	202.05	1 043.975	0.788	0.980	
10-1	202.12	1 045.067	0.715	0.980	
10-3	202.10	1 045.399	0.722	0.980	0.981
10-4	202.13	1 046.782	0.693	0.980	
10-5	202.30	1 051.817	0.493	0.981	
10-6	202.14	1 047.345	0.710	0.980	
10-7	202.11	1 045.369	0.693	0.980	
11-2	202.12	1 050.053	0.681	0.980	
11-3	202.02	1 050.532	0.686	0.980	
11-4	202.10	1 048.390	0.736	0.980	
11-6	202.08	1 051.740	0.706	0.980	

从表4-7可知，针对"删除项后的克隆巴赫α"大于整体量表克隆巴赫α的8-1、10-2、11-1、11-5的题项进行删除，整体量表的信度系数值为0.981，因而说明研究数据信度整体质量很好。数据处理与分析进入下一环节。

（二）效度分析

表4-8可知，KMO值为0.967，说明分析数据适合进行因子分析。

表4-8 因子分析结果

	成分	1	2	3	4	5	6	7	8	KMO
旋转后的成分矩阵	4-1				0.809					0.967
	4-2				0.797					

成分		1	2	3	4	5	6	7	8	KMO
旋转后的成分矩阵	4-3				0.806					
	4-4				0.788					
	4-5				0.826					
	5-1					0.737				
	5-2					0.698				
	5-3					0.733				
	5-4					0.739				
	5-5					0.772				
	6-1			0.781						
	6-2			0.751						
	6-3			0.764						
	6-4			0.767						
	6-5			0.762						
	6-6			0.539						
	7-1							0.681		
	7-2							0.753		0.967
	7-3							0.699		
	7-4							0.719		
	8-2								0.681	
	8-3								0.667	
	8-4								0.673	
	8-5								0.670	
	9-1	0.745								
	9-2	0.744								
	9-3	0.729								
	9-4	0.748								
	9-5	0.771								
	9-6	0.744								
	9-7	0.790								
	9-8	0.723								
	9-9	0.741								
	10-1		0.800							
	10-3		0.771							

续表

成分		1	2	3	4	5	6	7	8	KMO
旋转后的成分矩阵	10-4		0.736							
	10-5		0.711							
	10-6		0.705							
	10-7		0.780							
	11-2						0.763			
	11-3						0.683			
	11-4						0.713			
	11-6						0.733			
初始特征值	总计	22.996	2.63	2.064	1.871	1.532	1.438	1.085	1.055	0.967
	方差百分比	53.48	6.117	4.801	4.351	3.563	3.344	2.524	2.455	
	累积/%	53.48	59.598	64.398	68.749	72.312	75.656	78.18	80.635	
旋转载荷平方和	总计	7.207	4.929	4.904	4.727	4.034	3.12	3.021	2.731	
	方差百分比	16.761	11.463	11.406	10.993	9.381	7.255	7.026	6.35	
	累积/%	16.761	28.223	39.629	50.622	60.003	67.258	74.285	80.635	

因子分析中4-6、4-7、4-8、6-7、6-8的因子载荷值小于0.5,予以删除。据此,本部分因子分析共提取了8个公因子,8个公因子旋转后的方差解释率分别是16.761%、11.463%、11.406%、10.993%、9.381%、7.255%、7.026%和6.35%,旋转后累计方差解释率为79.604%,说明这8个公因子能够提取44个分析项80.635%的信息量,方差旋转后累积方差解释率为80.635%。

经分析,第一个公因子是关联,第二个公因子是信心,第三个公因子是对教学平台的期望,第四个公因子是情感性专业认同,第五个公因子是认知性专业认同,第六个公因子是满足,第七个公因子是对教师素养的期望,第八个公因子是注意。本部分提取出8个公因子与理论模型基本吻合。

三、相关分析

根据信度分析与因子分析结果，本章对提取的8个公因子进行相关分析，结果如表4-9所示。

表4-9　相关性分析结果

变量	情感性专业认同	认知型专业认同	对教学平台的期望	对教师素养的期望	注意	关联	信心	满足
情感性专业认同	1							
认知性专业认同	0.592**	1						
对教学平台的期望	0.547**	0.654**	1					
对教师素养的期望	0.590**	0.638**	0.703**	1				
注意	0.614**	0.648**	0.666**	0.623**	1			
关联	0.548**	0.653**	0.630**	0.635**	0.667**	1		
信心	0.481**	0.582**	0.592**	0.543**	0.628**	0.665**	1	
满足	0.586**	0.601**	0.625**	0.566**	0.663**	0.655**	0.577**	1

注：** 在 0.01 级别（双尾），相关性显著。

相关分析采用Pearson系数表示变量间的相关关系，相关系数的取值范围为 [-1，1]，其绝对值越大，则变量之间的相关性越强。相关分析结果表明各变量间呈现显著性正向相关关系。

四、回归分析

为检验之前提出的四组假设，在之前信度分析、效度分析与相关分析基础上实施多元回归分析，得到以下结果。

从表4-10分析结果可知，学习动机中注意维度有50.2%是由情感性专业认同与认知性专业认同引起的，显著性系数0.000，小于0.05。因此，情感性专业认同与认知性专业认同对注意产生显著影响关系，情感性专业认同与认知性专业认同对注意的未标准化系数 B 均大于0，说明两者间呈现正向影响关系。综上，统计结果显示专业认同中的情感性专业认同与认知性专业认同对学习动机中的注意产生正向显著影响关系。

表4-10　认知性专业认同与情感性专业认同对注意的回归分析结果

模型	变量	未标准化系数		标准化系数	t	显著性	R^2
		B	标准误差	β			
1	（常量）	1.292	0.136		9.49	0.000	0.502
	情感性专业认同	0.310	0.034	0.355	9.228	0.000	
	认知性专业认同	0.400	0.035	0.438	11.384	0.000	

注：因变量为注意。

从表4-11分析结果可知，学习动机中关联维度有46.6%是由情感性专业认同与认知性专业认同引起的，显著性系数0.000小于0.05。因此，情感性专业认同与认知性专业认同对相关性产生显著影响关系，情感性专业认同与认知性专业认同对相关性的未标准化系数 B 均大于0，说明两者间呈现正向影响关系。综上，统计结果显示专业认同中的情感性专业认同与认知性专业认同对学习动机中的关联产生正向显著影响关系。

表4-11　认知性专业认同与情感性专业认同对关联的回归分析结果

模型	变量	未标准化系数		标准化系数	t	显著性	R^2
		B	标准误差	β			
1	（常量）	1.095	0.153		7.134	0.000	0.466
	情感性专业认同	0.236	0.038	0.248	6.23	0.000	
	认知性专业认同	0.502	0.04	0.506	12.686	0.000	

注：因变量为关联。

从表4-12分析结果可知，学习动机中信心维度有36.7%是由情感性专业认同与认知性专业认同引起的，显著性系数0.000小于0.05。因此，情感性专业认同与认知性专业认同对信心产生显著影响关系，情感性专业认同与认知性专业认同对自信心的未标准化系数 B 均大于0，说明两者间呈现正向影响关系。综上，统计结果显示专业认同中的情感性专业认同与认知性专业认同对学习动机中的信心产生正向显著影响关系。

表4-12　认知性专业认同与情感性专业认同对信心回归分析结果

模型	变量	未标准化系数		标准化系数	t	显著性	R^2
		B	标准误差	β			
1	（常量）	1.252	0.175		7.141	0.000	0.367
	情感性专业认同	0.209	0.043	0.209	4.828	0.000	
	认知性专业认同	0.477	0.045	0.458	10.559	0.000	

注：因变量为信心。

从表4-13分析结果可知，学习动机中满足维度有32.8%是由情感性专业认同与认知性专业认同引起的，显著性系数0.000，小于0.05。因此，情感性专业认同与认知性专业认同对满足产生显著影响关系，情感性专业认同与认知性专业认同对满足的未标准化系数B均大于0，说明两者间呈现正向影响关系。综上，统计结果显示专业认同中的情感性专业认同与认知性专业认同对学习动机中的满足产生正向显著影响关系。

表4-13　认知性专业认同与情感性专业认同对满足的回归分析结果

模型	变量	未标准化系数		标准化系数	t	显著性	R^2
		B	标准误差	β			
1	（常量）	1.355	0.181		7.491	0.000	0.328
	情感性专业认同	0.217	0.045	0.217	4.862	0.000	
	认知性专业认同	0.435	0.047	0.417	9.32	0.000	

注：因变量为满足。

整理以上研究结果，专业认同由情感性专业认同与认知性专业认同两个维度构成，学习动机由注意、关联、信心与满足四个维度构成，统计结果显示，专业认同各维度对学习动机各维度均呈现正向显著影响关系。因此，专业认同对学习动机产生正向显著影响关系的假设成立。

从表4-14分析结果可知，学习动机中注意维度有49.1%是由专业期望中对教学平台的期望与对教师素养的期望引起的，显著性系数0.000，小于0.05。因此，对教学平台的期望与对教师素养的期望对注意产生显著影响关系，对教学平台的期望与对教师素养的期望的未标准化系数B均大于0，说明两者间呈现正向影响关系。综上，统计结果显示专业期望中的对教学平台的期望与对教师素养的期望对学习动机中的注意产生正向显著影响关系。

表4-14　对教学平台的期望与对教师素养的期望对注意的回归分析结果

模型	变量	未标准化系数		标准化系数	t	显著性	R^2
		B	标准误差	β			
1	（常量）	1.340	0.138		9.73	0.000	
	对教学平台的期望	0.412	0.04	0.451	10.239	0.000	0.491
	对教师素养的期望	0.286	0.041	0.306	6.953	0.000	

注：因变量为注意。

从表4-15分析结果可知，学习动机中关联维度有47%是由专业期望中对教学平台的期望与对教师素养的期望引起的，显著性系数0.000，小于0.05。因此，对教学平台的期望与对教师素养的期望对关联产生显著影响关系，对教学平台的期望与对教师素养的期望的未标准化系数B均大于0，说明两者间呈现正向影响关系。综上，统计结果显示专业认同中的对教学平台的期望与对教师素养的期望对学习动机中的关联产生正向显著影响关系。

表4-15　对教学平台的期望与对教师素养的期望对关联的回归分析结果

模型	变量	未标准化系数		标准化系数	t	显著性	R^2
		B	标准误差	β			
1	（常量）	1.054	0.153		6.882	0.000	
	对教学平台的期望	0.362	0.045	0.364	8.087	0.000	0.47
	对教师素养的期望	0.385	0.046	0.379	8.426	0.000	

注：因变量为关联。

从表4-16分析结果可知，学习动机中信心维度有38.2%是由对教学平台的期望与对教师素养的期望引起的，显著性系数0.000小于0.05。因此，对教学平台的期望与对教师素养的期望对自信心呈现显著影响关系，对教学平台的期望与对教师素养的期望的未标准化系数B均大于0，说明两者间呈现正向影响关系。综上，统计结果显示专业认同中的对教学平台的期望与对教师素养的期望对学习动机中的信心产生正向显著影响关系。

表4-16　对教学平台的期望与对教师素养的期望对信心的回归分析结果

| 模型 | 变量 | 未标准化系数 | | 标准化系数 | t | 显著性 | R^2 |
		B	标准误差	β			
1	（常量）	1.185	0.173		6.836	0.000	0.382
	对教学平台的期望	0.435	0.051	0.416	8.576	0.000	
	对教师素养的期望	0.267	0.052	0.25	5.155	0.000	

注：因变量为信心。

从表4-17分析结果可知，学习动机中的满足维度有34.9%是由对教学平台的期望与对教师素养的期望引起的，显著性系数0.000小于0.05。因此，对教学平台的期望与对教师素养的期望对满足产生显著影响关系，对教学平台的期望与对教师素养的期望的未标准化系数B均大于0，说明两者间呈现正向影响关系。综上，统计结果显示专业认同中的对教学平台的期望与对教师素养的期望对学习动机中的满足产生正向显著影响关系。

表4-17　对教学平台的期望与对教师素养的期望对满足的回归分析结果

| 模型 | 变量 | 未标准化系数 | | 标准化系数 | t | 显著性 | R^2 |
		B	标准误差	β			
1	（常量）	1.255	0.178		7.041	0.000	0.349
	对教学平台的期望	0.375	0.052	0.359	7.205	0.000	
	对教师素养的期望	0.299	0.053	0.28	5.622	0.000	

注：因变量为满足。

整理以上研究结果，专业期望由对教学平台的期望与对教师素养的期望两个维度构成，学习动机由注意、关联、信心与满足四个维度构成。统计结果显示，专业期望各维度对学习动机各维度均呈现正向显著影响关系。因此，专业期望对学习动机产生正向显著影响关系的假设成立。

从表4-18分析结果可知，专业期望中的对教学平台的期望维度有46.6%是由认知性专业认同与情感性专业认同引起的，显著性系数0.000小于0.05。因此，情感性专业认同与认知性专业认同对教学平台的期望产生显著影响关系，情感性专业认同与认知性专业认同的未标准化系数 B 均大于0，说明两者间呈现正向影响关系。综上，统计结果显示专业认同中的情感性专业认同与认知性专业认同对专业期望中的对教学平台的期望产生正向显著影响关系。

表4-18　情感性认同与认知性认同对教学平台的期望的回归分析结果

模型	变量	未标准化系数		标准化系数	t	显著性	R^2
		B	标准误差	β			
1	（常量）	1.108	0.154		7.188	0.000	0.466
	情感性专业认同	0.234	0.038	0.245	6.164	0.000	
	认知性专业认同	0.508	0.04	0.508	12.763	0.000	

注：因变量为对教学平台的期望。

从表4-19分析结果可知，专业期望中的对教师素养的期望维度有47.6%是由认知性专业认同与情感性专业认同引起的，显著性系数0.000小于0.05。因此，情感性专业认同与认知性专业认同对教师素养的期望产生显著影响关系，情感性专业认同与认知性专业认同的未标准化系数 B 均大于0，说明两者间呈现正向影响关系。综上，统计结果显示专业认同中的情感性专业认同与认知性专业认同对专业期望中的对教师素养的期望产生正向显著影响关系。

表4-19 情感性认同与认知性认同对教师素养的期望的回归分析结果

模型	变量	未标准化系数		标准化系数	t	显著性	R^2
		B	标准误差	β			
1	（常量）	1.136	0.15		7.591	0.000	0.476
	情感性专业认同	0.305	0.037	0.327	8.276	0.000	
	认知性专业认同	0.435	0.039	0.444	11.261	0.000	

注：因变量为对教师素养的期望。

整理以上研究结果，专业期望由对教学平台的期望与对教师素养的期望两个维度构成，专业认同由情感性专业认同与认知性专业认同两个维度构成。统计结果显示，专业认同各维度对专业期望各维度均呈现正向显著影响关系。因此，专业认同对专业期望产生正向显著影响关系的假设成立。

从表4-20分析结果可知，情感性专业认同有41.4%是由注意、关联、信心与满足引起的。注意与关联变量的显著性系数0.000小于0.05。因此，注意与关联对情感性专业认同产生显著影响关系，信心与满足变量的显著性系数均大于0.05，因此，信心与满足对情感性专业认同不存在显著影响关系。注意与关联变量对情感性专业认同的未标准化系数B均大于0，说明两者间呈现正向影响关系。综上，统计结果显示学习动机中的注意与关联对专业认同中的情感性专业认同产生正向显著影响关系，而学习动机中的信心与满足对专业认同中的情感性专业认同产生显著影响关系的假设没有成立。

表4-20 注意、关联、信心、满足对情感性专业认同回归分析结果

模型	变量	未标准化系数		标准化系数	t	显著性	R^2
		B	标准误差	β			
1	（常量）	0.923	0.181		5.091	0.000	0.414
	注意	0.489	0.055	0.427	8.899	0.000	
	关联	0.231	0.053	0.219	4.38	0.000	
	信心	0.103	0.114	0.102	0.9	0.368	
	满足	−0.037	0.111	−0.037	−0.335	0.738	

注：因变量为情感性专业认同。

从表4-21分析结果可知，认知性专业认同有52.3%是由注意、关联、信心与满足引起的，显著性系数0.000小于0.05。因此，注意、关联、信心与满足对认知性专业认同产生显著影响关系，注意、关联、信心与满足对认知性专业认同的未标准化系数B均大于0，说明两者间呈现正向影响关系。综上，统计结果显示学习动机中的注意、关联、信心与满足对专业认同中的认知性专业认同产生正向显著影响关系。

表4-21 注意、关联、信心、满足对认知性专业认同回归分析结果

模型	未标准化系数		标准化系数		t	显著性	R^2
	变量	B	标准误差	β			
1	（常量）	0.706	0.156		4.518	0.000	
	注意	0.368	0.047	0.336	7.758	0.000	
	关联	0.333	0.045	0.331	7.348	0.000	0.523
	信心	0.331	0.098	0.345	3.367	0.001	
	满足	−0.195	0.096	−0.204	−2.037	0.042	

注：因变量为认知性专业认同。

整理以上研究结果，专业认同由认知性专业认同与情感性专业认同两个维度构成，学习动机由注意、关联、信心与满足四个维度构成。统计结果显示，学习动机中的信心与满足对专业认同中的情感性专业认同产生显著影响关系的假设未被证实，学习动机对专业认同呈现正向显著影响关系的假设部分成立。

五、方差分析

为进一步检验不同受教育阶段的专业认同、专业期望与学习动机的不同表现，本书对不同年级的学生进行方差分析，结果如表4-22所示。

表4-22 方差分析结果

多重比较							
LSD							
因变量	（I）目前的年级	（J）目前的年级	平均值差值（I-J）	标准误差	显著性	95%置信区间	上限
情感性专业认同	大一	大二	−0.416 84*	0.116 64	0.000	−0.646	−0.187 7
		大三	−0.086 52	0.115 53	0.454	−0.313 5	0.140 4
		大四	0.038 35	0.107 84	0.722	−0.173 5	0.250 2
	大二	大一	0.416 84*	0.116 64	0.000	0.187 7	0.646
		大三	0.330 32*	0.112 07	0.003	0.110 1	0.550 5
		大四	0.455 19*	0.104 13	0.000	0.250 6	0.659 8
	大三	大一	0.086 52	0.115 53	0.454	−0.140 4	0.313 5
		大二	−0.330 32*	0.112 07	0.003	−0.550 5	−0.110 1
		大四	0.124 87	0.102 88	0.225	−0.077 3	0.327
	大四	大一	−0.038 35	0.107 84	0.722	−0.250 2	0.173 5
		大二	−0.455 19*	0.104 13	0.000	−0.659 8	−0.250 6
		大三	−0.124 87	0.102 88	0.225	−0.327	0.077 3
认知性专业认同	大一	大二	−0.090 55	0.112 64	0.422	−0.311 8	0.130 7
		大三	0.200 27	0.111 57	0.073	−0.018 9	0.419 5
		大四	0.177 47	0.104 15	0.089	−0.027 1	0.382 1
	大二	大一	0.090 55	0.112 64	0.422	−0.130 7	0.311 8
		大三	0.290 82*	0.108 23	0.007	0.078 2	0.503 5
		大四	0.268 02*	0.100 56	0.008	0.070 5	0.465 6
	大三	大一	−0.200 27	0.111 57	0.073	−0.419 5	0.018 9
		大二	−0.290 82*	0.108 23	0.007	−0.503 5	−0.078 2
		大四	−0.022 81	0.099 36	0.819	−0.21 8	0.172 4
	大四	大一	−0.177 47	0.104 15	0.089	−0.382 1	0.027 1
		大二	−0.268 02*	0.100 56	0.008	−0.465 6	−0.070 5
		大三	0.022 81	0.099 36	0.819	−0.172 4	0.218

续表

多重比较							
LSD							
因变量	(I)目前的年级	(J)目前的年级	平均值差值(I-J)	标准误差	显著性	95%置信区间	上限
对教学平台的期望	大一	大二	-0.209 46	0.112 77	0.064	-0.431	0.012 1
		大三	0.052 52	0.111 7	0.638	-0.166 9	0.27 2
		大四	0.036 77	0.104 27	0.725	-0.168 1	0.241 6
	大二	大一	0.209 46	0.112 77	0.064	-0.012 1	0.43 1
		大三	0.261 98*	0.108 36	0.016	0.049 1	0.474 9
		大四	0.246 23*	0.100 68	0.015	0.048 4	0.44 4
	大三	大一	-0.052 52	0.111 7	0.638	-0.272	0.166 9
		大二	-0.261 98*	0.108 36	0.016	-0.474 9	-0.049 1
		大四	-0.015 75	0.099 47	0.874	-0.211 2	0.179 7
	大四	大一	-0.036 77	0.104 27	0.725	-0.241 6	0.168 1
		大二	-0.246 23*	0.100 68	0.015	-0.444	-0.048 4
		大三	0.015 75	0.099 47	0.874	-0.179 7	0.211 2
对教师素养的期望	大一	大二	-0.218 09*	0.110 3	0.049	-0.434 8	-0.001 4
		大三	0.073 42	0.109 25	0.502	-0.141 2	0.288
		大四	0.038 06	0.101 98	0.709	-0.162 3	0.238 4
	大二	大一	0.218 09*	0.110 3	0.049	0.001 4	0.434 8
		大三	0.291 51*	0.105 98	0.006	0.083 3	0.499 7
		大四	0.256 16*	0.098 48	0.010	0.062 7	0.449 6
	大三	大一	-0.073 42	0.109 25	0.502	-0.288	0.141 2
		大二	-0.291 51*	0.105 98	0.006	-0.499 7	-0.083 3
		大四	-0.035 35	0.097 29	0.716	-0.226 5	0.155 8
	大四	大一	-0.038 06	0.101 98	0.709	-0.238 4	0.162 3
		大二	-0.256 16*	0.098 48	0.010	-0.449 6	-0.062 7
		大三	0.035 35	0.097 29	0.716	-0.155 8	0.226 5

续表

			多重比较				
			LSD				
因变量	(I)目前的年级	(J)目前的年级	平均值差值(I-J)	标准误差	显著性	95%置信区间	上限
注意	大一	大二	−0.147 81	0.103	0.152	−0.350 2	0.054 5
		大三	−0.010 46	0.102 01	0.918	−0.210 9	0.19
		大四	0.120 12	0.095 23	0.208	−0.06 7	0.307 2
	大二	大一	0.147 81	0.103	0.152	−0.054 5	0.350 2
		大三	0.137 35	0.098 96	0.166	−0.057 1	0.331 8
		大四	0.267 93*	0.091 95	0.004	0.087 3	0.448 6
	大三	大一	0.010 46	0.102 01	0.918	−0.19	0.210 9
		大二	−0.137 35	0.098 96	0.166	−0.331 8	0.057 1
		大四	0.130 58	0.090 85	0.151	−0.047 9	0.309 1
	大四	大一	−0.120 12	0.095 23	0.208	−0.307 2	0.067
		大二	−0.267 93*	0.091 95	0.004	−0.448 6	−0.087 3
		大三	−0.130 58	0.090 85	0.151	−0.309 1	0.047 9
关联	大一	大二	0.000 31	0.112 71	0.998	−0.221 1	0.221 7
		大三	0.115 79	0.111 64	0.300	−0.103 5	0.335 1
		大四	0.136 2	0.104 21	0.192	−0.068 5	0.340 9
	大二	大一	−0.000 31	0.112 71	0.998	−0.221 7	0.221 1
		大三	0.115 49	0.108 3	0.287	−0.097 3	0.328 2
		大四	0.135 89	0.100 63	0.177	−0.061 8	0.333 6
	大三	大一	−0.115 79	0.111 64	0.300	−0.335 1	0.103 5
		大二	−0.115 49	0.108 3	0.287	−0.328 2	0.097 3
		大四	0.020 4	0.099 42	0.837	−0.174 9	0.215 7
	大四	大一	−0.136 2	0.104 21	0.192	−0.340 9	0.068 5
		大二	−0.135 89	0.100 63	0.177	−0.333 6	0.061 8
		大三	−0.020 4	0.099 42	0.837	−0.215 7	0.174 9

续表

		多重比较				
		LSD				
因变量	（I）目前的年级	（J）目前的年级	平均值差值（I–J）	标准误差	显著性	95%置信区间	上限
信心	大一	大二	−0.159 24	0.118 39	0.179	−0.391 8	0.073 3
		大三	−0.105 83	0.117 26	0.367	−0.336 2	0.124 5
		大四	−0.061 72	0.109 46	0.573	−0.276 8	0.153 3
	大二	大一	0.159 24	0.118 39	0.179	−0.073 3	0.391 8
		大三	0.053 41	0.113 76	0.639	−0.170 1	0.276 9
		大四	0.097 52	0.105 7	0.357	−0.110 1	0.305 2
	大三	大一	0.105 83	0.117 26	0.367	−0.124 5	0.336 2
		大二	−0.053 41	0.113 76	0.639	−0.276 9	0.170 1
		大四	0.044 1	0.104 43	0.673	−0.161 1	0.249 3
	大四	大一	0.061 72	0.109 46	0.573	−0.153 3	0.276 8
		大二	−0.097 52	0.105 7	0.357	−0.305 2	0.110 1
		大三	−0.04 41	0.104 43	0.673	−0.249 3	0.161 1
满足	大一	大二	−0.140 62	0.118 5	0.236	−0.373 4	0.092 2
		大三	−0.144 67	0.117 37	0.218	−0.375 2	0.085 9
		大四	−0.125 63	0.109 56	0.252	−0.340 9	0.089 6
	大二	大一	0.140 62	0.118 5	0.236	−0.092 2	0.373 4
		大三	−0.004 05	0.113 86	0.972	−0.227 7	0.219 6
		大四	0.014 99	0.105 8	0.887	−0.192 9	0.222 8
	大三	大一	0.144 67	0.117 37	0.218	−0.085 9	0.375 2
		大二	0.004 05	0.113 86	0.972	−0.219 6	0.227 7
		大四	0.019 04	0.104 53	0.856	−0.186 3	0.224 4
	大四	大一	0.125 63	0.109 56	0.252	−0.089 6	0.340 9
		大二	−0.014 99	0.105 8	0.887	−0.222 8	0.192 9
		大三	−0.019 04	0.104 53	0.856	−0.224 4	0.186 3

注：* 平均值差值的显著性水平为 0.05。

情感性专业认同方差分析结果显示，大一年级与大二年级学生群体间的显著性系数小于0.05，大二年级与大三年级、大二年级与大四年级学生群体间的显著性系数小于0.05，呈现显著性差异；其他年级学生群体间显著性系数均大于0.05，未呈现显著性差异。情感性专业认同平均值变化趋势如图4-6所示。

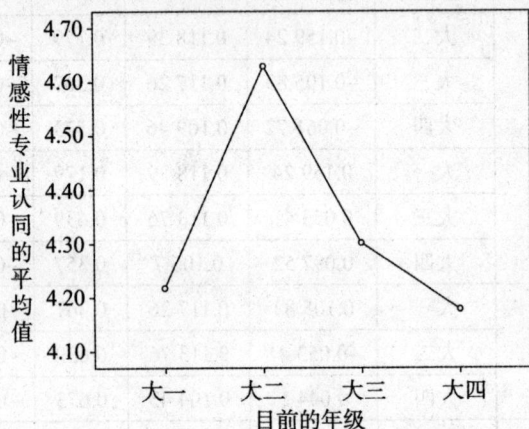

图4-6　情感性专业认同平均值变化趋势

认知性专业认同方差分析结果显示，大二年级与大三年级、大二年级与大四年级学生群体间的显著性系数均小于0.05，呈现显著性差异；其他年级学生群体间显著性系数均大于0.05，未呈现显著性差异。认知性专业认同平均值变化趋势如图4-7所示。

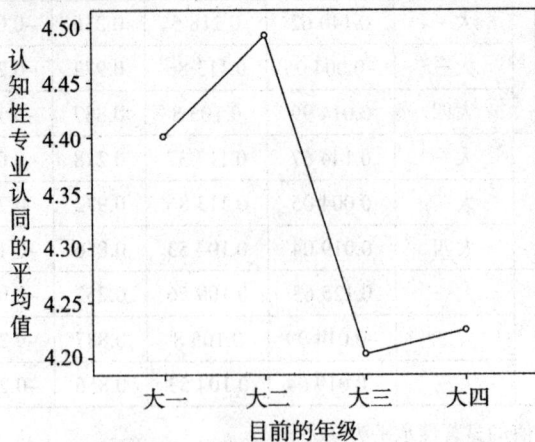

图4-7　认知性专业认同平均值变化趋势

对教学平台的期望方差分析结果显示，大二年级与大三年级、大二年级与大四年级学生群体间的显著性系数小于0.05，呈现显著性差异；其他年级学生群体间显著性系数均大于0.05，未呈现显著性差异。对教学平台的期望平均值变化趋势如图4-8所示。

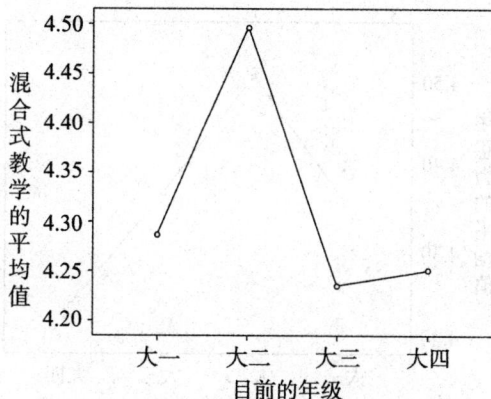

图4-8　对教学平台的期望平均值变化趋势

对教师素养的期望方差分析结果显示，大一年级与大二年级学生群体间的显著性系数小于0.05，大二年级与大三年级、大二年级与大四年级学生群体间的显著性系数小于0.05，呈现显著性差异；其他年级学生群体间显著性系数均大于0.05，未呈现显著性差异。对教师素养的期望平均值变化趋势如图4-9所示。

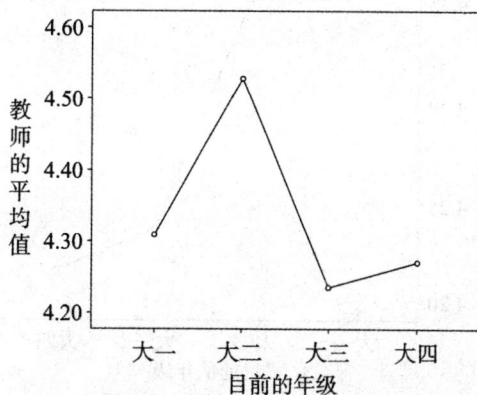

图4-9　对教师素养的期望平均值变化趋势

　　学习动机构成维度注意的方差分析结果显示，大二年级与大四年级学生群体间的显著性系数小于0.05，呈现显著性差异；其他年级学生群体间显著性系数均大于0.05，未呈现显著性差异。学习动机中注意的平均值变化趋势如图4-10所示。

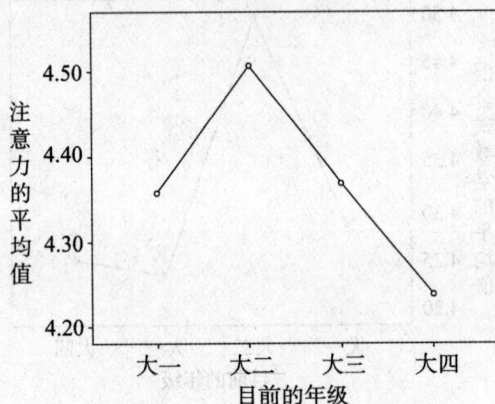

图4-10　注意平均值变化趋势

　　学习动机构成维度关联的方差分析结果显示，各年级学生群体间显著性系数均大于0.05，未呈现显著性差异。学习动机中关联的平均值变化趋势如图4-11所示。

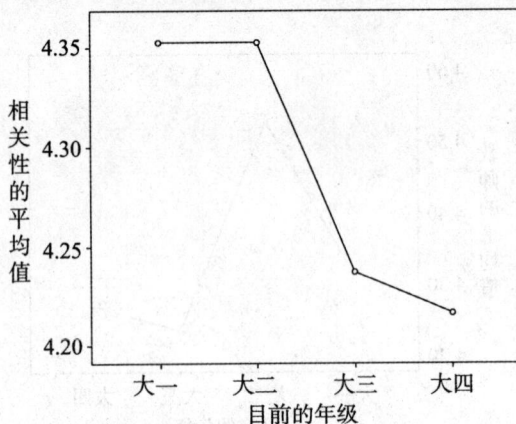

图4-11　关联平均值变化趋势

学习动机构成维度信心的方差分析结果显示，各年级学生群体间显著性系数均大于0.05，未呈现显著性差异。学习动机中信心的平均值变化趋势如图4-12所示。

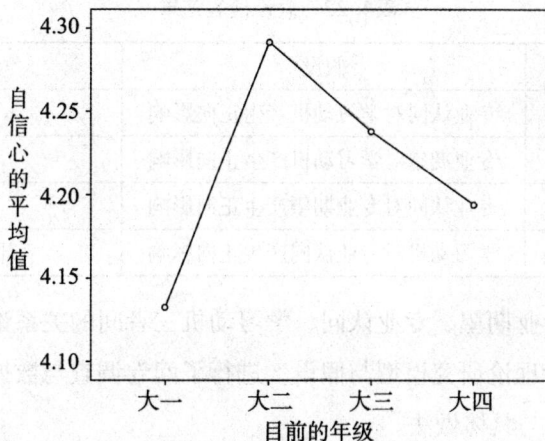

图4-12　信心平均值变化趋势

学习动机构成维度满足的方差分析结果显示，各年级学生群体间显著性系数均大于0.05，未呈现显著性差异。学习动机中满足的平均值变化趋势如图4-13所示。

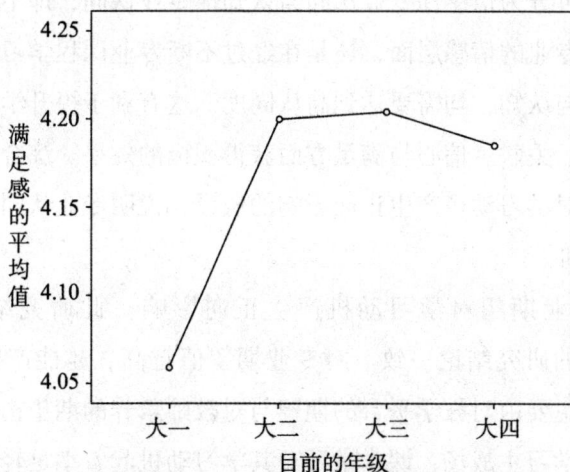

图4-13　满足平均值变化趋势

六、研究结论讨论

通过以上分析,本章研究假设检验结果如表4-23所示。

表4-23 假设检验结果

编号	假设	结果
假设1	专业认同对学习动机产生正向影响	成立
假设2	专业期望对学习动机产生正向影响	成立
假设3	专业认同对专业期望产生正向影响	成立
假设4	学习动机对专业认同产生正向影响	部分成立

本书围绕专业期望、专业认同、学习动机三者间的关系论证,在前人研究基础上,设计理论研究模型与假设,进行了问卷调查与数据分析,主要得出以下研究结论与具体做法。

首先,本书根据假设检验结果,形成理论层面的研究结论。

第一,专业认同对学习动机产生正向影响。此研究结论与赵祥欣等(2021)[134]的研究结论一致。专业认同度不高会极大影响人才培养质量。提高学生专业认同度,能更好地调动学生的学习动机,进而提高学生专业能力。专业认同可分为情感性专业认同与认知性专业认同,即不论从学生四年学习过程中对专业的情感层面,还是在经过不断专业课程学习与实践带来的对专业的了解与认知,均需要达到高认同度,这有利于提升学生的专业学习动机,在注意、关联、信心与满足方面获得积极的效果。综合来说,本书证实了专业认同对学习动机产生正向影响的假设,说明专业认同度高可以提升学生的学习动机。

第二,专业期望对学习动机产生正向影响。此研究结论与秦海燕(2019)[135]的研究结论一致。对专业期望值越高,越能产生高的学习动机。专业期望主要由对教学平台的期望与对教师素养的期望构成。对于学生来说,课堂是学习主战场,课堂学习对其学习动机起着举足轻重的作用,学生在课堂学习过程中,直接受到教师(教师自身专业素养)与教授环境(教授过程中采用的相关教学平台设备）的影响。因此，教师本身专业素养的提升，特别是理论与实践相结合的综合专业能力提升，教学与指导方法与工具的多样性与适用性，特别是新媒体时代对教学平台进行合理优质地建设，对激发学生的学习动机起着重要作用。另外，教师也要通过各类教学平台与渠道加强对学生的学业沟通与交流，通过沟通交流进一步挖掘学生专业学习方面的需求，以此设计调整教学内容与方式方法，从而精准激发学生的专业学习动机。综合来说，本书证实了专业期望对学习动机产生正向影响的假设，说明高专业期望可以提升学生的学习动机。

第三，专业认同对专业期望产生正向影响。此研究结论与王荣（2015）[137]等的研究结论一致。对专业认同度越高，对专业的期望值越高。专业认同度由情感性专业认同与认知性专业认同构成，提升专业认同度需从情感与认知两个方面进行。情感性专业认同需从课程教授内容设计过程中着重增加专业自豪感、热爱与支持度等内容，如定期组织专业学生进行专业相关人物传记、事迹与案例讲解，举办专业热爱相关的集体活动，定期为低年级学生、为社会其他群体讲述介绍专业知识与讲座等活动。认知性专业认同主要从定期为学生提供专业讲座，增加学生专业前沿学术文章的阅读与理解机会，为学生提供更多学习专业知识与内容的渠道，并设计讲述环节，从学习与宣传过程中潜移默化地促进学生提升自我专业认同感。学生专业认同感越高，未来从事专业相关工作的可能性越大，学生对本专业的期望值会随之飙升。综合来说，本书证实了专业认同对专业期望产生正向影响的假设，说明高专业认同度可以提升学生的专业期望值。

第四，学习动机对专业认同产生正向影响部分成立。此研究结论与赵慧勇，宁静（2013）[138]的研究结论一致。学生的专业学习动机越强，对专业的认同度越高。学习动机的提升会增加学生摄取本专业知识内容的兴趣，学生为更好地完成专业学习与研究工作，会自觉增加学习时间，具体表现在课堂学习的注意力会更加集中，自觉摄取与专业关联度高的知识内容，逐步提升自己的专业学习效果，阶段性的学习成果产出会增强学生对专业知识学习的自信心，从而获取高的专业学习满足感。伴随着学习动机各构成维度不断增强，学生对专业的理解与把握越来越精准，通过学习不断提升认知性的专业认同。而学生对专业的情感性认同方面，主要通过集中课堂学习注意力、增强学习关联度高的专业知识内容等方面进行提升。专业学习自信心的建立与满足感的获取对提升专业自豪感、热爱与支持度等情感性专业认同度未表现出直接的影响关系。综合来说，本书证实了学习动机对专业认同中认知性专业认同产生正向影响的假设，说明高学习动机可以提升学生认知性专业认同感。

其次，本书在研究假设检验结果基础上，根据方差分析结果，形成以下研究结论。

第一，因为大二学生群体与其他年级学生群体在情感性专业认同方面呈现显著性差异，又因为大二显著高于其他年级学生群体的情感性专业认同，并且大四年级情感性专业认同度最低，大一次之，所以在大四、大一年级专业课程与实践环节设计方面，通过增加主动学习机会，增强专业宣传的深度与广度，进而提高学生情感性专业认同。

第二，因为大二年级学生群体与大三、大四学生群体在认知性专业认同上呈现显著性差异，又因为三个年级中大二学生群体认知性专业认同度高于大三、大四学生群体，并且大三学生群体认知性专业认同度最低，所以在大三年级通过加强学生对专业课程的相关理论知识学习与研究，进而提高学生认知性专业认同。

第三，因为大二年级学生群体与其他年级学生群体在专业期望中对教师素养的期望值呈现显著性差异，又因为大二年级学生群体对教师素养的期望显著高于其他年级学生群体，并且大三年级学生群体对教师素养的期望值最低，所以针对大三、大四年级学生，应特别派出有经验、有能力的专业教师团队来进行授课与学生指导，尤其是要在二年级专业课程教学过程中体现出教师专业能力，让学生的专业课程学习体验符合预期。

第四，因为大二年级学生群体与大三、大四年级学生群体在专业期望中对教学平台的期望值呈现显著性差异，又因为三个年级中大二年级学生群体对教学平台的期望显著高于大三、大四年级学生群体，并且大三年级学生群体对教学平台的期望值最低，大四年级次之，所以针对大三、大四年级学生需特别重视教学平台使用对灵活学习专业知识与提升实践能力的作用，尤其是大三年级课程中需充分重视各类教学平台对教学环节的支撑作用，结合使用混合式课堂等教学方式改善课程教学质量，进而提升学生对专业的期望值。

第五，因为大二年级学生群体与大四年级学生群体在学习动机的注意维度方面呈现显著性差异，显著高于大四年级学生群体，所以在提升学习动机中学生学习注意力方面，特别是在提升大四年级学生群体的课程学习注意力集中度方面，需根据学生学情进行针对性管理。

七、研究建议

根据以上分析，为更好地发挥校企协同育人的电子商务楔形人才培养模式提升人才培养质量的效果，本书对高校管理者提出实践层面的具体建议。

第一，情感性专业认同方面。

学生情感性专业认同对专业期望与学习动机均产生显著性影响，因此，提升学生的情感性专业认同是高校管理者的重要工作之一。学生在大二年级与其他年级对情感性专业认同呈现显著性差异，显著高于其他年级学生群体的情感性专业认同，并且大四年级情感性专业认同度最低，大一次之。因此在大四、大一年级的专业课程、实践环节设计，通过增加专业主动学习机会，增强专业宣传的深度与广度，进而提高学生情感性专业认同。具体做法是大一年级安排相关的情感层面电商课程与实践活动，如电商扶贫、电商助农等应用于大一年级专业课程理论教学中，作为课程思政的重要内容；通过定期邀请电商企业老板讲述自身心路历程、分享专业发展趋势与就业环境等，提升学生对本专业的就业自信心，提高学生情感性专业认同。同时，通过校企合作模式开发校外实践教学基地，为大四年级学生提供更多毕业实习与就业的渠道与岗位，从而提升对专业的情感性认知。

第二，认知性专业认同方面。

学生认知性专业认同对专业期望与学习动机均产生显著性影响，因此，提升学生的认知性专业认同是高校管理者的重要工作之一。学生在大二年级与大三、大四年级对认知性专业认同有显著性差异，显著高于大三、大四年级学生群体，并且大三年级学生群体认知性专业认同度最低。因此在大三年级学期通过改善学生对专业课的相关理论知识和研究，进而提高学生认知性专业认同。具体做法是在开设必修课、选修课的同时，开展学术讲座，讲授前沿的专业学术知识，扩大学生知识面，使知识专业化，让学生对专业有更深、更广泛的了解。根据研究结果，学生二年级的认知性专业认同感明显高于其他年级，这主要是由于二年级开始进入专业课程教学，学生们对专业知识摄取的积极性与渴望度提升，这是提升认知性专业认同的关键期。然而大三年级学生认知性专业认同最低，结合电商专业应用型人才培养特点，专业知识体系与实践能力方面均需要在大三年级打下良好的专业能力基础，因此，应在专业课程介入的基础上，增加专业前沿讲座与课程实践环节。专业前沿讲座可以学校方为主组织，邀请业界有现实从业经验的电商企业中高层管理者现身说法，或者安排电商专业前沿讲座课程；课程实践环节主要由企业方为主组织，校企合作企业方通过虚拟仿真软件或者通过现实电商（跨境电商）平台运营的小账号为学生提供练兵机会，或结合"双十一""六一八"等电商节为学生提供必要的接触实践操作的机会。

第三，专业期望中教师素养方面。

学生对教师素养的期望对学习动机产生显著性影响，因此，满足学生对教师素养的期望值是高校教师的基础工作之一。因为大二年级学生群体与其他年级学生群体在专业期望中对教师素养的期望值呈现显著性差异，又因为大二年级学生群体对教师素养的期望显著高于其他年级学生群体，并且大三年级学生群体对教师素养的期望值最低，所以满足教师素养期望值对提升学生专业期望值的影响贯穿全程。尤其是大二年级课程中需体现出充分的教师专业能力，通过大二年级专业基础课程内容的深入学习，满足学生对专业教师素养期望高的要求，为大三年级进入专业任选与限选课程打好基础，进一步提升其专业期望值。具体做法是大二年级主要安排专业基础课程，大三年级开始专业任选与限选课程全面铺开，针对电商专业"运营管理"与"技术开发"两大能力的培养设计好专业课程，安排有经验的专业教师主讲课程，部分实验实践课程安排校企合作的专职教师或有相关工作经验的专业教师主讲，尽可能实现专业教师与学生间全面互动；加强课程教学质量的不断提升，结合课程特点，增加混合式教学改革、一流课程建设、优质课程建设等覆盖面，通过丰富课程教学的内容与形式，提高学生的对专业教师素养的实际感知，进而提升学生对电商专业的期望值。

第四，专业期望中教学平台方面。

学生对教学平台的期望对学习动机产生显著性影响，因此，满足学生对教学平台的期望值是高校教育工作者的基础工作之一。因为大二年级学生群体与大三、大四年级学生群体在专业期望中对教学平台的期望值呈现显著性差异，又因为三个年级中大二年级学生群体对教学平台的期望显著高于大三、大四年级学生群体，并且大三年级学生群体对教学平台的期望值最低，大四年级次之，所以需重视教学平台的使用对灵活学习电商专业知识与提升实践能力的作用，满足学生高的对专业教学平台的期望值，为大三年级伴随专业课程的不断深入进一步提升对专业课程教学平台的期望值，进一步提升其专业期望值。尤其是大二年级学生群体对教学平台的期望值很高，主要是因为伴随着专业课程的介入，学生对于课程相关的软件平台等辅助性工具的需求开始显现。为提升学生课程学习效果，专业教师在授课过程中开始使用相关的教学平台与软件，课程中需充分展现各类教学平台对教学环节的支撑作用。根据课程特点，综合使用雨课堂、钉钉直播、腾讯课堂等第三方教学平台，学堂在线、智慧树网、中国大学慕课、超星等课程平台以及各级各类企业、高校开发的教学与课程平台，从教学内容、教学形式、教学场所、教学资源等各方面综合提升专业课程教学质量；特别是借助云平台技术的电商实验室平台资源的广泛使用，结合大数据技术，提升电商专业虚拟平台与真实项目平台操作的可实现性，从而提升实习实训课程的教学质量，展现电商专业与新时代新技术的密切关系，提升学生专业期望值。

第五，学生学习动机中注意力集中方面。

学习动机中的注意维度对专业认同产生显著性影响，因此，提升学生课程学习中的注意力是学生管理工作者的必修课。大二年级学生群体与大四年级学生群体在学习动机的注意维度方面呈现显著性差异，显著高于大四年级学生群体，因此，在提升学习动机中学生学习注意力方面，特别是在提升大四年级学生群体的课程学习注意力集中度方面，需根据学生学情进行针对性管理。大二年级学生群体的注意力最高，因此应利用好这段时间尽可能安排相关的专业基础课程，使学生顺利完成专业课程的过渡。具体做法是大二年级专业课程与实习实践活动同时开展，运营管理与技术开发能力培养同时进行，从以上师资的选派、课程内容与形式的丰富、课程思政的灵活运用、教学平台的选用等方面给予充分重视，并在课程考核方面，加强过程考核管理力度，提升学生课堂听课注意力，从而提升专业理论课程与实践实训课程教学质量与教学效果。大四年级学生注意力最低，因此应结合学生就业与升学需求开设专业理论与实习实践课程，减少纯课堂理论学习课程，以实践性学习为主，增强专业课程实践性与吸引力。

第六，提升学习动机方面。学习动机其他构成维度在不同年级间没有呈现显著性差异，但是根据研究假设检验结果，专业认知与专业期望对学习动机产生正向显著性影响，因此对学习动机提升方法提出以下建议：根据电商专业建设的发展需要，合理利用现有的教学资源与校企合作方拥有的社会资源进行专业教室、实验室、图书馆、校外实习实训基地的硬软件建设。硬件设施主要是学生专业学习的场所与基本设施，如支撑商务信息与数据分析可视化的功能齐备的智能教室、可支撑电商项目运营的仪器设施完备的实验室、电商专业书籍资料丰富的图书馆、具备实际电商运营管理项目并能够开展实际项目运营的校外实习实践基地或产学研合作基地。通过改变专业环境，提高专业期望。

第七，提升专业认同度方面。提升教师专业能力与素养，结合学情设计课程教学。教师所提供的学习材料的难度需要匹配学生实际情况与教师自身专业能力水平，且设置时需循序渐进。如此设计学习内容有助于增强学生学习自信心，进而激发学生学习动机，并与专业认同度形成良好的相互促进作用。

第五节　校企合作长效机制与政校企合作实证研究

目前，"技术进步、产业升级、创新驱动"成为我国高等教育发展面临的最大机遇与挑战，因此开放办学也必然成为高等教育体制机制创新的重要突破口之一。改革开放以来，我国高等教育发展规模与成效显著，但在面向社会、面向市场办学上仍表现出办学观念陈旧、未能落实企业办学主体地位及相应权利、社会力量参与办学活力不够等问题。我国长期有效的校企合作体制机制没有真正地建立、完善起来，其主要的障碍包括：学校本位高等教育办学思潮下学校单一核心的狭隘校企合作观念，部门间协调管理体制未形成，校企合作利益共享机制缺失，政府、行业协会等组织在高等教育发展中的作用未被充分激发出来，等等。如何实现我国高等教育校企合作从模式探索到体制机制建立的突破，成为校企合作能否持续有效、深层次发展的关键（曹梦婷，方展画，2018）[49]。

一、校企合作长效机制研究综述

《2010年中国大学生就业报告》显示，毕业生的能力满足度略有下降。管理类专业毕业生"求职就业难"与企业"难以找到合适的管理人才"的矛盾越来越尖锐，其本质是人才素能结构的失调。2014年2月26日，国务院总理李克强要求"引导一批普通本科高校向应用技术型高校转型",因此应用型人才培养将是今后我国应用型本科院校人才培养模式改革的重要内容,重视学生实践能力,加强校企合作成为今后这类院校的工作重点。

如前所述,国内关于校企合作的研究方面主要集中在以下三方面:一是结合校企合作的实践模式开展研究,构建符合职业教育特点的校企合作人才培养模式;二是借鉴国际校企合作的人才培养经验,对我国目前存在的问题提出应对策略,并进一步探索我国校企合作机制的完善路径;三是关注宏观政策建制,试图通过对政府角色和作用分析建构校企合作的政策方向和决策指导。其中,关于校企合作长效机制研究方面主要有长效机制维度研究、长效机制内容研究与长效机制构建路径研究三部分。

(一)长效机制维度研究

校企合作长效机制构建维度研究方面,伴随着高等教育校企合作的深入开展,校企合作长效机制的构建维度呈现多样化趋势。

张培(2016)[143]主张从战略协同、文化嵌入、共同治理三个维度入手构建职业教育校企合作长效机制。文章认为唯有以战略协同架设校企合作的发展格局,以文化嵌入夯实校企合作的育人基础,以共同治理建立校企合作的机制保障,才能建立起高等职业教育校企合作的长效机制,从而促进校企深度合作、产教深度融合。

卢峰(2016)[144]从政府维度、行业维度、职业院校维度、企业维度和社会环境维度系统分析了职业教育校企合作的现实桎梏,认为职业教育校企合作在理论探索、政策制定、实践探索、舆论导向和建设环境方面存在较多问题和障碍,提出推动校企合作的深入发展必须要厘清合作各方(政府、学校、企业、社会)的职责,还应从协同创新的视角出发构建职业教育校企合作长效机制。研究对构建校企合作长效机制提出以下方面建议:一是政府引导,建立宏观的激励、评价与保障机制;二是职业院校支撑,建立科学合理的内部调控机制;三是企业参与,建立企业多元驱动的服务机制。

（二）长效机制内容研究

校企合作长效机制内容研究主要存在运行机制、保障机制和监督机制等方面。

冯建军（2008）[145]详细分析了建立校企合作长效机制的优点，从建立校企合作运行机制、奖惩机制、约束机制、制度保障机制、创新人才培养模式、规范校企双方合作行为等方面探讨构建校企合作长效机制的基本思路，提出成立专门的校企合作办学管理机构，加大对校企合作双方的政策和经费支持，规范人才培养的方式方法，推进教育改革建立产学研结合的模式等解决办法。

胡颖蔓（2009）[47]从外部保障机制、内部互动机制、运行机制、拓展领域机制四个方面对校企合作长效机制进行研究。

徐建平（2010）[48]在校企合作长效机制建设途径探析中，在分析当前校企合作中存在的问题基础上，从理顺合作关系、创新办学体制，以互利互惠为原则，完善合作制度、加强质量监控等三方面建立高职教育校企合作新机制。

李祥富（2008）[50]总结校企合作具有互动介入性、目标一致性、相对稳定性、共守协议性四个基本特征，从利益、激励、约束、情感四个方面对构建校企合作的长效机制进行研究。

兰小云（2013）[51]研究对制约校企合作的因素进行院校问卷与企业问卷调查。调查发现校企双方信息沟通不够是制约校企合作的首要因素，企业认为制约校企合作的其他因素还有政府政策法规、经费支持、合作利益保障等，行业院校认为企业过于关注合作利益、政府的政策法规是否完善等。同时，研究发现部分高职院校利用自身行业优势建立起较有特色的校企合作模式，取得良好的成效，如基于产业园的校企合作模式、校企共建技术研发中心模式、集团公司主导下双师团队共建模式、校企合作共建二级学院模式、校企共建学生工作室模式等。

吴强（2015）[55]以一线教师为主要调研对象，对校企合作战略联盟长效

机制影响因素展开分析，从企业规模、企业经济实力、企业人力资源的稳定
性、企业战略目标、高校人才培养质量、高校师资水平、高校二级管理、高
校文化、政府政策支持、政府法律法规支持、交流沟通平台建设11个因素对
校企合作战略联盟长效机制的达成进行回归分析论证，最终认为交流沟通平
台建设、人才培养质量、人力资源的稳定性、政府政策支持、企业规模5个
因素对校企合作战略联盟长效机制的达成产生正向的积极影响。

（三）长效机制构建路径研究

校企合作长效机制构建路径研究是推动校企合作深入发展的关键步骤，
也是解决校企合作"两张皮"现象的重中之重。

付俊薇等（2015）[146]在博弈论的视角下探讨高等职业教育校企合作长
效机制的构建。文章认为在市场经济条件下高等职业教育校企合作的本质是
交易，校企合作博弈的社会总收益尚未达到最优，需要通过建立校企合作长
效机制实现帕累托最优。文章分析了校企合作的博弈过程，提出要通过帕累
托改进构建校企合作长效机制：首先，要充分发挥行会职能，建立校企沟通
机制，降低校企合作的交易成本；其次，要以法律形式落实企业参与校企合
作的税费减免等优惠政策，调动企业的积极性和主动性，保障校企合作顺利
开展；最后，构建"学校—学生—企业"三方的协调机制，强化校企合作的
实施机制。

王瑞荣，李志彬（2014）[147]在深入分析各利益相关者的利益诉求和冲
突的基础上提出要构建高职教育校企合作长效机制。他们从利益相关者视
角出发探索出高职院校校企合作长效机制的构建途径、构建利益相关者视
角下高职院校校企合作的外部保障机制、构建利益相关者视角下高职院校
校企合作的内部动力机制、构建利益相关者视角下高职院校校企合作的文
化对接机制。

张欣欣等（2015）[148]在路径依赖理论的基础上提出若想彻底改变校企
合作中的若干问题，必须深入实施创新驱动发展战略，加强校企合作长效机
制的路径创新。需从加强国家层面的引导机制，建立地方层面的激励、监督

和约束机制，落实行业层面的执行机制；明确校企合作中的政府责任，重构行业、企业和学校责任；通过改革创新办学体制、建立共同治理模式、完善过程管理模式等创新校企合作模式。

郑雅萍（2012）[149]认为影响校企合作深入发展的主要症结在于运行机制不完善；而要建立长期的、可持续发展的校企合作关系，需要政府、院校、企业三方的共同努力。

王艳辉（2017）[68]认为要完善职业教育校企合作长效机制需要从完善校企合作的动力机制、建立校企合作双赢机制、完善校企合作保障机制、建立校企深度合作调控机制四方面入手。

二、政校企合作对校企合作长效机制的影响关系研究

（一）假设及调查问卷设计

本章围绕应用型本科院校管理类专业校企合作长效机制影响因素展开研究，根据已有研究的梳理总结，使用问卷调查的形式来对研究问题开展实证分析。唐林伟（2013）[83]认为学校文化资本总量不能满足企业需要、政府政治资本作用发挥失当和企业所处的大生产场域发展不成熟是影响校企合作长效机制的主要制约因素。李正卫等（2012）[150]认为影响校企合作稳定发展的主要因素是校企沟通渠道不畅、合作能力不强、文化差异较大、政策法规支持不足等。还有学者认为校企双方利益获取、感情维系和政府政策法律法规支持是维持校企合作长期协作关系的关键因素。结合本书之前章节对校企合作文献梳理发现，学界对校企合作长效机制的影响因素主要定位于学校方、企业方与政府方，据此设立以下假设。

假设5：高校因素对校企合作长效机制形成产生显著性影响。

假设6：企业因素对校企合作长效机制形成产生显著性影响。

假设7：政府因素对校企合作长效机制形成产生显著性影响。

基于以上假设，结合吕昕（2012）[54]、吴强（2015）[55]等对校企合作长效机制评价指标及影响因素的研究，结合应用型院校管理类专业校企合作

特点制作调查问卷。调查问卷共由14个问题和5个基础性问题组成。其中，企业因素由企业的规模和企业经济实力两个问项组成，高校因素由高校人力资源、高校发展目标与企业战略目标的契合度、高校人才培养的质量、高校承担科学研究与社会服务的师资水平、高校二级管理的落实、高校文化与校企合作企业文化的兼容性六个问项组成，政府因素由政策支持、法律法规支持、政府为校企合作交流沟通平台的建设三个问项组成，校企合作长效机制评价指标由校企合作双方共享人力资源成果、校企合作双方共享科学研究成果、校企合作双方共享技术服务和社会服务成果三个问项组成。于2016年1月至5月对与山东交通学院经济与管理类专业进行校企合作的企业经营者和管理者进行问卷调查。调查共发放问卷70份，回收67份，剔除无效问卷16份，最终使用51份有效问卷。

为求证假设的成立与否，本研究使用SPSS对问卷的有效数据进行了频度分析、探索性因子分析、信度分析、多元回归分析，分析结果如下。

（二）实证分析过程

1.频度分析

本章对受访者所在公司的基础信息进行了频度分析，结果如表4-24所示。受访者所在公司所有制形式民营企业略多于国有企业，以未满500人和多于2000人的大型企业为主。受访者公司参与校企合作目的没有实现的问卷仅有1份，完全实现的问卷为5份。大多数受访者认为校企合作目的部分实现，从一个层面说明我国校企合作的效果并没有达到最好。所有受访者表示愿意或非常愿意参与校企合作，并且认为开展校企合作对企业重要或非常重要。

表4-24 频度分析结果

问项	特征	样本数／人	所占百分比／%
公司所有制	国有企业	22	43.1
	民营企业	28	54.9
	其他	1	2.0
	总计	51	100

续表

问项	特征	样本数 / 人	所占百分比 / %
员工规模	2000人及以上	23	45.1
	500～1999人	2	3.9
	未满500人	26	51.0
	总计	51	100
贵公司参与校企合作的目的是否实现	没有	1	2.0
	部分实现	45	88.2
	完全实现	5	9.8
	总计	51	100
贵公司是否愿意参与校企合作	非常愿意	28	54.9
	愿意	23	45.1
	一般	0	0
	不愿意	0	0
	总计	51	100
贵公司认为开展校企合作对企业的重要性	非常重要	24	47.1
	重要	27	52.9
	一般	0	0
贵公司认为开展校企合作对企业的重要性	不重要	0	0
	总计	51	100

2. 探索性因子分析

为检验各测量问项的效度，本文运用主成分分析法进行探索性因子分析，结果如表4-25所示。结果显示KMO值为0.797，接近0.8，巴特利球体检验的近似卡方411.003，df为91，统计值显著性概率Sig.为0.000<0.001，说明测量量表较适合因子分析。通过主成分分析最大方差法的正交旋转6次迭代后收敛。其中特征值大于1或接近1的主成分有4个：成分1为高校因素，成分2为政府因素，成分3为校企合作长效机制，成分4企业因素。4个成分集中了总方差的73.402%。

表4-25　探索性因子分析结果

问项		成分			
		1	2	3	4
1.企业的规模					0.802
2.企业经济实力					0.857
3.高校人力资源		0.710			
4.高校发展目标与企业战略目标的契合度		0.842			
5.高校人才培养的质量		0.725			
6.高校承担科学研究与社会服务的师资水平		0.709			
7.高校二级管理的落实		0.674			
8.高校文化与校企合作企业文化的兼容性		0.590			
9.政府在校企合作长效关系维护上的政策支持			0.807		
10.政府法律法规支持			0.799		
11.政府为校企合作交流沟通平台的建设			0.855		
12.校企合作双方共享人力资源成果				0.566	
13.校企合作双方共享科学研究成果				0.888	
14.校企合作双方共享技术与社会服务成果				0.891	
初始特征值	合计	6.206	1.602	1.486	0.982
	方差的百分比/%	44.328	11.445	10.617	7.011
	累积百分比/%	44.328	55.773	66.390	73.402
提取平方和载入	合计	6.206	1.602	1.486	0.982
	方差的百分比/%	44.328	11.445	10.617	7.011
	累积百分比/%	44.328	55.773	66.390	73.402
旋转平方和载入	合计	3.330	2.920	2.286	1.740
	方差的百分比/%	23.784	20.858	16.332	12.428
	累积百分比/%	23.784	44.642	60.974	73.402
取样足够度的KMO度量					0.797
巴特利球体检验	近似卡方				411.003
	df				91
	Sig.				0.000

注：提取方法为主成分；旋转法使用具有 Kaiser 标准化的正交旋转法；旋转在6次迭代后收敛。

3.信度分析

信度分析是指测量结果是否具有一致性的程度，信度的值越高代表误差值越小，反之误差值越大。在实证研究中，普遍采用的是内部一致性系数，即克隆巴赫α系数。学界一般认为系数值达到0.8~0.9为非常理想值，0.6~0.7为可以使用值（이학식，임지훈，2008）[60]。本部分对调查问卷测量问项进行了信度分析，分析结果如表4-26所示。校正后的相关性系数最低值为0.453，但项目删除后的克隆巴赫α系数没有比之前增加，问项予以保留。总量表的克隆巴赫α系数为0.901，表明数据具有很高的可靠性。

表4-26　信度分析结果

变量	项已删除的刻度均值	项已删除的刻度方差	校正的项总计相关性	项已删除的克隆巴赫α值
1.企业的规模	54.88	41.866	0.465	0.899
2.企业经济实力	54.65	42.713	0.453	0.899
3.高校人力资源	54.49	42.895	0.468	0.899
4.高校发展目标与企业战略目标的契合度	54.53	40.454	0.574	0.895
5.高校人才培养质量	54.47	42.294	0.516	0.897
6.高校承担科学研究与社会服务的师资水平	54.82	38.868	0.776	0.886
7.高校二级管理的落实	54.88	39.066	0.701	0.889
8.高校文化与校企合作企业文化的兼容性	55.14	38.441	0.635	0.893
9.政府在校企合作长效关系维护上的政策支持	54.78	38.093	0.714	0.889
10.政府法律法规支持	54.75	39.874	0.714	0.889
11.政府为校企合作交流沟通平台的建设	54.73	38.443	0.683	0.890
12.校企合作双方共享人力资源成果	54.78	42.533	0.496	0.898
13.校企合作双方共享科学研究成果	54.98	41.300	0.591	0.894

变量	项已删除的刻度均值	项已删除的刻度方差	校正的项总计相关性	项已删除的克隆巴赫α值
14.校企合作双方共享技术服务和社会服务成果	54.86	42.161	0.525	0.897
克隆巴赫α值	0.901			

4. 多元回归分析与研究结论

本章采用多元回归分析方法论证高校因素、企业因素和政府因素与校企合作长效机制的因果关系，并检测研究假设。结果如表4-27所示。

高校因素、企业因素、政府因素对校企合作长效机制的解释度为31.3%。高校因素t值2.133，Sig.值0.038小于0.05；企业因素t值2.009，Sig.值0.048小于0.05；政府因素t值2.054，Sig.值0.046小于0.05。通过多元回归分析验证，说明高校因素、企业因素、政府因素对校企合作长效机制产生显著正向影响。综合整理得到非标准化回归方程：校企合作长效机制=0.292×高校因素+0.221×企业因素+0.230×政府因素+1.946。该方程表示高校因素每增加一个单位，校企合作长效机制相应增加0.292个单位；企业因素每增加一个单位，校企合作长效机制相应增加0.221个单位；政府因素每增加一个单位，校企合作长效机制相应增加0.230个单位。

表4-27 校企合作长效机制影响因素多元回归分析结果

模型		非标准化系数		t	Sig.
		B	标准误差		
1	（常量）	1.946	0.567	3.430	0.001
	高校因素	0.292	0.137	2.133	0.038
	企业因素	0.221	0.110	2.009	0.048
	政府因素	0.230	0.112	2.054	0.046
模型		R	R^2	标准估计的误差	
1		0.559	0.313	0.461 31	

注：预测变量（常量）为政府因素、企业因素、高校因素；因变量为校企合作长效机制。

　　整理多元回归分析结果，本部分研究假设检测结果如表4-28所示。影响校企合作长效机制的最主要因素是高校因素，其次是政府因素，再次是企业因素。第一，"互联网+"时代，跨界融合成为每个组织进行组织变革的重要元素，因此高校在培养人才的过程中也要培养高复合型专业人才，这要求高校在人才培养过程中必须重视社会资源的使用，与企业合作共同培养人才已成为当下高校培养人才的重要环节之一。为使人才能够迅速适应社会发展需求，应发挥企业在校企合作中的核心与中心作用，高校也要与政府部门合作共同培养与社会接轨的专业人才。第二，新时代校企合作应跨越产教融合的二维视角，应吸收所有有利于高复合型专业人才培养的积极元素共同参与到人才培养的环节与步骤中。比如，政府因素对校企合作产生重要的直接影响，特别是在政策支持上、法律法规支持上以及交流沟通平台建设上对校企合作长效机制的建立作用明显。第三，相比于政府因素，高校因素对校企合作长效机制的影响效果更大。高校的管理质量和水准依然是校企合作成功与否的关键，主要包括高校的人力资源、高校的发展目标与企业战略目标的契合度、高校人才培养质量、高校承担科学研究与社会服务的师资水平、二级管理制度的落实以及高校文化与校企合作企业文化的兼容性等。

表4-28　研究假设检验结果

假设序号	假设内容	检验结果
假设5	高校因素对校企合作长效机制形成产生显著性影响	成立
假设6	企业因素对校企合作长效机制形成产生显著性影响	成立
假设7	政府因素对校企合作长效机制形成产生显著性影响	成立

　　综上所述，目前参与校企合作的企业对校企合作的目的实现程度较高，所有参与校企合作的企业都表达出校企合作的重要性和参与意愿。而在企业看来，高校因素和政府因素是影响校企合作长效机制的主要因素。在校企合作长效机制的建立方面，企业认为关键因素依然在高校层面，而并不是企业自身，这从一个层面表达出企业对高校因素的看重。

第六节 新时代校企合作评价体系构建
——以电子商务专业为例

结合"互联网+"时代背景与电子商务专业跨境电商方向专业特点，未来校企合作评价体系的构建主要应由以下几部分构成。

一、校企合作理念部分

首先，人才培养应服务于社会发展。我国高校培养人才需与时代发展、社会发展紧密结合，为其所用。针对跨境电商这类具有与现实社会发展紧密结合、发展速度快、变化快等特点的专业人才培养，采用校企合作是一种很好的尝试。不论是普通的校企合作，还是进一步做订单班，甚至是超订单班模式，根本宗旨都是在扎牢专业理论框架体系的基础上提升专业人才实践技能，更好地贴近生活。

其次，注重提升国际化办学水准。电子商务专业建设需跟上全球经济形势发展变化趋势，紧跟时代步伐。国际化程度的高低为专业发展提供伸缩区间。虽然国内有做跨境电商（出口）平台服务的各种机构，但电商专业特别是跨境电商方向需与国际接轨，在充分利用国内既有平台做进出口交易的同时，需加强国际合作，创造更多的平台与机会，开发与熟悉更多的国际市场，这必然需要连接中外的纽带与桥梁。而中外合作办学、与国外企业对接等模式都是建立这种桥梁的很好方法。

再次，以企业为中心建立产教融合体系是市场经济下的必然要求。市场经济体制下，要求发挥市场在社会发展中的重要作用。脱离市场做事情，其结果很可能事与愿违。所以企业是校企合作的中心，高校应充分借助企业的力量与资源做好人才培养服务。

二、校企合作评价体系

（一）校企合作四维评价模型

校企合作教育区别于传统的课堂教育，是一种复杂、艰巨、关联多方利益又具有外部公共性的教育活动。在校企合作中，各合作主体是在一定约束条件下基于自身利益最大化原则进行决策的，符合经济学的理性人理论假定。校企合作活动可以看作是管理活动在教育领域的具体体现，具有多维性、系统性。因此，可以用经济学、管理学方法研究校企合作。深入分析和解构我国有关政策文件对校企合作内容及目标的要求，认为校企合作活动具有四维结构，即合作的广度维、深度维、持续度维和效度维。借鉴李梦学博士提出的"国际科技合作四维结构概念模型"（李梦学，2008）[151]，构建校企合作四维分析概念模型，从广度、深度、持续度、有效度四个维度分别反映合作的范围、时间、层次和效果。校企合作广度指校企合作涉及的范围和领域，主要体现在合作主体的广泛性、合作内容的全面性、合作受众的普遍性三个方面。首先，校企合作产教融合是高等教育的重要模式，明确"规模以上企业要设立学生实习和教师实践岗位""建立健全政府主导、行业指导、企业参与的办学机制"，"要求各地区要积极探索校企合作的新思路、新措施、新方法"。可见，政府、院校、行业、规模以上企业等社会力量都应参与高等教育，这充分体现了校企合作主体的广泛性要求。其次，明确提出了校企双方合作的具体内容。联合办学、联合招生、改革传统人才培养模式、学生顶岗实习、教学质量评价、学生就业、共建"双师型"教师培养培训基地、技术工艺和产品开发中心、实习实训平台、技能大师工作室等方面，涉及人才培养的全部环节，充分体现了校企合作内容的全面性要求。校企合作深度主要指校企合作向高级阶段发展的程度，其主要标志是合作中双方资源交流的程度，决定于企业参与程度。校企合作深度体现在企业投入资源、合作组织形式、合作协议以及企业作用与地位等四个方面。校企合作持续度是指校企合作持续的时间。梳理我国相关政策文件，关于持续性的描述主要表现在促进校企长期合作的建议与措施方面。首先，要求以制度规范校企合作，以促进校企合作的持续开展。比如建立学校和企业之间长期稳定的组织联系制度等。其次，明确要求找准企业与学校的利益共同点，建立校企合作持续发展机制，具体有联合办学、多元主体合作共赢的集团化办学机制等。校企合作有效度是衡量校企合作效果的维度，即校企合作给各参与主体带来的成果或效益。首先，反映教育目标的实现程度。通过校企合作突出学生实践能力和职业技能的培养，明确将毕业生就业率与就业质量、"双证书"获取率与获取质量、职业素质养成等方面作为评估人才培养水平的重要指标。其次，实现企业的利益需求，即满足其对应用型人才的需求和对技术创新的需求。再者，实现政府追求的公共利益，提高人才的适切性，促进就业和经济社会发展。虽然各利益主体的价值取向不同，但不容置疑的是，培养高质量人才是各方利益诉求的焦点。

（二）评价指标体系

科学的指标体系是准确把握、认识校企合作水平的前提和基础。本书结合吴建新等（2015）[152]基于上述对校企合作四维模型的界定与分析，结合以往校企合作研究成果，建立三层次四维度校企合作评价指标体系，从校企合作广度、深度、持续度、有效度四个维度对校企合作现状进行分析与评价，基于四维分析模型设置校企合作广度、深度、持续度、有效度4个一级指标，13个二级指标，27个三级指标，如表4-29所示。

三、校企合作评价指标内涵

校企合作广度由3个二级指标构成。合作主体广度主要反映校企合作涉及面的宽广程度。一般来说，参与主体的数量越多，表明校企合作涉及面越广；反之，校企合作面越窄。分析模型用专业的合作企业数、企业的合作院校数、专业覆盖率综合反映合作主体广度。合作内容宽度主要反映校企之间合作内容的多少。校企合作育人的内容含专业建设、课程建设、师资建设、实习教学、能力评价、招生就业、研究开发7项内容。分析模型就用合作内容的项数来反映合作内容宽度，合作的项数越多，说明校企合作内容越广。合作受众参与度主要是指校企合作中师生的参与程度，一方面用在合作企业参加顶岗实习的学生比例来表示学生参与度，另一方面用一线挂职连续三个月以上的专业教师比例来反映教师参与度。这两项比例越大，说明校企合作的受众面越宽，校企合作开展得越广泛。

表4-29　校企合作四维评价指标体系

校企合作四维评价		
一级指标	二级指标	三级指标
校企合作广度	合作主体广度	专业的合作企业数
		企业的合作院校数
		专业覆盖率
	合作内容宽度	合作内容的项数
	合作受众参与度	在合作企业参加顶岗实习学生比例
		一线挂职连续三个月以上的专业教师比例
校企合作深度	企业投入资源	企业投入资源种类
		企业投入资源数量
		企业投入方式
	契约性合作	契约性合作比例
	企业主导性	企业主导程度
校企合作持续度	校企合作持续时间	平均持续时间
		最长持续时间
	校企合作频度	项目合作频率
	校企合作的稳定性	稳定合作企业比例
	校企合作机制	校企合作管理与服务机构
		校企合作法规与制度
		校企合作机制运行效果

续表

校企合作四维评价		
一级指标	二级指标	三级指标
校企合作有效度	校企合作满意度	学校满意度
		企业满意度
		政府满意度
	校企合作成果	具体成果数
		毕业生就业率
		毕业生"双证书"获取率
	校企合作收益	学校综合收益
		企业综合收益
		政府综合收益

校企合作深度由3个二级指标构成。企业投入资源反映企业投入资源的种类、数量和投入方式。先看投入资源的种类。从我国校企合作发展的历程看，企业参与合作育人，由浅入深，可以提供人力和信息、物质与资金、文化与战略等三个不同层次的资源。这三种资源的投入，企业合作成本渐次提高，本书据此将校企合作分为浅层、中层、深层三个不同的层次。另外，企业投入规模越大，表明双方合作越深，合作阶段越高级；反之，双方仍处于合作的初级阶段。投入方式一般有捐赠、共管共建和投资入股三种方式。在这三种投入方式中，企业对资产权利逐渐增加，企业合作程度也进一步加深。捐赠是企业无偿转让资产的所有权和使用权，不再行使任何资产权利，这种合作属浅层合作；共建共管一般是企业仍然拥有资产使用权和经营权，但不享有分配权，属于中层合作；投资入股在共建共管的基础上，还增加了以资产份额享有分配的权力，此乃合作的高级形式。因此，本模型用企业投资种类、投资数量、投入方式来衡量企业投入资源。契约性合作比例指建立在书面契约基础上的校企合作，该指标主要反映校企合作的法律规范性。在契约的规范和约束下，合作双方具有确定的责任、义务和权利。相对于非契约性合

作，契约性合作是一种高级形式。因此，用契约性合作比例来衡量契约性合作的普及程度。企业的主导性指合作时企业主导作用的强弱。企业主导作用越强，说明校企合作程度越深，合作形式越高级；反之，合作处于初级阶段。分析模型针对校企合作的7项内容，就企业主导作用发挥的程度，分为三种表现形式，即学校主导、校企共建、企业主导。企业主导的合作是高级阶段的深层合作。

校企合作持续度含4个二级指标。校企合作持续时间下设两个指标：其一，平均持续时间，用所有合作单位合作时间的平均量来表示，主要反映持续时间的普遍现象；其二，最长持续时间，用与学校或专业合作最稳定、最长久的企业的合作时间表示，这是一个典型数据，主要反映长期校企合作的典型时间状态。校企合作频度是一个稳定性的指标，用项目合作频率反映合作期间，双方各项目相互合作的次数。次数越多，合作频度越大，合作越稳定、越深入。校企合作的稳定性也是用来反映校企合作稳定程度的，接纳学生实习是最重要的校企合作项目。分析模型认为企业每年都能接收合作院校一定规模的学生参加顶岗实习是稳定合作的重要指征，因此用能每年为学生安排顶岗实习岗位的企业数来表示校企合作的稳定性。校企合作机制是一个影响校企合作持续稳定开展的重要因素，因此也将其纳入持续度范畴考虑。下设3个三级指标，从校企合作管理机构、法规与制度、运行效果三个方面考察分析其完善性。校企合作机制越完善，越能促进校企合作的持续开展。

校企合作有效度含3个二级指标。校企合作满意度主要反映各合作主体对校企合作的满意程度，因此，用学校满意度、企业满意度、政府满意度分别反映不同主体的满意度情况。校企合作成果主要用校企合作期间双方合作取得的具体成果数量、毕业生就业率、"双证书"获取率三个指标来衡量。校企合作收益根据校企合作各主体的利益诉求不同，用学校综合收益、企业综合收益、政府综合收益衡量。

本章小结

　　本章主要通过案例分析的形式汇报了我国高校经管类专业校企合作评价体系研究，通过选择应用型地方本科院校山东交通学院电子商务专业跨境电商方向的校企合作为研究对象，对高校在实施人才培养过程中采用的创新性方式方法、学生专业兴趣的培养、专业关心度的情况进行了调查分析。结果发现学生性别差异在教育创新性认知、专业兴趣度与专业关心度均未呈现显著性差异；年级差异在教育创新性、专业兴趣度呈现显著性差异，二年级与三年级、二年级与四年级学生群体在教育创新性认知呈现显著性差异，而二年级与三年级学生群体在专业兴趣度呈现显著性差异；年级差异在专业关心度未呈现显著性差异；教育创新性认知对专业兴趣度、专业兴趣度对专业关心度产生直接正向影响，教育创新性认知对专业关心度产生直接正向影响。建议在人才培养方案的制订过程中将各类课程与实践环节穿插进行，让学生学习起来更有兴趣，从而对专业产生更高的关注度与认可度；为学生多提供高质量的社会实践、企业实践机会，多采用现代技术手段，通过社会全媒体摄取更多的优质教学资源丰富专业课程教学内容，既要重视"实践—理论—再实践"的良性循环，又要体现教育的创新性，进而提高学生对所学专业的兴趣度和关心度。

　　本章围绕校企合作长效机制与政校企合作的视角展开研究，旨在阐明现阶段校企合作长效机制的影响因素，为校企合作模式创新参与者身份的确定做出新尝试。国内关于校企合作的研究主要集中在以下三方面：一是结合校企合作的实践模式开展研究，构建符合职业教育特点的校企合作人才培养模式；二是借鉴国际校企合作的人才培养经验，对我国目前存在的问题提出应对策略，并进一步探索我国校企合作机制的完善路径；三是关注宏观政策建制，试图通过对政府角色和作用分析建构校企合作的政策方向和决策指导。其中，关于校企合作长效机制研究方面主要有长效机制维度研究、长效机制内容研究与长效机制构建路径研究三部分。校企合作长效机制构建维度研究方面，伴随着高等教育校企合作的深入开展，校企合作长效机制的构建维度呈现多样化趋势。长效机制内容研究主要存在运行机制、保障机制和监督机制等方面。长效机制构建路径研究是推动校企合作深入发展的关键步骤，也是解决校企合作"两张皮"现象的重中之重。

本章结合学者对校企合作长效机制评价指标及影响因素的研究基础，从政校企合作视角制作调查问卷并进行实地调研，经过分析论证发现高校因素、企业因素、政府因素均对校企合作长效机制建立产生有效影响。其中，影响校企合作长效机制最主要的是高校因素，其次是政府因素，然后是企业因素。一是高校需顺应"互联网+"时代潮流，结合跨界融合等时代特点，通过融合与使用社会资源，与相关组织共同培养高复合型专业人才。二是新时代校企合作应跨越产教融合的二维视角，吸收所有有利于高复合型专业人才培养的积极元素共同参与到人才培养的环节与步骤中。比如，政府因素在政策支持上、法律法规支持上以及交流沟通平台建设上对校企合作长效机制的建立作用明显。三是高校因素对校企合作长效机制的影响效果更大。高校的管理质量和水准依然是校企合作成功与否的关键，主要包括高校的人力资源、高校的发展目标与企业战略目标的契合度、高校人才培养质量、高校承担科学研究与社会服务的师资水平、二级管理制度的落实以及高校文化与校企合作企业文化的兼容性等。研究结果表明，高校因素、企业因素、政府因素对校企合作长效机制的解释度仅为31.3%，说明除此之外，还有其他影响校企合作长效机制的重要因素有待于进一步挖掘。

据此，本章继续对经管类专业校企合作理念与评价指标体系构建做出努力。本书认为人才培养应服务于社会发展，注重提升国际化办学水准，以企业为中心建立产教融合体系是市场经济下的必然要求是提升校企合作效果应秉承的合作理念。在此基础上本章构建三层次四维度的校企合作评价指标体系,从校企合作广度、深度、持续度、有效度四个维度对校企合作现状进行分析与评价,基于四维分析模型进一步设置校企合作广度、深度、持续度、有效度4个一级指标,13个二级指标,27个三级指标。

第五章
"政产学研金服用"创新创业共同体构建与评价

    现实的世界正处于一个在竞争中谋求发展的时代。远到不同地区间的战争硝烟，近到新冠肺炎疫情给世界经济带来的冲击，现实的人类实践告诉我们，人类不合作，则世界无发展。2012年11月，党的十八大明确提出要倡导"人类命运共同体"意识。习近平就任总书记后首次会见外国人士就表示，国际社会日益成为一个你中有我、我中有你的"命运共同体"，面对世界经济的复杂形势和全球性问题，任何国家都不可能独善其身。"命运共同体"是中国政府反复强调的关于人类社会的新理念。2011年《中国的和平发展》白皮书提出，要以"命运共同体"的新视角，寻求人类共同利益和共同价值的新内涵。人类命运共同体体现人类只有一个地球，各国共处一个世界的共同进步、共同繁荣的发展理念，是对历史发展的正确解读，是对人类未来发展趋势的伟大判断。

    基于共同发展理念，国家间的竞争关系需从对抗转向战略性合作，对于企业间的竞争关系同样如此。从产业竞争发展轨迹来看，由最初的单纯企业间的整体竞争（木桶原理）到企业优势元素竞争（长板理论），到产业链条间的整体竞争（二八法则），到目前跨界融合竞争（长尾理论），主要经历了几个不同的历史阶段。合作才能共同发展，不合作在当今全球一体化浪潮中难觅发展机会。

第一节 实践视角下新时代我国高校校企合作
未来发展方向

基于共同发展理念,高校的发展、人才培养、科学研究亦是如此。校企合作办学模式在时代发展潮流中不断演进、变化、发展。由校企合作、产学研结合、产教融合,逐步向融合多学科、多领域、多主体的综合体系统发展。

一、"政产学研金服用"创新创业共同体形成背景

"互联网+"时代的到来对创新创业能力要求越来越高。从理论上讲,创新创业是指基于技术创新、产品创新、品牌创新、服务创新、商业模式创新、管理创新、组织创新、市场创新、渠道创新等方面的某一点或几点创新而进行的创业活动。创新是创新创业的特质,创业是创新创业的目标。2020年7月,教育部办公厅、工业和信息化部办公厅印发的《现代产业学院建设指南(试行)》指出:引导高校瞄准与地方经济社会发展的结合点,不断优化专业结构,增强办学活力,探索产业链、创新链、教育链有效衔接机制,建立新型信息、人才、技术与物质资源共享机制,完善产教融合协同育人机制,创新企业兼职教师评聘机制,构建高等教育与产业集群联动发展机制,打造一批融人才培养、科学研究、技术创新、企业服务、学生创业等功能于一体的示范性人才培养实体,为应用型高校建设提供可复制、可推广的新模式。将人才培养、教师专业化发展、实训实习实践、学生创新创业、企业服务科技创新功能有机结合,促进产教融合、科教融合,打造集产、学、研、转、创、用于一体,互补、互利、互动、多赢的实体性人才培养创新平台。

2019年3月,《实施意见》指出以习近平新时代中国特色社会主义思想和党的十九大精神为指导,坚持发展是第一要务、人才是第一资源、创新是第一动力,以建设一流科研设施、集聚一流创新人才、产出一流科研成果、形成一流转化机制为目标,以科技体制改革和制度创新为动力,布局建设一批创新创业共同体,促进"政产学研金服用"创新要素有效集聚和优化配置,全面提升科技创新供给能力,为经济高质量发展提供动力源泉。山东省将用5年左右的时间,培育30个以上省级创新创业共同体,同时带动各地建设一批不同主体、不同模式、不同路径、不同方向的创新创业共同体,形成"1+30+N"的创新体系,创新驱动发展成效更加显著。

"政产学研金服用"创新创业共同体是在产学研合作研究基础上,结合"互联网+"的时代特点,经历了产学融合(校企合作)、产学研合作、多主体产学研综合体三大历史阶段形成的适应于新时代中国特色社会主义建设的新型校企合作办学模式。"政产学研金服用"创新创业共同体概念的形成经历了由简到繁的发展过程,是习近平新时代中国特色社会主义思想体系指导下的,促进我国全面建成小康社会过程中以市场为导向进行资源合理配置的必然要求,是符合新时代发展要求的。"互联网+"时代带来创新创业研究范畴与参与主体扩张,学界在传统产学研合作研究基础上,加入利益相关群体元素,构建"政产学研金服用"创新创业共同体,丰富产学研协同创新理论研究与创新创业理论研究。本部分将全面梳理总结学界研究脉络,通过文献研究,阐释"政产学研金服用"创新创业共同体形成的理论依据。

二、"政产学研金服用"创新创业共同体理论文献分析

本章对中国知网收录的中文核心及以上的研究论文进行查找统计,并对相关查找结果进行了关键词分析与知识图谱创建,主要步骤与方法见本书第一章研究方法中的文献分析法,具体采用网络爬虫法收集"政产学研金服用"创新创业共同体相关文献,采用网络生成算法进行文献梳理,通过数据预处理,构建词共现网络,最终完成相关文献知识图谱的绘制。

　　通过对中国知网收录的2010年以来中文核心及以上的研究论文进行统计，搜索关键词"产学研"，发现相关文献共计2002篇。图5-1绘制了2010年以来产学研文献知识图谱，发现产学研与协同、创新、合作等词语关联度较高。

　　本章对中国知网收录的中文核心及以上的研究论文搜索关键词"创新创业"，发现相关文献共计2246篇。图5-2绘制了创新创业文献知识图谱，发现创新创业与教育、高校、大学生等词语关联度较高。用相同方法搜索关键词"政产学研用"，发现相关文献共计35篇。图5-3绘制了政产学研用文献知识图谱，发现政产学研用与协同、创新等词语关联度较高。

　　综上所述，学界对产学研、创新创业等基本概念研究较成熟，对新时代新需求的研究，特别是针对参与主体增多后的复杂问题研究还有待于进一步加强。

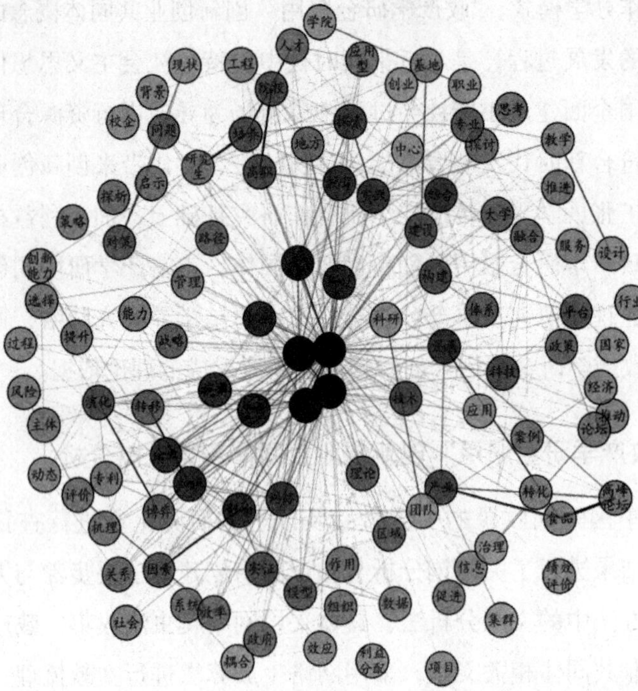

图5-1　产学研文献知识图谱

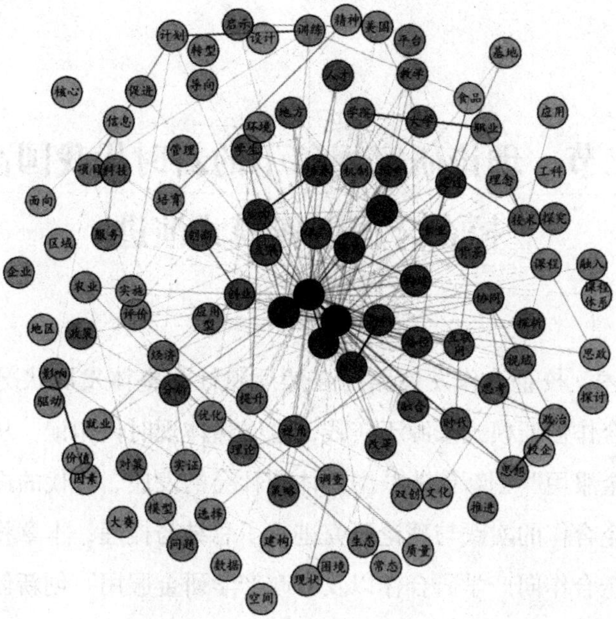

图5-2 创新创业文献知识图谱

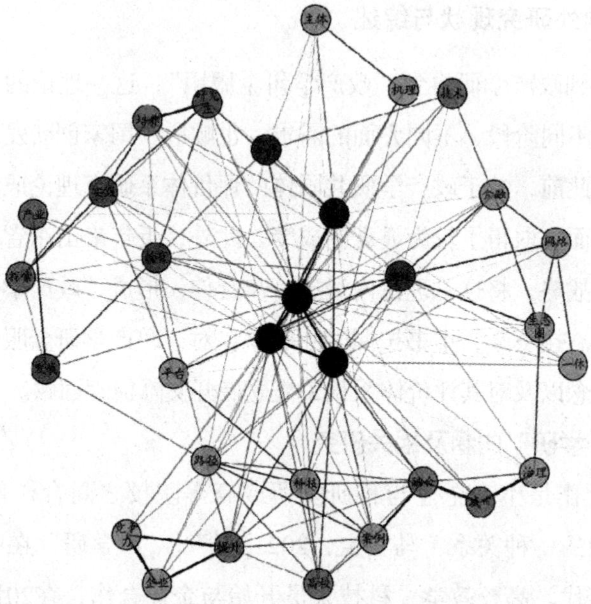

图5-3 政产学研用文献知识图谱

第二节 理论研究视角下的新时代我国高校
校企合作创新模式演进

如前所述，校企合作发展路径必然反映社会整体发展状况，新时代我国高校校企合作创新模式来源于实践，也必然体现时代印记，从校企合作到"政产学研金服用"创新创业共同体体现社会的发展、时代的进步。本书前面章节对校企合作的实践与理论研究进行了总结与梳理，本章将从理论研究的视角对校企合作向产学研合作以及"政产学研金服用"创新创业共同体发展演进的研究情况做出以下整理。

一、国内外研究现状与综述

从产学研到政产学研再到"政产学研金服用"，这一理论的不断拓展顺应了社会发展的不同阶段、不同方面的需求，也顺应了国家创新发展战略的不断调整与完善。此前，关于政产学研共同体的评价体系研究理论成果颇丰，而且在实际运行方面也取得了较为显著的成绩。此外，近年来山东省政府积极顺应国家创新发展战略，将这一理论内涵进一步延伸，形成"政产学研金服用"创新创业共同体。接下来，本书按照时间顺序，对"政产学研金服用"创新创业共同体相关概念以及对其评价体系相关概念展开文献梳理回顾。

（一）"产学研"内涵及相关研究

产学研合作是生产企业与科研院所或高等院校之间合作使得科学技术转化为生产力的一种关系（马玉宝，2021）[153]。"产学研"在中国萌芽于20世纪五六十年代，高校教学、科技人员开始与企业合作；在20世纪70年代末实现了由参与方利益驱动的转型，改革开放时期，企业对于技术的需求更大，企业与科研院所、科技人才的合作能够帮助其解决技术难题，同时科研院所也获得技术收益；20世纪90年代之后，市场和科技的联合驱动力更加重要，产学研合作担负起用高新技术改造传统企业的重任（吴继文，王娟茹，2002）[154]。产学研合作创新源于企业技术需求，发展过程中实现了人才的培养，能够实现生产企业、科技人才和学校的共同发展。产学研合作的类型主要有以下几种：技术转让模式，其运行方式是高校做前期研究，企业做正式投产前的中试与批量生产及市场开发；委托开发模式，其运行方式是企业作为主体，提出需求，提供资金，委托高校或科研机构对其所需的新工艺、新技术和新产品进行研究开发；联合研发模式，其运行方式是市场自发行为或政府引领合作攻关行为，由产学研各方派出人员临时组建研发小组，任务结束后解散；校（所）办企业模式，高校或科研院所通过设立企业，将科技成果直接转化为企业生产力；科研基地模式，其运行方式是企业与高等学校、科研机构各投入一定比例资源共同建立联合研发机构、联合实验室和工程技术中心等科研基地；大学科技园模式，其运行方式是由产学研一方牵头，其他两方配合，吸纳社会高科技企业参与，通过多元化投资，建立科学技术创新与企业孵化的高新科技园；产业技术创新战略联盟，其运行方式是产学研三方或其他相关组织机构共同组建形成技术创新合作组织；产业技术研究院模式，产学研各方通过出资或技术入股组建研发实体，承担技术开发、人才培养、科技服务及产业化等（任媛媛等，2017）[155]（图5-4）。

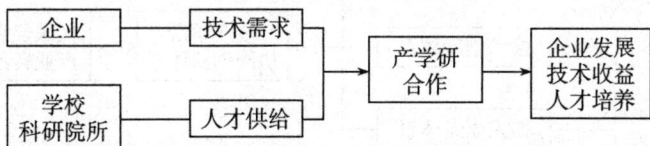

图5-4　产学研合作过程

产学研合作的进阶形式是产学研协同创新。协同创新是复杂的创新组织方式，其关键是形成高校、企业、研究机构的核心要素，以政府、金融机构、中介组织、创新平台、非营利机构等为辅助要素的多元主体协同互动的网络创新模式,其本质是各个创新要素的整合及创新资源在系统内的无障碍流动(孙善林,彭灿,2017)[156]。这里已经提到除产学研核心要素外的辅助要素问题,并指出以协同攻关、共建实体与战略联盟等高水平合作为代表的产学研协同创新比传统的技术转让、技术许可、技术咨询、委托开发等产学研合作层次更高,合作深度更大。产学研协同创新评价指标方面,主要有项目绩效评价体系与知识产权风险评价体系等。前者主要由显性绩效(结果绩效:经济效益、科技效益)、隐性绩效(潜在绩效:人才效益、管理效益、社会效益)与协同绩效(行为绩效:战略协同度、知识协同度、组织协同度)三维度构成;后者由法律环境、经济环境、文化环境、知识属性、组织属性、运行管理六方面构成(周晓芝等,2020)[157]。

产学研合作有利于培养实用型人才;有利于高校学生就业(申帅,2021)[158];有利于加强区域资源流通和资源共享,促进产业发展[159]。

(二)"政产学研"内涵及相关研究

政产学研合作是对产学研合作的深化,最早是由美国哈佛大学教授彼得格洛博士提出(郭咏嘉,2017)[160],是一种政府、企业、高校和科研院所共同参与的合作创新体系,主要目标是优化区域经济结构和实现产业转型升级(图5-5)。其中,政府以出台政策的形式做出宏观调控,引导企业、科研院所和企业开展深度合作(于海宇,2019)[161]。

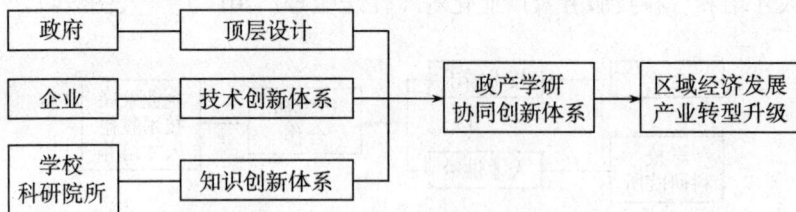

图5-5 "政产学研"合作创新过程

政产学研合作模式源于政府对地方经济发展的宏观调控需求(陈云,2012)[162]。Sandie Holst(2016)细致地研究和分析了政产学研合作下政府的引导作用[163]。方国威(2010)在"政府在产学研结合中应该承担何种职能"的研究中，提出政府处于主导地位并起到引导作用[164]。

政产学研合作创新要求高校与企业的合作更加条理化，高校对接企业人才需求，建设技术型高校，培养应用型人才（韩红艳等，2018）[165]；科研机构借助政产学研平台，与高校、行业骨干企业实现关键生产技术的联合攻关（李清臣，2015）[166]；政产学研合作创新过程也是驱动区域经济创新发展的过程（郭咏嘉，2017）[160]。

（三）"政产学研用"内涵及相关研究

2011年2月，中共中央政治局委员、国务委员刘延东在全国科技工作会议上指出："要进一步深化科技体制改革，完善科技与经济紧密结合的体制机制，探索政产学研用紧密结合的有效途径。"政产学研用结合是在政产学研合作过程中开始融入用户个性化需求，同时紧密结合高等院校和科研机构的资源，以打造服务型制造业为目的的创新模式（蔡三发，缪铮铮，2019）[167]。政产学研用结合是一项系统工程，在政产学研结合的基础上，以企业为主体，加入用户这一要素，即"用"指的是应用和用户（周敏，2013）[168]，"用"代表的目标用户便是市场需求，是合作创新的最终目的，政产学研用合作要坚持以市场为导向（赵娜，2010）[169]，促进科技成果转化和产业升级。杜兰英，陈鑫（2012）研究了政产学研用合作创新机理与模式，并对基于企业个性化发展的推动作用进行了阐述[23]；李储学（2019）在创新发展理念下地方政产学研用合作创新研究中，阐述了地方政产学研用的创新机制，并指出重视用户需求是助力创新体系的[170]。雷明镜等（2020）从专业人才培养的角度构建出政产学研用多元合作"共建、共管、共享"的人才培养机制体系（图5-6），阐述了政产学研用合作在培育应用型人才和"双师型"教师方面的重要作用，并以开放式的产业学院作为多元协同的创新实训基地[171]。该模式的特色与内涵主要有以下几点。第一，行业高度参与政策制定和决策，根据国家经济发展趋势，各新旧行业发展方向和对新的知识技能要求，确定产业和行业发展重点，为国家制定工程实践教育与培训指导政策，直接向政府和教育部门提供工程实践教育发展和扶持政策的参考意见和建议。第二，依据标准培养人才。"政府+企业+行业+学校"进行人才培养质量评估主要有四个标准：一是该专业培养人才是否迎合当前市场的岗位需求；二是该专业是否受到学生欢迎；三是开设该专业的学校是否具备相应的师资力量及软硬件条件；四是该专业是否符合个人职业规划，是否有利于社会人才结构优化和经济长远发展。第三，争取地方政府政策引导企业共同承担人才培养的责任，对参与人才培养的企业给予政策激励，争取各种社会资源，吸引多方力量参与新工科新文科建设，构建优势互补、项目共建、成果共享、利益共赢的人才培养共同体。

从最初的"产学研"，拓展到"政产学研用"，突破产业界与研究界联合范畴，将"用"（市场）与"政"（政府）纳入合作创新体系中，强调的是通过市场"无形的手"与政府"有形的手"相结合，促进创新能力的提升，"有形的手"与"无形的手"相结合理念与韩国高等教育人才培养创新驱动模式相一致（孙龙等，2020）[110]，同时也是"互联网+"时代追求个性化发展为特征的"顾客中心"理念与社会主义经济建设理论"市场在资源配置中起决定性作用与更好发挥政府作用"重要论断的切实体现。因此，"政产学研用"的有效结合不仅是促使高校与科研院所发展的助推器，更是促进科技与经济社会发展相结合，加快提升自主创新能力的引擎（丁云龙，孙冬柏，2012）[16]。

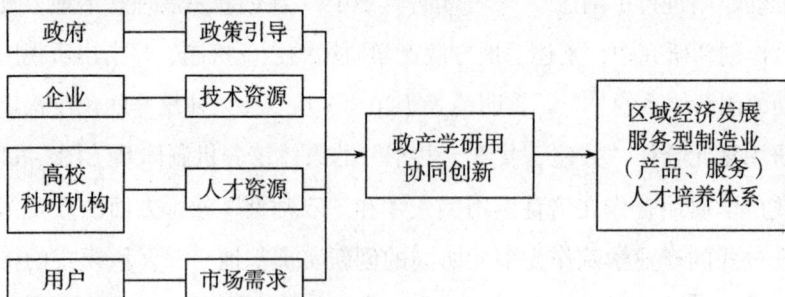

图5-6　政产学研用合作创新过程

（四）"政产学研金服用"内涵及相关研究

"政产学研金服用"指的是实现创新驱动发展的七要素结合，包括政府、企业、人才、科研机构、金融配套、中介服务和用户（图5-7）；"政产学研金服用"的结合是为了实现创新要素的有效聚集和优化配置[65]。

《实施意见》对"政产学研金服用"创新创业共同体的具体阐述如下：共同体应该兼顾七要素主体各自的属性，又能协调要素之间的功能，以创新创业共同体为载体，打造全社会共同参与的创新驱动发展战略实施局面。第一，打造政府主导的良好的"政产学研金服用"创新创业生态系统。第二，企业更加注重科技研发，同时，企业创新主体地位更加突出，积极倡导工业企业开展研发活动。第三，激发各类人才的创新活力，着重发展国家一流学科。第四，完善社会科研体系，建设创新平台和新型研发机构。第五，提高金融配套水平，建设多元创新资金投入机制。第六，提高中介服务效率，努力实现科技服务的专业化、产业化、品牌化发展。第七，提高成果转化效益，完善技术创新的市场导向机制。

王萍萍（2019）在"政产学研金服用"创新共同体合作创新机制研究中指出当前金融机构资金供给和资金服务方面存在的问题制约科技创新，资金链完整是突破点[172]。科技中介服务是连接科研技术供求双方的关键，更好

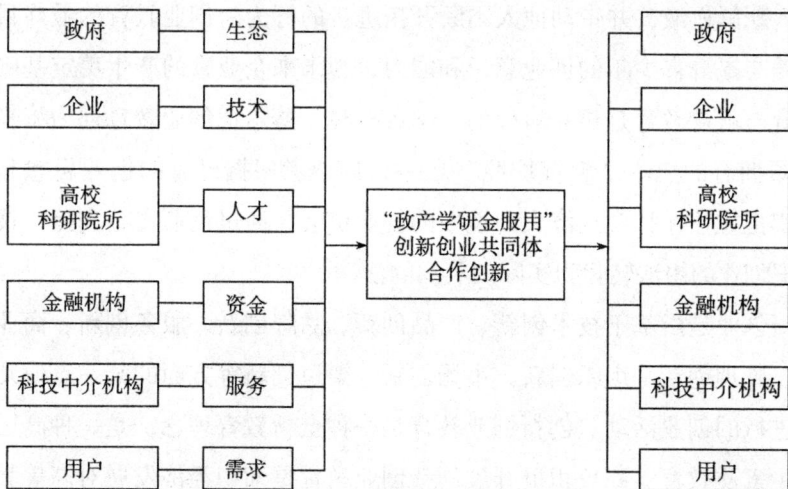

图5-7　"政产学研金服用"创新创业共同体合作创新过程

地健全科技中介服务才能促进科技创新成果转化[173]。

（五）创新创业共同体的内涵相关文献综述

创新创业是基于创新基础上的创业活动。创新要求开拓和原创，而创业要求通过实际行动来获取利益。

"创新"最开始是在经济领域中使用。经济学家约瑟夫·熊彼得最先提出创新这一词汇的含义，他认为创新是把"新的关系"带入已有的生产链接中。《现代汉语词典》中"创新"是"摈弃旧的，创造新的"，和"创造性，新意"等含义相近。创新是在前人已有成果基础上开创新鲜的、从未出现过的事物，如新思想、新技术、新产品等行为与活动。创新教育是新兴的教育模式。和以往传统的教育思想不同，创新教育主要是培养、支持学生的创新意识，重点在于激发与培养学生的创新意识以及创新潜力等综合素质。

《辞海》中对"创业"的解释是"创业，创立基业"。人类的创业活动是具有开拓、创新精神的，同时能为社会发展带来积极影响。蒂蒙斯在其《创业学》中提出创业活动涵盖不同形式的、不同时期的企业，创业能够为已有的价值带来再一次的发展和提升。《现代汉语词典》对"创业"的阐述是"创办事业"，主要是在社会、经济以及文化领域内的行为创新，是创业主体为行业注入新鲜血液，并带动他人不断开拓进步的行为。创业教育的最终目的就是培养与提升青少年的创业意识和能力，为未来企业家的产生奠定基础，创业教育与就业教育是相互对应的。学者柯林·博尔把创业教育列为将来人才所必须拥有的三本"教育护照"之一，创业者根据已有的创业思想和能力，切实把握住在社会经济大环境中的创业机会，通过创业资金支持、技术支持，把创业的想法转化为实际的利润的活动。

创新创业是指基于技术创新、产品创新、品牌创新、服务创新、商业模式创新、管理创新、组织创新、市场创新、渠道创新等方面的某一点或几点创新而进行的创业活动。创新创业教育是一种全新教育理念，是一种高层次的大学生素质教育。高校积极开展创新创业教育是知识经济发展对高等教育提出的新要求，对高校本科院校人才培养质量的提升具有积极的推动作用。

我国高校经管类专业迎合《国务院办公厅关于发展众创空间推进大众创新创业的指导意见》提出的发展目标：到2020年，形成一批有效满足大众创新创业需求、具有较强专业化服务能力的众创空间等新型创业服务平台；培育一批天使投资人和创业投资机构，投融资渠道更加畅通；孵化培育一大批创新型小微企业，并从中成长出能够引领未来经济发展的骨干企业，形成新的产业业态和经济增长点；创业群体高度活跃，以创业促进就业，提供更多高质量就业岗位；创新创业政策体系更加健全，服务体系更加完善，全社会创新创业文化氛围更加浓厚。

国外在创业教育过程当中，使用比较多的词汇有venture（冒险）、enterprise（事业心、进取心）、entrepreneurial（创业精神）、small business（小企业）等。他们并没有将创业教育（entrepreneurship education）和创新（innovation）相互联系起来，并不是因为他们不重视创新，其实国外早就通过创新和科技研发获得了丰厚的社会和经济回报，同时他们已经有高校开设了创业与创新（entrepreneurship and innovation）硕士专业（麻省理工学院），即他们已经认识到创新是创业中必不可少的内容，创新已经被融入创业之中，因此在概念上没有使用创新创业教育。我国在创业中的科技创新力量还不足，因此将创新与创业教育相融合，基于我国的国情提出了创新创业教育的概念。曹胜利认为真正意义上的创新创业教育着眼于为未来几代人设定创新与创业的遗传代码；向晓书认为创新创业教育是一种区别于传统教学方式，着重培养学生的创业意识、创业能力、创业素质和创新思维的教育实践活动，是素质教育的深入与发展。

创新创业教育是将创业教育、创新教育以及专业教育有机结合，通过开发新的教学模式，注重学生实践活动的质量，使学生认清自我和人生，形成良好的自我意识，增进学生创新精神和事业心，同时不断挖掘学生的相关潜力，达成学生的创新创业行为。通过创新创业教育，为社会和经济的发展提供高水平的人力资源以应对知识经济和全球一体化的挑战，提升高等教育的质量及多元取向，促进学生最大化的发展。

创新创业教育作为一门交叉学科，涉及社会学、哲学、心理学、法学以及成功学等学科，需要创新、创业以及相关内容的知识和理论。创新创业教育需要多学科背景的相关人员形成合作团队或机构。

1. 国外研究综述

在发达国家中，美国创业教育是最活跃和发展最好的，并取得显著成效。目前创业教育在世界其他许多国家的政府和高校已广泛开展（张文强，2013）[174]。西方国家创新创业教育主要形成四种模式：一是创业教育课程研究和开发，设置创新创业课程，成立独立创业教育院系（魏小琳，2011）[175]；二是创业教育教学方法改革；三是创业培训和就业立法研究；四是强调实践，以能力培养为导向，注重创业实践活动开展，创业计划竞赛已成为一种成熟的创业教育手段（Lee等，2013）[176]。英国开展政府-民间组织-高校-大学生"四位一体"创业行动；法国政府出资，鼓励创新；日本重视产学联合，实施技术转移。韩国高等教育伴随着韩国经济高速发展处于亚洲领先地位。"二战"以来，韩国教育主要效仿美国高等教育系统，"二战"后接收美国派遣学者访问韩国，在高校课程设置、整体制度设计方面提供咨询，韩国高等教育遵循着多元化发展的模式，在教育大众化与教育实践方面取得显著成效。韩国的创新创业教育真正始于1997年亚洲金融危机。当时韩国众多企业破产，就业形势严峻，许多韩国学生不堪就业压力，负面情绪不断。为缓解低迷的就业形势，韩国政府采取积极的应对政策，提出"创新创业"政策，鼓励大学生参与到创业就业大潮中来（朱春楠，2012）[177]。为加强创业教育发展力度，韩国于1972年8月成立教育开发院，负责韩国高校职业指导与创业教育整体规划与措施研究，并制定《职业培训法》《职业培训特别措施法》《创业教育培训基本法》《高等教育就业创业课程设置基本规范》，使职业培训和创业教育系统化、法制化；2013年，韩国政府启动"创业精神校园培养计划"，建议高等学校在学生所学习专业领域之内提供创业课程与讲座（Park，Ahn，2016）[178]。政府加大资金投入和政策支持，在1998年就投入了80亿韩元，为大学生创业者提供启动资金、技术支持和办公设施。韩国通信情报部在25所大学设立了创业支援中心，在每个中心投入了2亿至3亿韩元的电脑设备，还有5000万韩元的启动资金。截至2000年年底，这些资金共支持了464个风险企业。韩国政府还注重对大学生进行创业教育，督促学生建立自己的组织。在政府的促进下，大学生建立了创业组织"全国大学生创业同友会"，并且在韩国的每一所大学都成立了分会，组织大家学习创业知识，帮助会员筹集资金，进行经验交流，提供技术支持。短短几年间，韩国大学生创业取得了很好的成绩。目前韩国高校教育已形成五所"创业研究生院"为核心的辐射韩国的创业教育体系（朴钟鹤，2013）[179]。

韩国高校在人才培养方面以社会发展为导向，贯彻"教育先行"理念，在教育模式上以提高学生专业知识和专业技能为根本目的，以"学分制"为制度基础，将"推式教育"与"拉式教育"相结合，强调三个课堂实践环节；将"有形的手"与"无形的手"相结合，调整学生高校学习期间动力和压力关系，以达到控制学生校内外学习实践效果的目的。在教育实践层面，韩国高校充分发挥政、校、行、企四方联动效应和产、学、研、教"四位一体"互动型合作教育机制，致力于开发和利用国际化教育资源，以国外优秀教育资源进行多元化合作项目开发和实施，为人才培养创造多层面，多角度立体式平台（Lee，Hwang，2015）[180]。

2. 国内研究综述

相较国外提出"创业"教育的概念，我国则将"创新"的理念融入创业教育中，提出了"创新创业教育"的概念。这一概念在《教育部关于大力推进高等学校创新创业教育和大学生自主创业工作的意见》中得以强化。严格来讲，创新和创业是两个具有不同内涵的概念。创新创业教育的主体还是创业教育，创新是创业教育的本质属性之一。创业为"表"，创新为"里"（张彦，2010）[181]。作为高校教育变革的载体，创新创业教育在形式上还是指创业教育，在创业教育中要贯彻创新精神和创新能力的培养。关于创新教育的内涵，尽管众说纷纭，但总的来说，是以创新意识、创新精神、创新思维和创新能力为主要培养内容的教育活动，这里不再赘述。1989年11月，"面向21世纪教育国际研讨会"在北京召开，首次提出并讨论创业教育的概念，创业教育被视为未来的人应掌握的"第三本教育护照"（大学生创业网，2007）[182]。自此之后，创业教育便逐渐进入教育实践者的视线，开启了我国创业教育研究与创业教育实践的大门。陈敬朴（1992）提出创业教育的概念，强调创业教育应该培养学生具有思维、规划、合作、交流、组织、解决问题、跟踪和评估等能力，这些能力对应为"事业心和开拓技能"，学生应该在创业教育中受到"恰当的训练"[183]。罗志敏（2011）总结了学术界对创业教育的界定，认为创业教育一般具有广义和狭义两个方面的理解：从广义的角度，创业教育就是培养具有开创性的个人的教育；从狭义的角度，创业教育是与就业培训结合在一起的，为受教育者提供急需的技能、技巧和资源的教育，使他们能够自食其力。另外，部分学者把创业教育理解成职业教育，他们认为创业教育是指对受教育者进行职业培训以满足自谋职业或创业致富需要的教育活动。高校创业教育的本质是培养具有开拓性素质的人才，具体指在高校中实施的、旨在培养大学生现在或未来开拓事业所需素质的一种教育活动[184]。从高校培养人才的角度出发，创业教育是指培养适应当下和未来经济社会需要的具有创新精神、创造意识、创业知识和创业能力的高素质专业人才的教育活动。创业教育是高校，尤其是高等职业技术院校人才培养的重要组成部分，它与专业知识和职业能力培养融合在一起，体现在课程体系和人才培养计划中，体现在与社会实践紧密结合的实践教学中。

国内学者对高校创新创业教育理念、内外环境、运行机制等方面进行研究，形成几种典型观点。一是高校应注重创新创业教育内涵。创新创业教育开展不能仅局限于为就业服务，而要通过创新创业教育培养具有创新、创业精神的高素质人才。二是认为高校创新创业教育是一项复杂的系统工程。高校应该树立创新教育新理念、建构综合化课程体系、实施多样化人才培养途径、打造一流师资队伍、加强信息技术在教学中应用，这些系统性工作是创新创业教育的成功条件（刘影，赵志军，2006）[185]。从教育实践角度来说，我国政府近年来实施了多项举措促进大学创新创业教育的实施。1996年教育部颁布"关于深化教育改革全面推进素质教育的决定"明确提出：高等学校要重视培养大学生的创新能力、实践能力和创新精神。2002年教育部确定清华大学、中国人民大学等9所大学率先进行创新创业教育的试点。2008年教育部通过了质量工程项目建设的30个创新创业教育人才培养模式试验区。以教育部2010年下发的《关于大力推进高等学校创新创业教育和大学生自主创业工作的意见》和教育部2012年印发的《普通本科学校创业教育教学基本要求（试行）》为标志，我国大学创新创业教育开始进入新的发展阶段。从1998年清华大学举办第一次大学生创业计划大赛到现在，创新创业教育得到了巨大的发展。当前我国创新创业教育主要形成三种模式：一是提倡将第一课堂和第二课堂结合起来开展创新创业教育，强调创新创业教育意识培养和知识构建，以完善学生综合能力，以中国人民大学为代表；二是提倡创新创业知识和技能培养与实践教育模式，以北京航空航天大学为例；三是强调系统和实战性，在专注培养大学生创新精神和创业能力的同时，为学生提供创业所需资金和必要技术咨询服务，以清华大学和上海交通大学为代表。我国大学生创新创业教育已初具规模，但依然存在创新创业教育形式单一、规模不足、培养机制不完善、创新创业教育体系不完善、没有上升到理论学科高度及实现路径方式方法不完善等问题（胡桃，沈莉，2013）[186]。

"共同体（community）"概念由洛克提出。卢梭在《社会契约论》中将其描述为在相同方向的利益追求及伦理分析的概念，"community"被译为"社群"（蒋婷，2020）[187]，参与者具有共同利益诉求和伦理取向（王璐璐，2014）[188]。马克斯·韦伯（2005）强调了共同体人与人互动的重要性[189]；齐格蒙特·鲍曼（2003）认为作为共同体概念来源之一的道德共同体是以"长期的承诺、不可剥夺的权利、不可侵犯的义务"为条件的[190]。

"共同体"内涵近些年发生分化。蒋婷（2020）认为共同目标、身份认同和归属感是其基本特征，"功能性"在共同体的构建、发展过程中更加重要；共同体成员拥有相似的价值目标，是依据一定的规范形成一个共同目标后一起努力并且获得回报的团体[187]。

综上，本部分认为创新创业共同体是多主体共同参与，以促进共同发展为目标的社会团体。其特征是具有明确的创新思维，并且能用创新思维来指导创业行为。各主体通过深度合作、广度合作来实现持续的合作，并最终实现共享资源、共同努力、共享收益。

（六）文献评述

文献综述部分按照发展顺序对产学研、政产学研、政产学研用以及"政产学研金服用"的发展演变过程进行了总结梳理。产学研发展至今是一个不断深化合作的过程，合作的范围越来越广，合作的内容也越来越多。同时，创新创业意味着思维和行动上的双创新。已有研究大都是以个体行为来进行阐释，而近年来随着创新创业共同体的分化，发现在以往的研究中，已有的成果表明"政产学研金服用"创新创业共同体的评价体系是一项更加丰富、更加复杂的系统。有关产学研协同创新的研究已经形成较完善的协同创新机制、模式与评价体系，企业、科研院所和高校作为核心要素是评价体系中的主体，贯穿投入、生产与产出三环节的绩效评价体系能够满足产学研协同创新的绩效评价。

上述的理论研究成果进一步丰富创新创业共同体的内涵，并要求进一步对"政产学研金服用"创新创业共同体丰富评价维度、细化评价指标，进而构建"政产学研金服用"创新创业共同体的评价指标体系。

二、"政产学研金服用"创新创业共同体形成理念

"政产学研金服用"创新创业共同体是产教融合理论发展到高级阶段的产物。产教融合的最初形态是校企合作。

（一）校企合作

校企合作主要涉及企业与学校间的双向关系，通过双方合作共赢，满足各自需求，各取所需。校企合作的成效取决于双方的需求与供给是否一致，合作过程中易呈现零和博弈局面。校企合作过程中企业的需求点主要在于通

过培养专业人才达到满足其未来岗位需求的目的，或是通过共享学校教师资源满足企业部分科研项目与科研攻关任务。学校的需求点主要在于通过企业介入专业人才培养过程，提升专业人才培养质量，更好地实现服务社会经济发展的人才供给，提升就业率与就业质量，或是通过输送教师入企挂职锻炼、培训以及其他合作形式提升教师实践能力与经验，为培养"双师型"教师队伍，更好地服务教学、科研、服务社会提供良好平台。综合来说，校企协同育人是校企合作的核心问题。校企合作主要围绕企业如何为学校服务、如何为学生提供教育资源，学校如何满足企业需求、如何输出人才资源等实质内容开展具体合作形式与内容的设计。

（二）产教融合

产教融合注重产业转型升级与教育内涵发展互为因果的双螺旋模式，注重构筑利益共同体与发展共同体。产教融合是经济社会发展到一定阶段的产物，围绕产业发展这个核心问题吸引教育组织机构参与产业进步的过程。虽然形式上也有校企合作模式的痕迹，但合作内容上主要考虑教育如何服务产业发展进阶。深化产教融合的主要目标是，逐步提高行业企业参与办学程度，健全多元化办学体制，全面推行校企协同育人，形成教育和产业统筹融合、良性互动的发展格局，完善需求导向的人才培养模式，人才教育供给与产业需求重大结构性矛盾基本解决，职业教育、高等教育对经济发展和产业升级的贡献显著增强。

产教融合是一项系统性综合工程，立足多方合作，将教育主管部门、产业主管部门、市场企业主体、教育教学主体、科研院校等主体进行充分融合，通过资源优化配置，推动产教融合从双方合作到三方合作再到多方合作乃至融合（叶云霞，2021）[191]。产教融合的发展依托于产业、教学、科研等多方主体，依靠资金、人力、场所、设备等多种资源，依据国家产业发展、教育改革、技术创新等政策导向；其核心在于教育链、人才链、产业链与创新链。其中，教育与人才是供给侧，代表人的元素；产业是需求侧，代表市场元素；创新是技术端，代表科研元素。

(三)"政产学研金服用"创新创业共同体

伴随着经济社会发展与互联网时代的到来,引领新科技革命到来的智能化发展为产业经济发展带来新机遇,也提升了产业发展的门槛。诸如新科技企业等在智能化时代如雨后春笋般出现,伴随着产业发展迈向成熟期阶段,水平一体化模式逐渐代替垂直一体化模式,社会分工的精细化发展与服务外包的广泛流行,产业竞争逐渐由单个企业间的竞争演变成供应链条间的竞争,作为各国的支柱产业一方面是国家实力的展现,另一方面也成为各种资源争相进入的领域。于是产业发展进入跨界融合期,强强联合逐渐向多元化与精细化合作过渡。进入互联网时代,产业发展对核心技术与研究能力的要求已经不局限于单纯的产业界与教育研究界的融合,而逐渐裂变为对研究能力与核心技术开发能力的多主体、多元化的综合能力体现,亦即现阶段推动产业发展的核心技术升级与研究能力不能仅依靠科研机构与高校来支撑,需要加入政府、金融机构、服务机构、用户等利益相关者,形成打通市场供给与需求端融合的,能够辅助产业核心技术研发的人、钱、物相结合的创新创业共同体。

第三节 "政产学研金服用"创新创业共同体构建
与评价体系

一、"政产学研金服用"创新创业共同体构建与参与者角色划分

综合文献综述,创新创业共同体是以创业或取得其他发展为目的(郭咏嘉,2017)[160],政府、企业和高校等多主体共同参与并获得其动机满足的社会性团体(周敏,2013)[168]。根据《实施意见》,本书认为"政产学研金

服用"创新创业共同体的参与主体为政府、企业、学校与科研院所、金融机构、科技服务机构、市场用户，各参与主体间通过彼此协同实现创新发展，目的是充分利用各方资源实现经济社会发展、产业升级、人才培养、服务升级和用户满意的协同发展。

"政产学研金服用"创新创业共同体的组织架构如图5-8所示。具体地说，第一，"政"，即政府主导定政策创环境，政府推动科技创新的协调联动机制更加完善，精简高效的政务生态基本形成，主要在政策与法律法规方面进行制度与政策的制定，具体表现为出台各种减税降费的优惠政策，提供适当的创新补贴，建设相应的配套设施条件，营造良好的营商环境。第二，"产"，即企业主体强创新，企业创新主体地位更加突出，主要为共同体提供技术支持，具体表现为高新技术产业产值占比增加，有研发活动的规模以上工业企业占比增加。第三，"学"，即各类人才激活力，主要指高等院校在人才培养与输送以及科技成果转化等方面发挥重要的培育作用，具体指国家一流学科或进入全国学科评估A等级的学科数量增加，高质量人才就业数量增加。第四，"研"，即科技研发出成果，主要指科研院所在科技攻关方面为共同体提供智力支持，具体表现为全社会研发投入持续增长，国家级重大创新平台数量实现倍增，培育新型研发机构，等等。第五，"金"，即金融配套强保障，主要指金融机构发挥好直接资金支持作用，具体表现为多层次、多渠道、多元化的创新投入机制的建立与非金融企业直接融资占比增加。第六，"服"，即科技中介服务提效率，主要指科技中介服务机构发挥好各自的服务能力，提升服务专业化水准，具体表现为科技服务实现专业化、产业化、品牌化发展，提升科技服务业增加值。第七，"用"，即用户成果转化增效益，主要指市场用户发挥市场导向作用，引导市场交易与成果转化，为共同体发展提供源源不断的市场需求资源，具体表现为完善技术创新的市场导向机制，增加科技进步贡献率。

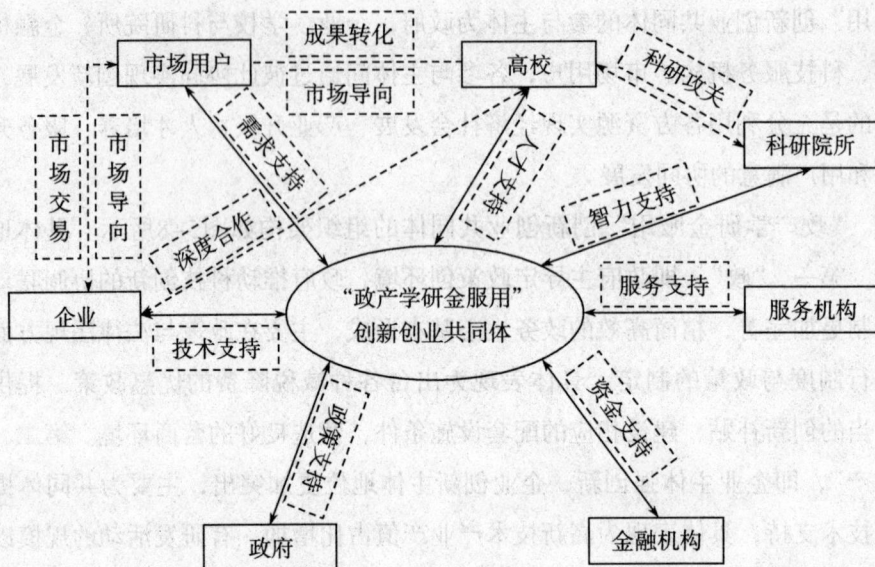

图5-8 "政产学研金服用"创新创业共同体组织架构图

"互联网+"时代创新对于所有行业都是持续发展的原动力,跨界融合是其基本特征之一,这从客观上要求新时代我国应用型本科院校经管类专业校企合作固有模式也将要被打破,需要更适应生产力发展、更适应社会需求的创新模式逐渐取代传统模式,因此,"政产学研金服用"创新创业共同体生态圈的打造是很好的尝试。

打造"政产学研金服用"共同体生态圈,首先要解决不同参与主体在共同体中的定位问题,本书对此问题做出如下设计。政府处于组织层,主要功能是提出规划方案与政策引导,组织协调"产、学、研、金、服、用"的合作创新实践;企业、高校及科研机构处于主体层,其主要功能是联合进行技术与产品创新;金融机构与科技中介服务机构处于支撑层,主要功能是为主体层提供资金与服务支持,为产学研合作实现知识的快速转移,促进科技成果的转化与推广,消除合作创新各参与者因信息不对称、资金匮乏和技术开发等因素而引起的诸多合作障碍;用户是共同体的起点,也是终点,是共同体合作创新成果的接收者和使用者,可以是组织,也可以是个人。

新时代我国应用型本科院校经管类专业校企合作创新模式——"政产学研金服用"创新创业共同体融合既有研究与时代特色元素共同打造，其运行效果如何成为共同体各参与主体关注的焦点问题。

二、"政产学研金服用"创新创业共同体合作创新评价指标体系

从产学研合作到政产学研结合再到"政产学研金服用"合作创新，从简单形式的合作到复杂的系统化合作创新（祝爱民等，2019）[192]，对其评价的课题被越来越多的学者重视。王天擎，李琪（2018）在产学研指标体系的研究中构建了投入产出指标体系，投入指标包括投入资金数量等，产出指标包括申请专利数等[193]。金芙蓉（2009）构建的产学研绩效的评价指标体系中包括6个准则层和13个评价指标[194]。孙善林，彭灿（2017）在产学研合作项目评价的研究中对产学研绩效的评价分为显性、隐性与协同三方面，其下包含8项准则和28项指标[156]。对于"政产学研金服用"创新创业共同体的评价应该基于各个主体的角度，兼顾共同体生命周期的各个阶段（周晓芝等，2020）[157]的合作创新程度，系统化、全面性是其评价要求。相比于校企合作与产学研合作，"政产学研金服用"创新创业共同体内容更丰富，主体更多元，成员关系更复杂，也更高效。本书从合作创新深度、广度、有效度、持续度四个维度构建"政产学研金服用"创新创业共同体合作创新评价指标体系，具体如表5-1所示。

（一）共同体评价指标体系构建

本书在已有研究基础上，根据"政产学研金服用"创新创业共同体的七大参与主体及各自职能，整合"政产学研金服用"创新创业共同体各方在合作创新过程中的关键指标，重构创新创业共同体评价指标体系。本书从深度、广度、有效度、持续度四个维度构建"政产学研金服用"创新创业共同体合作创新评价指标体系，合作创新深度指创新创业共同体各方资源交流程度，合作创新广度指创新创业共同体合作创新范围领域，合作创新持续度指创新创业共同体合作创新持续时间，合作创新有效度指共同体合作创新给参

与主体带来的成果效益。

1. 合作创新深度的评价指标选取

合作创新深度指创新创业共同体各方资源交流程度。王萍萍（2019）认为"政产学研金服用"创新创业共同体合作创新是对产学研合作的深化，合作深度在其运行机制中具有一定的重要性[172]。任媛媛等（2017）认为合作创新的过程是参与各方拥有自己的资源优势，各方通过深入交流沟通来彼此熟悉，才能最终实现资源共享与优势互补[155]。《实施意见》将推动科技金融等深度融合作为发展目标。合作创新深度维度由参与主体投入资源种类、投入资源数量、投入方式、契约性合作比例和企业主导程度五个指标构成（《山东省"政产学研金服用"创新创业共同体绩效评价办法》，2020，下简称《评价办法》）[195]。

2. 合作创新广度的评价指标选取

合作创新广度指创新创业共同体合作创新的范围领域。产学研合作创新由多元组织构成，源于多个领域的信息和知识吸收、集成和融合（成泷等，2019）[196]。随着合作内容的不断丰富，"政产学研金服用"创新创业共同体的功能性也越来越重要，共同体的合作创新需要覆盖的领域也应需而扩（王天擎，李琪，2018）[193]。合作创新的广度达到最佳规模，有利于绩效的提升（赵娜，2010）[169]。产学研合作系统中广度评价包括参与主体、合作内容和合作受众参与度等，合作创新的过程中明确、合理的合作范围能够充分调动多方积极性和主动性，获得合作创新的广度效益（祝爱民等，2019）[192]。因此，合作创新深度在理论研究中是评价共同体的主要评价维度之一。《实施意见》明确提出了"全方位、多领域"的要求[65]，强调了共同体合作创新主体范围的重要性。合作创新广度、维度由合作创新主体数量、内容项数、参与项目学生比例、参与项目教师比例和参与项目用户比例五个指标构成（《评价办法》，2020）[195]。

3. 合作创新持续度的评价指标选取

合作创新持续度指创新创业共同体合作创新持续时间。持续度是某一成果或效用在时间或者效果上所能维持或持续发挥作用的一种度量,组织从维持关系中获利比建立新关系更重要,持续发展可收获更好的信任与确定性。成泷,蔡骏亚,杨毅,贾卫峰(2019)认为产学研合作创新的广泛合作是一个持续合作的过程[196]。"政产学研金服用"创新创业共同体构建与发展是为了更好地结合企业技术、知识创新、资金、服务等社会资源,这个过程不是一蹴而就的,而是长期的、可持续发展的(蔡三发,缪铮铮,2019)[167]。综上,共同体合作创新持续时间是共同体评价的重要维度之一,其中包括共同体本身存续情况和合作创新的项目情况以及合作创新运行情况等。据此,合作创新持续度维度由共同体存续时间、合作创新平均持续时间、合作创新最长持续时间、项目合作频率、项目合作创新参与主体稳定比例、合作创新管理机构、合作创新服务机构、合作创新法规与制度和合作创新运行效果九个指标构成(《评价办法》,2020)[195]。

4. 合作创新有效度的评价指标选取

合作创新有效度指共同体合作创新给参与主体带来的成果效益。有效性是共同体各主体通过合作获得各自成果与收益,合作创新参与方能够互利共赢,获得良好的满意度效果,包括合作创新目标、合作创新过程与合作创新结果的有效(郑志霞,2020)[197]。共同体合作创新有效性要求兼顾团队效益与个体效益,合作创新的目标有效是共同体科研成果的产出效果(王天擎,李琪,2018)[193],过程有效是共同体参与各方的合作创新满意度,结果有效是在产出阶段各参与主体能够收获相应的综合收益(李储学,2019)[170]。根据有效性,合作创新还可分成高效的合作、低效的合作与无效的合作(郑志霞,2020)[197],综上,合作创新有效度是共同体评价体系的重要维度之一。共同体合作创新有效度由政府满意度、企业满意度、高校满意度、研究院所满意度、用户满意度、金融机构满意度、科技中介服务机构满意度、合作创新成果数、培养学生就业率、培养"双师型"教师比例、政府综合收益、研究院所综合收益、用户综合收益、金融机构综合收益和科技中介服务机构综合收益等17个指标构成(《评价办法》,2020)[195]。

表5-1 "政产学研金服用"创新创业共同体合作创新评价指标体系

评价体系	一级指标	二级指标	二级指标测量问项	参考文献
"政产学研金服用"创新创业共同体合作创新	合作创新深度（合作创新各方资源交流程度）	共同体各方投入资源	参与主体投入资源种类、投入资源数量、投入方式、契约性合作比例、企业主导程度等	《评价办法》（2020）[195]；王萍萍（2019）[172]；任媛媛等（2017）[155]
		契约性合作		
		企业主导性		
	合作创新广度（合作创新范围领域）	合作创新主体	合作创新主体数量、合作创新内容项数、参与项目学生比例、参与项目教师比例、参加项目用户比例等	《评价办法》（2020）[195]；成泷等（2019）[196]；王天擎，李琪（2018）[193]；
		合作创新内容		
		合作创新受众参与度		
	合作创新持续度（共同体合作创新持续时间）	共同体存续时间	共同体存续时间、合作创新平均持续时间、合作创新最长持续时间、项目合作频率、项目合作创新参与主体稳定比例、合作创新管理机构、合作创新服务机构、合作创新法规与制度、合作创新运行效果等	《评价办法》（2020）[195]；蔡三发，缪铮铮（2019）[167]
		合作创新持续时间		
		合作创新频度		
		合作创新的稳定性		
		合作创新机制		

续表

评价体系	一级指标	二级指标	二级指标测量问项	参考文献
"政产学研金服用"创新创业共同体合作创新	合作创新有效度（共同体合作创新给参与主体带来的成果效益）	合作创新满意度	政府满意度、企业满意度、高校满意度、研究院所满意度、用户满意度、金融机构满意度、科技中介服务机构满意度、合作创新成果数、培养学生就业率、培养"双师型"教师比例、政府综合收益、企业综合收益、高校综合收益、研究院所综合收益、用户综合收益、金融机构综合收益、科技中介服务机构综合收益等	《评价办法》（2020）[195]；郑志霞（2020）[197]；王天擎，李琪（2018）[193]；李储学（2019）[170]
		合作创新成果		
		合作创新收益		

（二）共同体评价指标的测量

综上，本部分根据前人研究与《评价办法》选取合作创新深度、合作创新广度、合作创新持续度和合作创新有效度4个维度，14个二级指标以及36个二级指标测量问项，构建"政产学研金服用"创新创业共同体评价指标体系，并采用李克特五分法设计调查问卷，对指标的重要度进行测量。具体而言，针对评价指标中4个维度与36个二级指标测量问项重要度测量主要采用问卷调查法，主要以山东省"政产学研金服用"创新创业共同体的参与方作为调研对象，于2021年2月至5月进行线上线下调研，线下共发出调研问卷100份，收回80份，线上问卷发出380个链接，回收360份，除去漏填、错填与乱填问卷，共回收有效问卷416份，回收率与有效率分别为91.7%，86.7%。本书对回收的有效问卷进行整理，使用SPSS 24.0软件对有效数据进行描述性分析、信度分析、因子分析；同时，本章从山东省科技厅科技镇长团与政府官员中遴选15位专家进行问卷调研，使用层次分析法对共同体二级评价指标权重进行判定，具体分析结果如下所示。

（三）数据分析

1. 描述性统计分析

描述性统计分析结果如表5-2所示，从调研对象的职业分布来看，高校教师占25.2%，企业工作者占21.4%，政府工作者占14.4%，研发机构科研工作者占13.5%，创新产品与平台用户占12%，金融机构工作者占8.2%，科技中介服务机构工作者占5.3%。共计获得416份，调研对象包含了"政产学研金服用"七个领域的参与者，占比较高的有学、企、政、研、用等几类参与者。

表5-2　描述性统计分析结果

项目		量表		
		样本数	有效百分比/%	累计百分比/%
人员结构	政府工作者	60	14.4	14.4
	企业工作者	89	21.4	35.8
	学校教师	105	25.2	61.1
	研发机构科研工作者	56	13.5	74.5
	金融机构工作者	34	8.2	82.7
	科技中介服务机构工作者	22	5.3	88.0
	创新产品与平台用户	50	12.0	100.0
总计		416	100	—

2. 信度分析

信度分析是一种测量综合评价体系是否具有一定稳定性和可靠性的有效分析方法，最常用的判断信度的方法是克隆巴赫系数法，学界一般认为系数值达到0.8~0.9为非常理想值，0.6~0.7为可以使用值（이학식，임지훈，2008）[60]。本部分信度分析结果为0.962，说明信度很高，数据可靠。具体结果如表5-3所示。

表5-3　信度分析结果

项目	删除项目后的标度平均值	删除项目后的标度方差	校正后项目与总分相关性	删除项目后的克隆巴赫α	克隆巴赫α
参与主体投入资源种类	137.91	733.419	0.436	0.962	
投入资源数量	138.89	733.194	0.412	0.962	
投入方式	138.4	727.788	0.444	0.962	
契约型合作比例	138.37	725.674	0.558	0.961	
企业主导程度	138.57	734.203	0.33	0.962	
合作主体数量	138.21	717.981	0.562	0.961	
合作内容项数	138.62	729.075	0.479	0.961	
参与项目学生比例	138.46	717.502	0.586	0.961	
参与项目教师比例	138.35	718.263	0.589	0.961	
参加项目用户比例	138.39	715.594	0.631	0.961	0.962
共同体存续时间	138.56	720.777	0.54	0.961	
合作创新平均持续时间	138.37	719.728	0.559	0.961	
合作创新最长持续时间	138.51	721.031	0.538	0.961	
项目合作频率	138.81	733.738	0.362	0.962	
项目合作创新参与主体稳定比例	138.5	722.106	0.528	0.961	
合作创新管理机构	138.55	722.282	0.508	0.961	
合作创新服务机构	138.33	717.245	0.544	0.961	

续表

项目	删除项目后的标度平均值	删除项目后的标度方差	校正后项目与总分相关性	删除项目后的克隆巴赫 α	克隆巴赫 α
合作创新法规与制度	138.52	720.115	0.545	0.961	
合作创新运行效果	138.41	721.813	0.53	0.961	
政府满意度	138.38	710.584	0.746	0.960	
企业满意度	138.24	705.742	0.824	0.959	
高校满意度	138.36	703.638	0.827	0.959	
研究院所满意度	138.46	710.885	0.758	0.960	
用户满意度	138.49	712.038	0.721	0.960	
金融机构满意度	138.19	707.698	0.729	0.960	
科技中介服务机构满意度	138.51	711.075	0.741	0.960	
合作创新成果数	138.31	708.854	0.797	0.960	0.962
培养学生就业率	138.49	716.795	0.715	0.960	
培养"双师型"教师比例	138.4	709.427	0.701	0.960	
政府综合收益	138.32	703.591	0.825	0.959	
企业综合收益	138.42	713.844	0.714	0.960	
高校综合收益	138.28	704.432	0.798	0.959	
研究院所综合收益	138.31	707.389	0.789	0.960	
用户综合收益	138.63	717.009	0.725	0.960	
金融机构综合收益	138.35	708.946	0.776	0.960	
科技中介服务机构综合收益	138.26	705.201	0.814	0.959	

3. 效度检验与因子分析

效度检验是问卷量表测量结果与真实值趋近程度的检验指标，主要有KMO统计量与Bartletts球形检验两大指标。KMO统计量0.6～1为可接受区间；Bartletts球形检验在0.05以下，说明问卷与数据间显著相关，适合进行因子分析（吴明隆，2003）[198]。因子分析的结果KMO值为0.913，巴特利特球形度检验显著性为0.000，说明对量表数据进行降维并依此开展的后续研究是合理有效的。

本章采用因子分析法中主成分分析法对量表进行降维，从36个指标中提取公因子，按照因子载荷值0.5以上，特征值1.0以上的标准共得到4个公因子，旋转后累计方差解释率为69.360%。4个公因子的捆绑结果与量表最初设计一致，具体结果如表5-4所示。

表5-4 因子分析结果

项目	指标	成分				KMO
		1	2	3	4	
旋转后的成分矩阵	参与主体投入资源种类				0.718	0.913
	投入资源数量				0.714	
	投入方式				0.794	
	契约型合作比例				0.517	
	企业主导程度				0.864	
	合作主体数量			0.758		
	合作内容项数			0.659		
	参与项目学生比例			0.622		
	参与项目教师比例			0.741		
	参加项目用户比例			0.801		
	共同体存续时间		0.917			
	合作创新平均持续时间		0.834			
	合作创新最长持续时间		0.618			
	项目合作频率		0.654			

项目	指标	成分				KMO
		1	2	3	4	
旋转后的成分矩阵	项目合作创新参与主体稳定比例		0.848			0.913
	合作创新管理机构		0.702			
	合作创新服务机构		0.658			
	合作创新法规与制度		0.849			
	合作创新运行效果		0.870			
	政府满意度	0.821				
	企业满意度	0.885				
	高校满意度	0.843				
	研究院所满意度	0.775				
	用户满意度	0.764				
	金融机构满意度	0.820				
	科技中介服务机构满意度	0.824				
	合作创新成果数	0.881				
	培养学生就业率	0.758				
	培养"双师型"教师比例	0.809				
	政府综合收益	0.868				
	企业综合收益	0.815				
	高校综合收益	0.851				
	研究院所综合收益	0.871				
	用户综合收益	0.709				
	金融机构综合收益	0.862				
	科技中介服务机构综合收益	0.880				
初始特征值	总计	16.321	4.867	2.241	1.962	

续表

项目	指标	成分				KMO
		1	2	3	4	
初始特征值	方差百分比/%	45.336	13.520	6.224	5.451	
	累积/%	45.336	58.856	65.080	70.531	
提取载荷平方和	总计	16.321	4.867	2.241	1.962	
	方差百分比/%	45.336	13.520	6.224	5.451	0.913
	累积/%	45.336	58.856	65.080	70.531	
旋转载荷平方和	总计	12.576	6.098	3.552	3.165	
	方差百分比/%	34.933	16.939	9.867	8.793	
	累积/%	34.933	51.872	61.739	70.531	

4. 确定指标权重

在因子分析基础上，本章对"政产学研金服用"创新创业共同体评价指标体系进行了指标权重的分配。

（1）数学原理与公式

因子分析法将量表指标进行降维，得到的因子载荷量，对所有指标的载荷进行归一化处理得到其权重，并计算其一级指标权重，计算原理如下。

归一化公式：

$$W_i = V_i / \sum_{i=1}^{n} V_i \qquad (5-1)$$

其中：

W_i——构成公因子的第 i 个指标权重；

V_i——第 i 个指标载荷量；

n——指标个数。

得分公式：

$$S_i = a_{i1} \cdot X_1 + a_{i2} \cdot X_2 + \cdots + a_{in} \cdot X_n \qquad (5-2)$$

其中：

S_i——第 i 个变量得分；

n——公因子个数；

X_n——公因子得分；

a_{in}——第n个共同因素在第i个变量下的权重，评价总得分使用特征值归一化处理后数值，一级指标得分使用因子载荷量归一化处理后数值。

（2）一级指标权重

根据因子分析结果，本书确定评价"政产学研金服用"创新创业共同体合作创新的四个一级指标为合作创新深度、合作创新广度、合作创新持续度、合作创新有效度。根据SPSS分析得出的因子旋转后的方差解释率结果，得到公因子的特征值，运用式（5-1）对其进行归一化处理得到各因子的权重。

四个一级指标的权重如表5-5所示。其中，合作创新有效度的权重最高，为0.643；合作创新的持续度权重次之，为0.192；合作创新广度的权重再次之，为0.088；合作创新深度的权重相对最小，为0.077。即"政产学研金服用"创新创业共同体合作创新评价得分公式：

S=0.643×合作创新有效度＋0.192×合作创新的持续度＋0.088×合作创新广度＋0.077×合作创新深度 　　　　　　　　　　　（5-3）

表5-5　一级指标权重

	因子1 合作创新有效度	因子2 合作创新持续度	因子3 合作创新广度	因子4 合作创新深度	总计
特征值	16.321	4.867	2.241	1.962	24.970
权重	0.643	0.192	0.088	0.077	1

（3）二级指标测量问项权重

a. 合作创新深度指标

合作创新深度中包含5个二级指标测量问项，对5个二级指标测量问项在公因子4中的权重进行分析。根据因子载荷矩阵表，计算合作创新深度各二级指标测量问项权重，运用式（5-1）进行归一化处理，得到计算权重结果如表5-6所示。可得出合作创新深度指标的得分公式：

$S_1=0.199×$参与主体投入资源种类$+0.198×$投入资源数量$+0.220×$投入方式$+0.143×$契约型合作比例$+0.240×$企业主导程度 （5-4）

计算合作创新深度中各指标值权重，运用式（5-1）进行归一化处理，得到计算权重结果如表5-6所示。

表5-6　合作创新深度指标权重表

一级指标	合作创新深度（0.077）		
二级指标测量问项	项目	得分系数	权重
	参与主体投入资源种类	0.718	0.199
	投入资源数量	0.714	0.198
	投入方式	0.794	0.220
	契约型合作比例	0.517	0.143
	企业主导程度	0.864	0.240
合计		3.607	1

b. 合作创新广度指标

合作创新广度中包含5个二级指标测量问项，对5个二级指标测量问项在公因子3中的权重进行分析。根据因子载荷矩阵表，计算合作创新广度各二级指标测量问项权重，运用式（5-1）进行归一化处理，得到计算权重结果如表5-7所示。可得出合作创新广度指标的得分公式：

$S_2=0.212×$合作主体数量$+0.184×$合作内容项数$+0.174×$参与项目学生比例$+0.207×$参与项目教师比例$+0.224×$参与项目用户比例 （5-5）

计算合作创新广度中各指标值权重，运用式（5-1）进行归一化处理，得到计算权重结果如表5-7所示。

表5-7　合作创新广度指标权重表

一级指标	合作创新广度（0.088）		
二级指标测量问项	项目	得分系数	权重
	合作主体数量	0.758	0.212
	合作内容项数	0.659	0.184

续表

一级指标	合作创新广度（0.088）		
二级指标测量问项	参与项目学生比例	0.622	0.174
	参与项目教师比例	0.741	0.207
	参与项目用户比例	0.801	0.224
合计		3.581	1

c.合作创新持续度指标

合作创新持续度中包含9个二级指标测量问项，对9个二级指标测量问项在公因子2中的权重进行分析。根据因子载荷矩阵表，计算合作创新持续度各二级指标测量问项权重，运用式（5-1）进行归一化处理，得到计算权重结果如表5-8所示。可得出合作创新持续度指标的得分公式：

S_3=0.132×共同体持续时间+0.120×合作创新平均持续时间+0.089×合作创新最长持续时间+0.094×项目合作频率+0.122×项目合作参与主体稳定比例+0.101×合作创新管理机构+0.095×合作创新服务机构+0.122×合作创新法规与制度+0.125×合作创新运行效果　　　　（5-6）

计算合作创新持续度中各指标值权重，运用式（5-1）进行归一化处理，得到计算权重结果如表5-8所示。

表5-8　合作创新持续度指标权重表

一级指标	合作创新持续度（0.192）		
	项目	得分系数	权重
二级指标测量问项	共同体持续时间	0.917	0.132
	合作创新平均持续时间	0.834	0.120
	合作创新最长持续时间	0.618	0.089
	项目合作频率	0.654	0.094
	项目合作创新参与主体稳定比例	0.848	0.122
	合作创新管理机构	0.702	0.101
	合作创新服务机构	0.658	0.095

一级指标	合作创新持续度（0.192）		
二级指标 测量问项	合作创新法规与制度	0.849	0.122
	合作创新运行效果	0.870	0.125
	合计	6.950	1

d. 合作创新有效度指标

合作创新有效度中包含17个二级指标测量问项，对17个二级指标测量问项在公因子1中的权重进行分析。根据因子载荷矩阵表，计算合作创新有效度各二级指标测量问项权重，运用式（5-1）进行归一化处理，得到计算权重结果如表5-9所示。可得出合作创新有效度指标的得分公式：

S_4=0.058×政府满意度＋0.063×企业满意度＋0.060×高校满意度＋0.055×研究院所满意度＋0.054×用户满意度＋0.058×金融机构满意度＋0.059×科技中介服务机构满意度＋0.063×合作创新成果数＋0.054×培养学生就业率＋0.058×培养"双师型"教师比例＋0.062×政府综合收益＋0.058×企业综合收益＋0.061×高校综合收益＋0.062×研究院所综合收益＋0.051×用户综合收益＋0.061×金融机构综合收益＋0.063×科技中介服务机构综合收益 　　　　　　　　　　　　　　　　　　　　（5-7）

计算合作创新有效度中各指标值权重，运用式（5-1）进行归一化处理，得到计算权重结果如表5-9所示。

表5-9　合作创新有效度指标权重表

一级指标	合作创新有效度（0.643）		
	项目	得分系数	权重
二级指标 测量问项	政府满意度	0.821	0.058
	企业满意度	0.885	0.063
	高校满意度	0.843	0.060
	研究院所满意度	0.775	0.055
	用户满意度	0.764	0.054

续表

一级指标	合作创新有效度（0.643）		
二级指标 测量问项	金融机构满意度	0.82	0.058
	科技中介服务机构满意度	0.824	0.059
	合作创新成果数	0.881	0.063
	培养学生就业率	0.758	0.054
	培养"双师型"教师比例	0.809	0.058
	政府综合收益	0.868	0.062
	企业综合收益	0.815	0.058
	高校综合收益	0.851	0.061
	研究院所综合收益	0.871	0.062
	用户综合收益	0.709	0.051
	金融机构综合收益	0.862	0.061
	科技中介服务机构综合收益	0.880	0.063
合计		14.036	1

（4）二级指标权重

本书采用层次分析法对二级指标权重进行测量，具体过程与结果如下。

a.指标编码

首先，设置A、B、C三层指标，具体编码如表5-10所示。

表5-10　三层指标编码

目标A	一级指标B	二级指标C
A1："政产学研金服用"创 新创业共同体合作创新	B1：合作创新深度	C1：共同体各方投入资源
		C2：契约性合作
		C3：企业主导性
	B2：合作创新广度	C4：合作主体
		C5：合作内容
		C6：合作受众参与度

目标A	一级指标B	二级指标C
A1："政产学研金服用"创新创业共同体合作创新	B3：合作创新持续度	C7：共同体存续时间
		C8：合作创新持续时间
		C9：合作创新频度
		C10：合作创新的稳定性
		C11：合作创新机制
	B4：合作创新有效度	C12：合作创新满意度
		C13：合作创新成果
		C14：合作创新收益

下层指标与上层指标的对应关系分为以下几类。A1-B：对应A1和B1、B2、B3、B4；B1-C：对应B1和C1、C2、C3；B2-C：对应B2和C4、C5、C6；B3-C：对应B3和C7、C8、C9、C10、C11；B4-C：对应B4和C12、C13、C14。

b. 判断矩阵

根据判断矩阵，设计调查问卷如表5-11所示。

表5-11　调查问卷设计

[单选题]									
题目	极端重要	非常重要	比较重要	有些重要	同样重要	有些不重要	比较不重要	非常不重要	极端不重要
合作创新深度比合作创新广度重要程度	4倍	3倍	2倍	3/2倍	1倍	2/3	1/2	1/3	1/4
合作创新深度比合作创新持续度重要程度	4倍	3倍	2倍	3/2倍	1倍	2/3	1/2	1/3	1/4

[单选题]									
题目	极端 重要	非常 重要	比较 重要	有些 重要	同样 重要	有些 不重要	比较 不重要	非常 不重要	极端 不重要
合作创新深度比合作创新有效度重要程度	4倍	3倍	2倍	3/2倍	1倍	2/3	1/2	1/3	1/4
合作创新广度比合作创新持续度重要程度	4倍	3倍	2倍	3/2倍	1倍	2/3	1/2	1/3	1/4
合作创新广度比合作创新有效度重要程度	4倍	3倍	2倍	3/2倍	1倍	2/3	1/2	1/3	1/4
合作创新持续度比合作创新有效度重要程度	4倍	3倍	2倍	3/2倍	1倍	2/3	1/2	1/3	1/4
一级指标【合作创新深度】									
共同体各方投入资源比契约性合作重要程度	4倍	3倍	2倍	3/2倍	1倍	2/3	1/2	1/3	1/4
共同体各方投入资源比企业主导性重要程度	4倍	3倍	2倍	3/2倍	1倍	2/3	1/2	1/3	1/4
契约性合作比企业主导性重要程度	4倍	3倍	2倍	3/2倍	1倍	2/3	1/2	1/3	1/4

续表

[单选题]								
题目	极端重要	非常重要	比较重要	有些重要	同样重要	有些不重要	比较不重要	非常不重要	极端不重要
一级指标【合作创新广度】									
合作主体比合作内容重要程度	4倍	3倍	2倍	3/2倍	1倍	2/3	1/2	1/3	1/4
合作主体比合作受众参与度重要程度	4倍	3倍	2倍	3/2倍	1倍	2/3	1/2	1/3	1/4
合作内容比合作受众参与度重要程度	4倍	3倍	2倍	3/2倍	1倍	2/3	1/2	1/3	1/4
一级指标【合作创新持续度】									
共同体存续时间比合作创新持续时间重要程度	4倍	3倍	2倍	3/2倍	1倍	2/3	1/2	1/3	1/4
共同体存续时间比合作创新频度重要程度	4倍	3倍	2倍	3/2倍	1倍	2/3	1/2	1/3	1/4
共同体存续时间比合作创新的稳定性重要程度	4倍	3倍	2倍	3/2倍	1倍	2/3	1/2	1/3	1/4
共同体存续时间比合作创新机制重要程度	4倍	3倍	2倍	3/2倍	1倍	2/3	1/2	1/3	1/4

题目	极端重要	非常重要	比较重要	有些重要	同样重要	有些不重要	比较不重要	非常不重要	极端不重要
[单选题]									
合作创新持续时间比合作创新频度重要程度	4倍	3倍	2倍	3/2倍	1倍	2/3	1/2	1/3	1/4
合作创新持续时间比合作创新的稳定性重要程度	4倍	3倍	2倍	3/2倍	1倍	2/3	1/2	1/3	1/4
合作创新持续时间比合作创新机制重要程度	4倍	3倍	2倍	3/2倍	1倍	2/3	1/2	1/3	1/4
合作创新频度比合作创新的稳定性重要程度	4倍	3倍	2倍	3/2倍	1倍	2/3	1/2	1/3	1/4
合作创新频度比合作创新机制重要程度	4倍	3倍	2倍	3/2倍	1倍	2/3	1/2	1/3	1/4
合作创新的稳定性比合作创新机制重要程度	4倍	3倍	2倍	3/2倍	1倍	2/3	1/2	1/3	1/4
一级指标【合作创新有效度】									
合作创新满意度比合作创新成果重要程度	4倍	3倍	2倍	3/2倍	1倍	2/3	1/2	1/3	1/4

续表

[单选题]								
题目	极端 重要	非常 重要	比较 重要	有些 重要	同样 重要	有些 不重要	比较 不重要	非常 不重要	极端 不重要
合作创新满 意度比合作 创新收益重 要程度	4倍	3倍	2倍	3/2倍	1倍	2/3	1/2	1/3	1/4
合作创新成 果比合作创 新收益重要 程度	4倍	3倍	2倍	3/2倍	1倍	2/3	1/2	1/3	1/4

$$A = \begin{bmatrix} a_{11} & \cdots & a_{1n} \\ \vdots & & \vdots \\ a_{n1} & \cdots & a_{nn} \end{bmatrix} = (a_{ij})_{n \times n} \qquad (5\text{-}8)$$

A为正反矩阵，满足$a_{ij} > 0$，$a_{ji} = \dfrac{1}{a_{ij}}$。

其中：a_{ij}代表第i个下层指标和第j个下层指标对于上层指标的重要程度之比，如A1–B矩阵中a_{12}代表B1和B2对于A的重要程度之比。判别矩阵元素的值按照如下原则：两个元素相比，前者比后者极端重要，为4倍；前者比后者非常重要，为3倍；前者比后者比较重要，为2倍；前者比后者有些重要，为3/2倍；前者比后者同等重要，为1倍；前者比后者有些不重要，为2/3；前者比后者比较不重要，为1/2；前者比后者非常不重要，为1/3；前者比后者极端不重要，为1/4。

c.一致性检验

第一，生成判断矩阵。根据问卷，生成判断矩阵，每一份问卷对应5个判断矩阵（A–B矩阵，B1–C矩阵，B2–C矩阵，B3–C矩阵，B4–C矩阵）。

第二，计算一致性比例。计算每一个矩阵的一致性比例CR。

$$CR = \frac{CI}{RI} \qquad (5\text{-}9)$$

其中：CI为一致性指标，计算方法为

$$CI = \frac{\lambda_{max} - n}{n - 1} \qquad （5-10）$$

RI为平均随机一致性指标，$n=1$，2，3，4，5时，RI的值如表5-12所示。

表5-12 RI取值

n	1	2	3	4	5
RI	0	0	0.58	0.9	1.12

第三，筛选矩阵。根据以下两个原则，筛选合格的判断矩阵。一是对于某一份问卷，如果其一致性检验不合格的矩阵数量大于3个，则认为该问卷可靠性比较低，丢弃这份问卷对应的5个矩阵；二是对于某个单项矩阵，如果CR大于0.1，则认为该部分题目填写时出现失误，丢弃该矩阵。

d.计算权重

对于通过一致性检验的每一个矩阵，计算权重值。对应判断矩阵

$$\mathbf{A} = \begin{bmatrix} a_{11} & \cdots & a_{1n} \\ \vdots & & \vdots \\ a_{n1} & \cdots & a_{nn} \end{bmatrix} = (a_{ij})_{n \times n} \qquad （5-11）$$

权重向量为

$$[w_1 \quad w_2 \quad \cdots] w_i = \sum_{k=1}^{n} \left(a_{ik} / \sum_{j=1}^{n} a_{jk} \right) / n \qquad （5-12）$$

其中：w_i为判断矩阵对应的第i个元素对于上层元素的重要性权重。

e.计算结果

对于每一个判断矩阵，计算权重向量，并求得二级指标最终的权重，分析结果如表5-13与表5-14所示。

表5-13　矩阵权重向量计算

A-B 矩阵	B1	B2	B3	B4	B1-C矩阵	C1	C2	C3
1	0.382878151	0.12762605	0.142331933	0.347163866	1	0.347008547	0.199145299	0.453846154
2	0.246031746	0.176587302	0.281746032	0.295634921	2	0.311904762	0.197619048	0.49047619
3	0.286645963	0.140786749	0.278312629	0.294254658	3	0.406481481	0.224074074	0.369444444
4	0.291125541	0.270292208	0.270292208	0.168290043	4	0.460664336	0.292832168	0.246503497
5	0.290519481	0.189350649	0.245064935	0.275064935	5	0.333333333	0.333333333	0.333333333
6	0.2475	0.2475	0.2025	0.3025	6	0.548484848	0.240909091	0.210606061
7	0.291125541	0.168290043	0.270292208	0.270292208	7	0.457671958	0.126322751	0.416005291
8	0.239245395	0.180421866	0.190077243	0.390255496	8	0.4	0.4	0.2
9	0.25	0.25	0.25	0.25	9	0.333333333	0.333333333	0.333333333
10	0.25	0.25	0.25	0.25	10	0.333333333	0.333333333	0.333333333
11	0.25	0.25	0.25	0.25	11	0.333333333	0.333333333	0.333333333
平均	0.275006529	0.20462317	0.239147017	0.281223284	平均	0.387777206	0.274021433	0.338201361
B2-C 矩阵	C4	C5	C6		B4-C 矩阵	C12	C13	C14
1	0.545454545	0.272727273	0.181818182		1	0.174891775	0.229004329	0.596103896
2	0.311904762	0.49047619	0.197619048		2	0.49047619	0.311904762	0.197619048
3	0.442857143	0.387301587	0.16984127		3	0.248746867	0.42575188	0.325501253
4	0.28968254	0.331349206	0.378968254		4	0.375	0.375	0.25
5	0.623224728	0.137287664	0.239487608		5	0.25	0.375	0.375
6	0.442857143	0.387301587	0.16984127		6	0.378968254	0.331349206	0.28968254
7	0.655122655	0.211399711	0.133477633		7	0.333333333	0.333333333	0.333333333
8	0.246503497	0.460664336	0.292832168		8	0.333333333	0.333333333	0.333333333
9	0.375	0.25	0.375		9	0.285714286	0.285714286	0.428571429
10	0.333333333	0.333333333	0.333333333		10	0.333333333	0.333333333	0.333333333
11	0.333333333	0.333333333	0.333333333		11	0.333333333	0.333333333	0.333333333
12	0.333333333	0.333333333	0.333333333		12	0.333333333	0.333333333	0.333333333
平均	0.411050584	0.32737563	0.261573786		平均	0.32253867	0.333365927	0.344095403
B3-C 矩阵	C7	C8	C9	C10	C11			
1	0.122769424	0.174962406	0.180031328	0.311729323	0.210507519			

续表

A-B 矩阵	B1	B2	B3	B4	B1-C矩阵	C1	C2	C3
2	0.216349206	0.284920635	0.14468254	0.244920635	0.109126984			
3	0.167939025	0.182577294	0.214017457	0.165910628	0.269555597			
4	0.224603175	0.224603175	0.126587302	0.212103175	0.212103175			
5	0.32374613	0.164066047	0.162301342	0.180206398	0.169680083			
6	0.196641941	0.167230177	0.183738715	0.183896843	0.268492324			
7	0.175555556	0.231111111	0.197777778	0.197777778	0.197777778			
8	0.166980146	0.214106583	0.166980146	0.271159875	0.18077325			
9	0.2	0.2	0.2	0.2	0.2			
10	0.2	0.2	0.2	0.2	0.2			
11	0.216623377	0.184155844	0.198441558	0.216623377	0.184155844			
平均	0.201018907	0.202521207	0.179505288	0.216757094	0.200197505			

表5-14　二级指标权重

C1	C2	C3	C4	C5	C6	C7	C8	C9	C10	C11	C12	C13	C14
0.1066	0.0754	0.0930	0.0841	0.0670	0.0535	0.0481	0.0484	0.0429	0.0518	0.0479	0.0907	0.0938	0.0968

（四）数据分析结果与建议

本章围绕"政产学研金服用"创新创业共同体的形成、组织架构与评价体系展开研究，使用网络爬虫技术与网络生成算法绘制"政产学研金服用"创新创业共同体的文献知识图谱；通过梳理前人研究，解析"政产学研金服用"创新创业共同体形成过程与其七大参与主体；最后结合文献与《评价办法》构建共同体的评价指标体系，并通过实证分析论证各类指标间的重要性。具体而言，本章使用因子分析法确定指标的权重，结果表明4个一级指标合作创新深度、合作创新广度、合作创新持续度、合作创新有效度的权重分别为0.077、0.088、0.192、0.643；合作创新有效度权重最高，科技中介服务机构综合收益、合作创新成果数、企业满意度是评价有效度最重要的指标；合作创新持续度权重次之，共同体持续时间、合作创新运行效果是评价持续度最重要的指标；合作创新广度再次之，参与项目用户比例、合作主体数量是评价广度的最重要的指标；合作创新深度权重最次，企业主导程度、投入方式是评价深度最重要的指标。

本章使用层次分析法确定指标的权重。14个二级指标权重如下：共同体各方投入资源0.106 6、契约性合作0.075 4、企业主导性0.093 0、合作主体0.084 1、合作内容0.067 0、合作受众参与度0.053 5、共同体存续时间0.048 1、合作创新持续时间0.048 4、合作创新频度0.042 9、合作创新的稳定性0.051 8、合作创新机制0.047 9、合作创新满意度0.090 7、合作创新成果0.093 8、合作创新收益0.096 8。36个二级指标测量问项权重如下：参与主体投入资源种类0.199、投入资源数量0.198、投入方式0.220、契约性合作比例0.143、企业主导程度0.240、合作创新主体数量0.212、合作创新内容项数0.184、参与项目学生比例0.174、参与项目教师比例0.207、参与项目用户比例0.224、共同体存续时间0.132、合作创新平均持续时间0.120、合作创新最长持续时间0.089、项目合作频率0.094、项目合作创新参与主体稳定比例0.122、合作创新管理机构0.101、合作创新服务机构0.095、合作创新法规与制度0.122、合作创新运行效果0.125、政府满意度0.058、企业满意度0.063、高校满意度0.060、研究院所满意度0.055、用户满意度0.054、金融机构满意度0.058、科技中介服务机构满意度0.059、合作创新成果数0.063、培养学生就业率0.054、培养"双师型"教师比例0.058、政府综合收益0.062、企业综合收益0.058、高校综合收益0.061、研究院所综合收益0.062、用户综合收益0.051、金融机构综合收益0.061、科技中介服务机构综合收益0.063。最终"政产学研金服用"创新创业共同体合作创新评价指标体系如图5-9与表5-15所示。

表5-15 "政产学研金服用"创新创业共同体合作创新评价指标体系

目标层	一级指标 S_i	一级指标权重 x_i	二级指标 S_{ij}	二级指标权重 a_{ij}	二级指标测量问项 S_{ijk}	二级指标测量问项权重 b_{ijk}
A："政产学研金服用"创新创业共同体评价体系	B1：合作创新深度	0.077	C1：共同体各方投入资源	0.106 6	参与主体投入资源种类	0.199
					投入资源数量	0.198
					投入方式	0.220
			C2：契约性合作	0.075 4	契约性合作比例	0.143
			C3：企业主导性	0.093 0	企业主导程度	0.240
	B2：合作创新广度	0.088	C4：合作主体	0.084 1	合作创新主体数量	0.212
			C5：合作内容	0.067 0	合作创新内容项数	0.184
			C6：合作受众参与度	0.053 5	参与项目学生比例	0.174
					参与项目教师比例	0.207
					参与项目用户比例	0.224
	B3：合作创新持续度	0.192	C7：共同体存续时间	0.048 1	共同体存续时间	0.132
			C8：合作创新持续时间	0.048 4	合作创新平均持续时间	0.120
					合作创新最长持续时间	0.089
			C9：合作创新频度	0.042 9	项目合作频率	0.094
			C10：合作创新稳定性	0.051 8	项目合作创新参与主体稳定比例	0.122

续表

目标层	一级指标 S_i	一级指标权重 x_i	二级指标 S_{ij}	二级指标权重 a_{ij}	二级指标测量问项 S_{ijk}	二级指标测量问项权重 b_{ijk}
A："政产学研金服用"创新创业共同体评价体系	B3：合作创新持续度	0.192	C11：合作创新机制	0.047 9	合作创新管理机构	0.101
					合作创新服务机构	0.095
					合作创新法规与制度	0.122
					合作创新运行效果	0.125
	B4：合作创新有效度	0.643	C12：合作创新满意度	0.090 7	政府满意度	0.058
					企业满意度	0.063
					高校满意度	0.060
					研究院所满意度	0.055
					用户满意度	0.054
					金融机构满意度	0.058
					科技中介服务机构满意度	0.059
			C13：合作创新成果	0.093 8	合作创新成果数	0.063
					培养学生就业率	0.054
					培养"双师型"教师比例	0.058
			C14：合作创新收益	0.096 8	政府综合收益	0.062
					企业综合收益	0.058
					高校综合收益	0.061
					研究院所综合收益	0.062
					用户综合收益	0.051
					金融机构综合收益	0.061
					科技中介服务机构综合收益	0.063

A
- 0.077 → B1 深度
  - 0.106 6 → C1
    - 0.199 → 资源种类
    - 0.198 → 资源数量
    - 0.220 → 投入方式
  - 0.075 4 → C2
    - 0.143 → 合作比例
  - 0.093 → C3
    - 0.240 → 主导程度
- 0.088 → B2 广度
  - 0.084 1 → C4
    - 0.212 → 主体数量
  - 0.067 → C5
    - 0.184 → 内容项数
  - 0.053 5 → C6
    - 0.174 → 学生比例
    - 0.207 → 教师比例
    - 0.224 → 用户比例
- 0.192 → B3 持续度
  - 0.048 1 → C7
    - 0.132 → 共同体时间
  - 0.048 4 → C8
    - 0.120 → 合作平均时间
    - 0.089 → 合作最长时间
  - 0.042 9 → C9
    - 0.094 → 合作频率
  - 0.051 8 → C10
    - 0.122 → 稳定比例
  - 0.047 9 → C11
    - 0.101 → 管理机构
    - 0.095 → 服务机构
    - 0.122 → 法规制度
    - 0.125 → 运行效果
- 0.642 → B4 有效度
  - 0.090 7 → C12
    - 0.058 → 政府满意度
    - 0.063 → 企业满意度
    - 0.060 → 高校满意度
    - 0.055 → 院所满意度
    - 0.054 → 用户满意度
    - 0.058 → 金融满意度
    - 0.059 → 中介满意度
  - 0.093 8 → C13
    - 0.063 → 合作成果数
    - 0.054 → 学生就业率
    - 0.058 → "双师型"比例
  - 0.096 8 → C14
    - 0.062 → 政府收益
    - 0.058 → 企业收益
    - 0.061 → 高校收益
    - 0.062 → 院所收益
    - 0.051 → 用户收益
    - 0.061 → 金融收益
    - 0.063 → 中介收益

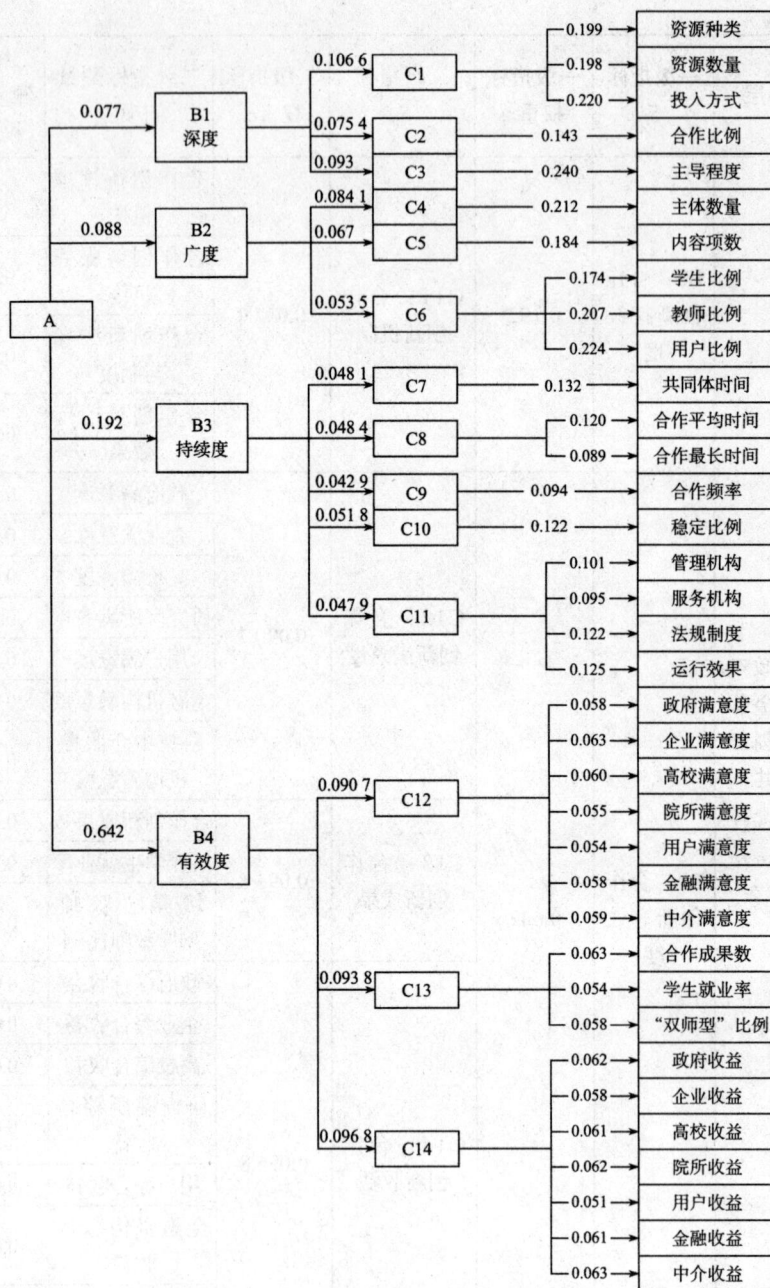

图5-9 "政产学研金服用"创新创业共同体合作创新评价指标体系权重分配表

三、"政产学研金服用"创新创业共同体合作创新研究建议

结合评价指标体系中各指标因子权重分布结果，围绕合作创新深度、合作创新广度、合作创新持续度、合作创新有效度四个一级指标分别提供以下对策。

（一）加强共同体合作创新有效度

合作创新有效度是对"政产学研金服用"创新创业共同体合作创新给参与主体带来的成果效益的衡量，在共同体合作创新评价指标体系中权重最高。应当主要做好共同体合作创新的目标有效、过程有效与结果有效。一是提升合作创新的成果数，完成目标有效；二是提升各参与主体的满意度，实现过程有效；三是增加合作创新的收益，实现结果有效；重点在共同体合作创新成果数、企业满意度、科技中介服务机构综合收益等方面进行提升（张宁等，2022）[199]。具体建议如下。

第一，明确共同体的功能定位。从共同体构建的准备阶段开始，便要保证共同体目标的清晰合理。政府、企业、高校、科研院所、银行、基金会、科技中介服务机构等各参与主体都要明确自己的功能定位，并明确共同体合作创新运行方式、运行机制，保证建设目标、过程与结果的一致性，保证各领域参与主体在共同体合作中的实际参与比例合理稳定。

第二，打造更加舒适的营商环境，提升合作创新成果数量与企业满意度。继续坚持以市场为导向，通过政府、金融机构、科技服务机构多方协作做好市场基础保障工作；完善风险投资补贴政策，为创新型企业发展提供便利的服务，为技术与服务提供有偿化转变的平台。为提升共同体合作创新成果产出数量，通过"政府搭台，多方唱戏"的模式，逐步打造信息互通、资源共享的营商环境，不断吸纳优质资源进入共同体，提升共同体各参与主体的规模与质量，以活跃企业在市场端的表现，增强企业在共同体合作创新过程中的信心，提升企业在共同体合作创新过程中的满意度，创造更多的合作创新成果产出，最终提升共同体各参与主体满意度，共同营造良好的共同体生态。

第三，完善考核机制，重视科技中介服务机构综合收益获取。针对共同体合作创新的产出阶段，制定详细的绩效考核标准，对知识成果与实际成果进行分类归档考核。制定科学全面的共同体合作创新评价指标体系，通过奖惩结合的方式实现共同体成果数与成果质量考核的提升，特别是在传统产学研合作创新模式基础上，重视科技中介服务机构等新型共同体参与主体的综合收益，实现共同体各参与主体互利共赢，共同发展。

（二）加强共同体合作创新持续度

合作创新持续度是对"政产学研金服用"创新创业共同体合作创新持续时间的衡量，在共同体合作创新评价指标体系中权重较大，通过完善共同体构建与发展的保障工作，建立长效合作机制，对合作创新项目的引进、推进和转化链进行常态化监督管理，各方协同实现共同体存续和项目推进以及合作活动的一体化可持续发展。重点做好共同体持续时间、合作创新运行效果、合作创新法规与制度、项目合作创新参与主体稳定比例等指标的落实。具体建议如下。

第一，不断加强共同体与各参与主体自身建设。共同体建设与发展要有明确的目标与清晰的发展规划，合作创新的目标要体现其科技创新攻关的能力定位，共同体各参与主体要根据纵向合作与横向合作的特点，开展可持续的自身建设发展，通过各参与主体主要业务版块能力的提升，增强共同体合作创新运行效果，从而不断延续共同体持续时间。

第二，完善共同体配套设施和运行机制。运行机制包括出台风险补贴政策和风险投资退出机制等；充分利用科技服务平台，以科技力量带动知识交流与技术转移转化，通过提升项目合作质量，增强共同体合作创新参与主体稳定比例。

第三，完善共同体合作创新法规与制度。政府充分发挥政策引领作用，继续坚持对金融投资和科技服务行业的政策支持，完善共同体合作创新过程中的法规制度，在共同体各参与主体互利共赢、共同承担的基本原则基础上，协助企业制定明确地权利义务清单，通过合作协议签署确保各参与主体的权、责、利对等，保障合作创新有序开展，为共同体可持续发展提供法规与制度保障；通过政策导向引导企业、高校、科研院所、金融机构、科技中介服务机构与用户之间畅通交流互动渠道，建立互相学习、信息与资源互通互惠的共同体生态，提高共同体整体的创造力与转化率，增加共同体合作创新持续时间。

（三）加强共同体合作创新广度

合作创新广度是对"政产学研金服用"创新创业共同体合作创新范围领域是否广泛的衡量，在共同体合作创新评价指标体系中较为重要。共同体合作创新需要覆盖政府部门、创新型企业、研究型与应用型高校与科研机构以及金融机构与中介服务机构等多主体、广领域，提高共同体盈利能力与品牌宣传，扩张共同体吸引力，吸纳多元化主体。完善资源整合机制，打造自上而下和自下而上相结合的链式交流合作体系，建立从用户到企业，从企业到用户的共同体各参与主体间交流互通的全通道式沟通网络（图5-10）。重点做好参与项目用户比例与合作主体数量，参与项目教师比例、学生比例与合作内容项数。具体建议如下。

第一，完善用户需求反馈机制。畅通用户参与渠道。一方面可以开通企业热线、邮箱等收集用户在产品或服务上的需求；另一方面可以加大对智能化服务平台的建设力度，为企业打造智能化的互动制造体系，通过互动平台的搭建来实现用户个性化需求的及时反馈或者提前征集，加大从个性化产品到个性化制造的转型力度。

第二，加强宣传引导。政策上的统筹规划对"政产学研金服用"创新创业共同体的发展至关重要，要加大相关政策的宣传力度，加大对科研成果的表彰力度。通过政策导向与利益导向相结合，制定明确的利益分配方法。要在明确阶段发展目标的同时，统筹好各领域、参与主体的合作内容，促进共同体在更大范围内发挥作用，吸引更多的主体参与到共同体的合作创新工作中来。

第三，完善科研专利保护机制。构建共同体内部的专利池，降低共同体内部参与主体的共享成本，营造良好的创新环境，加速与行业领域间的衔接，引进多领域的合作攻关项目，完善科研成果转化与产业化发展体系。

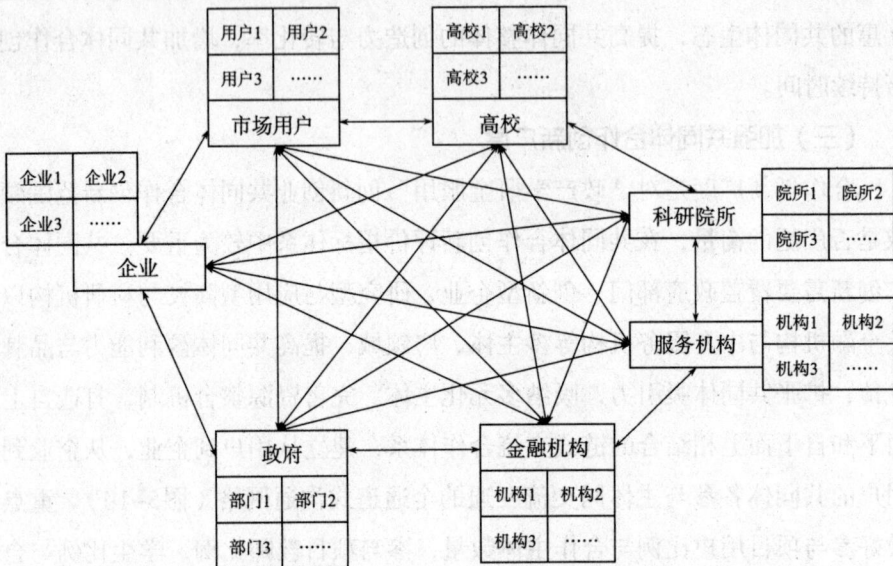

图5-10 "政产学研金服用"创新创业共同体全通道式沟通网络

（四）加强共同体合作创新深度

合作创新深度是对"政产学研金服用"创新创业共同体合作创新各方资源交流程度的衡量，在共同体合作创新评价指标体系中权重最低，主要从共同体的资源投入、合作模式等方面加强参与各方资源的交流程度。首先做好企业在共同体合作创新中的主导程度，优化资源投入方式；其次增加参与主体投入资源种类与数量。具体建议如下。

第一，发挥企业主体作用，加大对用户需求的开发利用。政府发布相关政策发挥引导作用，企业开展调研活动获得用户反馈并发现技术需求，科研院所、金融机构与科技服务机构通过提供基础资源，积极配合企业参与共同体合作创新发展的技术研发过程。企业作为共同体合作创新的技术支撑主体，清晰明确地提出产业发展所需的知识与技术需求，在充分使用好政策支持的基础上做好科研成果的商品化与产业化工作，保证满足用户基本需求与潜在需求。

第二，资源投入上严把质量关。对于共同体参与各方投入资源的种类与质量，制定统一的准入标准，充分利用大数据、人工智能、云计算等现代科技完善智能化、数字化的资源审核方法。针对多元化的资源投入方式，建立明确的资源投入与使用管理机制，科学合理地实现物质投入与智力投入的协同。

本章小结

新时代社会经济发展呈现多元化，跨界融合等特点，行业间、企业间竞争逐渐由垂直一体化向水平一体化发展。"政产学研金服用"创新创业共同体应运而生，从产教融合到产学研再到多主体融合的政产学研用等，共同体的形成有其理论依据，七大参与主体共同组成创新创业共同体。使用网络爬虫技术与网络生成算法绘制"政产学研金服用"创新创业共同体的文献知识图谱；通过梳理前人研究，解析"政产学研金服用"创新创业共同体形成过程与其七大参与主体；结合文献与《评价办法》构建共同体的评价指标体系，通过因子分析法与层次分析法确定指标的权重，经检验，合作创新有效度在共同体合作创新评价指标体系中权重最高，主要做好共同体合作创新的目标有效、过程有效与结果有效。一是提升合作创新的成果数，完成目标有效；二是提升各参与主体的满意度，实现过程有效；三是增加合作创新的收益，实现结果有效；重点在共同体合作创新成果数、企业满意度、科技中介服务机构综合收益等方面进行提升。具体建议如下：一是明确共同体的功能定位；二是打造更加舒适的营商环境，提升合作创新成果数量与企业满意度；三是完善考核机制，重视科技中介服务机构综合收益获取。合作创新持续度在共同体合作创新评价指标体系中权重较大，重点做好共同体持续时间、合作创新运行效果、合作创新法规与制度、项目合作创新参与主体稳定比例等指标的落实。具体建议如下：一是不断加强共同体与各参与主体自身建设；二是完善共同体配套设施和运行机制；三是完善共同体合作创新法规与制度。合作创新广度在共同体合作创新评价指标体系中较为重要，重点做好参与项目用户比例与合作主体数量，参与项目教师比例、学生比例与合作内容项数。具体建议如下：一是完善用户需求反馈机制；二是加强宣传引导；三是完善科研专利保护机制。合作创新深度在共同体合作创新评价指标体系中权重最低，主要从共同体的资源投入、合作模式等方面加强参与各方资源的交流程度。首先做好企业在共同体合作创新中的主导程度，优化资源投入方式；其次增加参与主体投入资源种类与数量。具体建议如下：一是发挥企业主体作用，加大对用户需求的开发利用；第二，资源投入上严把质量关。

参考文献

[1] Ponomariov B. Government-sponsored university-industry collaboration and the production of nanotechnology patents in US universities [J]. The Journal of Technology Transfer, 2013, 38 (6): 749-767.

[2] Samuel A, Omar A T. Universities-industry collaboration: a systematic review [J]. Scandinavian Journal of Management, 2015, 31 (3): 387-408.

[3] Taatila V P, Suomala J, Siltala R, et al. Framework to study the social innovation networks [J]. European Journal of Innovation Management, 2006, 9 (3): 312-326.

[4] Gebauer H, Worch H, Truffer B. Absorptive capacity, learning processes and combinative capabilities as determinants of strategic innovation [J]. European Management Journal, 2011, 30 (1): 57-73.

[5] Sherwood A L, Covin J G. Knowledge acquisition in university-industry alliances: an empirical investigation from a learning theory perspective [J]. Journal of Product Innovation Management, 2008, 25 (2): 162-179.

[6] Abreijoi O, Oluwagbemiga M, Akinade S. Assessment of the capabilities for innovation by small and medium industry in Nigeria [J]. African Journal of Business Management, 2007, 1 (8): 209-217.

[7] Smit T, Junginger M, Smits R. Technological learning in offshore wind energy: different roles of the government [J]. Energy Policy, 2007, 35 (12): 6431-6444.

[8] Alegre J, Chiva R. Assessing the impact of organizational learning

capability on product innovation performance: an empirical test [J]. Technovation, 2007, 28 (6): 315–326.

[9] Cohen W M, Nelson R R, Walsh J P. Links and impacts: the influence of public research on industrial R&D [J]. Management Science, 2003, 48 (1): 1–23.

[10] 吴建新, 欧阳河. 政府有效介入下的职业教育校企合作长效机制研究 [J]. 职教论坛, 2017 (10): 18–28.

[11] 项杨雪, 柳宏志. 基于产学研战略联盟的高校创新团队建构模式及运行机制 [J]. 高等工程教育研究, 2011 (3): 71–77.

[12] 林伟连. 面向持续创新的产学研合作共同体构建研究 [D]. 杭州: 浙江大学, 2017.

[13] Gertner D, Roberts J, Charles D. University–industry collaboration: a CoPs approach to KTPs [J]. Journal of Knowledge Management, 2011, 15: 625–647.

[14] Plewa C, Quester P. Key drivers of university–industry relationships: the role of organizational compatibility and personal experience [J]. Journal of Services Marketing, 2007, 21 (5): 370–382.

[15] 满海雁, 陈明. 论政府在"政产学研金介"战略联盟中的角色定位与功效发挥 [J]. 科技管理研究, 2011, 31 (11): 17–20.

[16] 丁云龙, 孙冬柏. "政产学研用"一体化打造产业技术研究院 [J]. 中国高校科技, 2012 (3): 20–23.

[17] 杨峰. 风险投资嵌入式产学合作战略联盟研究 [D]. 杭州: 浙江大学, 2008.

[18] 裘著燕, 李星洲, 迟考勋. 金融介入的政产学研用技术协同创新模式构建研究 [J]. 科技进步与对策, 2012, 29 (22): 19–25.

[19] 仲伟俊, 梅姝娥, 谢园园. 产学研合作技术创新模式分析 [J]. 中国软科学, 2009 (8): 174–181.

［20］李扬, 樊霞, 章熙春. 产业科学关联度视角下的产学研合作关系强度及创新质量研究［J］. 科学学与科学技术管理, 2017, 38（12）: 12-25.

［21］何郁冰. 产学研协同创新的理论模式［J］. 科学学研究, 2012, 30（2）: 165-174.

［22］马家喜, 仲伟俊, 梅姝娥. 企业技术联盟与一类"产学研"合作技术创新模式选择研究［J］. 管理学报, 2008（6）: 824-831.

［23］杜兰英, 陈鑫. 政产学研用协同创新机理与模式研究——以中小企业为例［J］. 科技进步与对策, 2012, 29（22）: 103-107.

［24］Kim J, Lee S. Patent databases for innovation studies: a comparative analysis of USPTO, EPO, JPO and KIPO［J］. Technological Forecasting & Social Change, 2015（92）: 332-345.

［25］Fontana R, Geuna A, Matt M. Factors affecting university industry R&D projects: the importance of searching, screening and signaling［J］. Research Policy, 2006, 35（2）: 309-323.

［26］朱桂龙, 杨东鹏. 基于专利数据的产学研合作及政策演变研究［J］. 科技管理研究, 2017, 37（23）: 181-185.

［27］黄曼. 企业技术能力结构及其对产学研合作的影响研究［D］. 广州: 华南理工大学, 2016.

［28］饶燕婷. "产学研"协同创新的内涵、要求与政策构想［J］. 高教探索, 2012（4）: 29-32.

［29］姜昱汐, 胡晓庆, 林莉, 等. 大学科技园协同创新中政产学研的作用及收益分析［J］. 现代教育管理, 2011（8）: 33-35.

［30］孙庆梅. 产学研合作创新中的行政行为研究［D］. 沈阳: 东北大学, 2014.

［31］Bercovitz J E L, Feldman M P. Fishing upstream: firm innovation strategy and university research alliances［J］. Research Policy, 2007（36）: 930-948.

［32］马家喜, 金新元. 一种以企业为主导的"产学研"集成创新模式——基于合作关系与控制权视角的建模分析［J］. 科学学研究, 2014, 32（1）: 130-139.

［33］蔡冬松, 毕达天, 周浩. 产学研共同体信息供应链的演化博弈分析［J］. 情报理论与实践, 2013, 36（9）: 1-6.

［34］霍妍. 产学研合作评价指标体系构建及评价方法研究［J］. 科技进步与对策, 2009, 26（10）: 125-128.

［35］蒋元涛, 王璨, 陈震. 基于扎根理论的产学研网络影响因素分析: 组织的视角［C］//Proceedings of 2012 International Conference on Social Science and Education（ICSSE 2012） Volume 10. 2012: 370-374.

［36］谢园园, 梅姝娥, 仲伟俊. 基于创新过程观的产学研合作技术创新模式研究［J］. 科技进步与对策, 2012, 29（15）: 6-13.

［37］闫青, 张超豪. 产学研合作创新的模糊综合绩效评价研究［J］. 科技与经济, 2013, 26（1）: 75-79.

［38］蒋勋, 潘云涛, 苏新宁. 基于科学计量学的官产学研合作研究［J］. 图书与情报, 2014（5）: 42-52.

［39］李阳, 原长弘, 王涛, 等. 政产学研用协同创新如何有效提升企业竞争力?［J］. 科学学研究, 2016, 34（11）: 1744-1757.

［40］张慧颖, 史紫薇. 科技成果转化影响因素的模糊认知研究——基于创新扩散视角［J］. 科学学与科学技术管理, 2013, 34（5）: 28-35.

［41］周建庆. "试验田"模式的市场营销教学改革初探［J］. 张家口职业技术学院学报, 2009, 22（1）: 62-64.

［42］崔瑜琴. "实战教学"模式的市场营销教学改革探析［J］. 职业教育, 2012, 396（上）: 134.

［43］胡继荣. 应用型高校"三·三"制校企协同育人模式研究与实践［J］. 高教学刊, 2020（16）: 43-46.

［44］冉从敬, 宋凯, 何梦婷, 等. 校企合作背景下高校前沿科研团队探测模型构建——以区块链技术领域为例［J］. 现代情报, 2020, 40（6）: 46-54.

［45］张静, 原帅, 刘晓明. 应用型院校校企协同育人机制的研究与探索［J］. 科技创新导报, 2019, 16（36）: 223, 225.

［46］余祖光. 建立职业教育校企俄合作长效机制的进展、问题及其完善 [J]. 职业技术教育, 2008 (11)：45-46.

［47］胡颖蔓. 高等职业技术学院校企合作长效机制的研究与探索 [J]. 教育与职业, 2009, 11：23-25.

［48］徐建平. 建立基于双赢互利原则的校企合作长效机制 [J]. 中国高等教育, 2010, 11：46-47.

［49］曹梦婷, 方展画. 公私伙伴关系：职业教育校企合作体制机制创新模式——对澳大利亚校企对接计划的分析 [J]. 外国教育研究, 2018, 45 (5)：117-128.

［50］李祥富. 高职院校产学合作长效机制探讨 [J]. 襄阳职业技术学院学报, 2008, 7 (5)：40-41.

［51］兰小云. 行业高职院校校企合作机制研究 [D]. 上海：华东师范大学, 2013.

［52］王淑华. 构建 "政、校、企三方联动" 命运共同体的应用研究 [J]. 湖北开放职业学院学报, 2020, 33 (10)：22-24.

［53］吴慧萍. 紧密型深层次校企合作长效机制建设研究 [J]. 职教通讯, 2011, 8：47-50.

［54］吕昕. 校企合作长效机制构建的影响因素分析 [J]. 包头职业技术学院学报, 2012, 13 (3)：54-56, 62.

［55］吴强. 校企合作战略联盟长效机制影响因素分析 [J]. 技术经济与管理研究, 2015 (2)：34-37.

［56］孙龙. 韩国高校市场营销专业 "推式教育" 与 "拉式教育" 实践模式研究 [J]. 考试周刊, 2016 (78)：16-17.

［57］张宁, 崔镐圭. 韩国高校管理类专业 "3+2" 实践教学模式研究 [J]. 东方教育, 2018, 171 (9)：15-16.

［58］이우진, 황보윤. 대한민국 창업교육 연대기 : 창업교육의 특징분석과 미래 발전방안 [J]. 벤처창업연구, 2015, 10 (3)：171-183.

［59］배병렬. LISREL 구조방정식모델［M］. 서울: 도서출판 청람, 2005.

［60］이학식, 임지훈. SPSS14.0 매뉴얼［M］. 서울: 법문사, 2008.

［61］朴仁钟. 终身学习型社会与韩国的学分银行制［J］. 开放教育研究, 2012, 18（1）: 16-20.

［62］耿洁. 职业教育校企合作体制机制研究［D］.天津: 天津大学, 2011.

［63］夏征农. 辞海（中册）［M］.上海: 上海辞书出版社, 1999.

［64］龚艳霞. 高职院校校企合作长效机制研究——以我国首批国家骨干院校为例［D］. 长沙: 湖南师范大学, 2014.

［65］山东省人民政府.山东省人民政府关于打造"政产学研金服用"创新创业共同体的实施意见: 鲁政字〔2019〕49号［Z］. 2019-03-21.

［66］刘昌明. 强化高校的科研职能［J］. 江汉石油学院学报, 1988（3）: 130-135.

［67］余祖光. 职业教育校企合作的机制研究［J］. 中国职业技术教育, 2009（4）: 5-11.

［68］王艳辉. 回顾与展望: 职业教育校企合作长效机制构建研究［J］. 成人教育, 2017, 37（11）: 69-72.

［69］周常青. 校企合作研究成果与展望［J］. 合作经济与科技, 2018（12）: 182-183.

［70］孙龙, 张宁, 崔浩圭. 新形势下我国交通类本科院校校企合作的发展方向［J］. 课程教育研究, 2014, 10（下）: 44-45.

［71］叶鉴铭, 周小海. 试论"校企共同体"的共同因素及其特征［J］. 学术交流, 2010（3）: 198-201.

［72］苏海亚, 涂三广. 创建区域性校企合作联盟的实践研究［J］. 职教论坛, 2010（22）: 79-84.

［73］张海峰. 高职教育校企合作联盟的系统研究［J］. 教育与职业, 2009（20）: 5-7.

［74］吕静锋. 企业校区: 职业教育校企合作的新视点［J］. 中国职业技术教

育, 2010（30）：80-84.

［75］白志刚. 基于校企一体化机制创新的达利模式［J］. 武汉职业技术学院学报, 2009, 8（2）：40-42, 66.

［76］叶鉴铭, 徐建华, 丁学恭. 校企一体化动力机制的实证研究［J］. 教育与职业, 2009（24）：8-10.

［77］王增杰. 创办教学工厂对培养数控技能型人才的实践探索［J］. 职教论坛, 2008（6）：17-20.

［78］白敏植, 叶进宝, 张南, 等. 中东部高职"校-校-企合作"的实践［J］. 职业技术教育, 2010, 31（32）：78-80.

［79］郝志强. 美国促进职业教育校企合作的管理机制探析［J］. 职教通讯, 2011（15）：29-34.

［80］汪静. 德国职业教育法律体系保障下校企合作长效机制研究［J］. 当代职业教育, 2014（5）：109-111.

［81］郝志强, 米靖. 澳大利亚促进职业教育校企合作的管理机制探析［J］. 职教通讯, 2011（9）：49-55.

［82］汪静. 新加坡职业教育校企合作长效机制研究［J］. 深圳信息职业技术学院学报, 2014（2）：36-47.

［83］唐林伟. 高等职业教育校企合作长效机制研究：布迪厄场域理论的视角［J］. 现代教育管理, 2013（6）：92-96.

［84］马莉莉, 丁安华, 林至颖. 从"推式"到"拉式"：高等教育驱动机制的转型［J］. 中国高等教育, 2014（Z1）：19-22.

［85］李泽民, 林淼. 韩国高等教育大众化对我国高等教育发展的借鉴意义［J］. 交通高教研究, 2003（4）：52.

［86］陈琴, 胡维治. 韩国高等教育大众化发展历程及其对我国的启示［J］. 黑龙江教育（高教研究与评估）, 2008（7/8）：10-12.

［87］국립공주대학교. 2012학년도 교육과정［M］. 2017.

［88］국립공주대학교. 2012학년도 1학기 강의 일람표［M］. 2017.

［89］王冠蒽. 中韩建交以来中国学者对韩国高等教育的研究综述［J］. 延边大学学报（社会科学版），2018, 51（3）: 34-40, 140.

［90］张雷生，文春. 韩国的世界高水平大学建设研究［J］. 江苏高教，2013（2）: 146-149.

［91］张雷生. 韩国高等教育政策改革最新动向［J］. 现代教育管理，2010（8）: 112-115.

［92］赵俊芳，安泽会. 韩国"WCU计划"实施述评［J］. 高等教育研究，2016, 37（9）: 101-109.

［93］孙盘龙，辛斐斐. 韩国高水平大学建设计划成效及对我国"双一流"建设的启示［J］. 现代教育论丛，2018（6）: 86-91.

［94］艾宏歌. 当代韩国教育政策与改革动向［M］. 北京: 社会科学文献出版社，2011.

［95］李东航. 产业结构升级背景下韩国高教结构调整及其启示［J］. 高教探索，2014（3）: 71-76.

［96］朱春楠. 高等教育国际化视阈下的韩国创新型人才培养分析［J］. 东北师大学报（哲学社会科学版），2016（3）: 210-215.

［97］姜英敏，李昕. 韩国国家创新体系下的高等教育人才培养模式改革［J］. 郑州师范教育，2015, 4（5）: 1-5.

［98］국가균형발전위원회. 혁신주도형 경제주도를 위한 신 산학협력［R］. 2004.

［99］강정화. 산학협력 활성화를 위한 교육과정에 관한 고찰［J］. 디지털정책연구，2011, 9（3）: 261-271.

［100］오미숙. 4년제 대학교 관광경영학과의 전공교육과정 특성에 대한 탐색적 연구［J］. 관광학연구，2010, 34（5）: 111-130.

［101］정지선，강일규，최영렬，이길순，박상철. 산학협력 지원정책 개선방안 연구［R］. 서울: 한국직업능력개발원，2007: 179.

［102］한국대학교육협의회 대학평가원. 산업계 관점의 대학평가［DB/

OL]. www. eval. kcue. or. kr, 2010.

[103] 강경종, 김종우. 전문대학교육과정 모형개발 운영방안[J]. 한국직업능력개발원 기본연구, 2001.

[104] Song J E. Effect analysis of career decision self-efficacy and career attitude maturity of job placement program for college students[D]. Kyongg University Graduate School, 2013.

[105] 한국통계청. KOSIS 100대 지표 고용·노동: 청년층(15-29세) 실업률[DB/OL]. 한국통계청, 2018-5-2. http: //kosis. kr/conts/nsportalStats/ nsportalStats_0102Body. jsp?menuId=12&NUM=1127.

[106] Han Y J. The Study on the relationship between the Degree of Instruction Participation and Major Satisfaction and the Employment Preparation Behavior by the Major Selection Motive and their Work Valuers of university students[D]. Kyungsung University Graduate School, 2004.

[107] 高原. 看不见的手: 美国标准化教育改革中的企业参与及其批判[J]. 现代教育管理, 2018(12): 112-117.

[108] 邓毅, 张蕾. 韩国终身教育立法及其对我国的启示[J]. 中国成人教育, 2017, 23: 115-117.

[109] 장윤선, 김미림. Analyzing trends in adaptation to college life and academic achievement according to primary tuition payment method[J]. Journal of Korean Education, 2018, 45(4): 325-349.

[110] 孙龙, 张宁, 楚金华. 韩国高等教育人才培养创新驱动模式研究[J]. 中国高校科技, 2020(5): 59-64.

[111] 谢弦, 林萍. 市场营销学[M]. 北京: 北京大学出版社, 2012.

[112] 李滨, 覃素香. 消费心理学[M]. 长沙: 湖南师范大学出版社, 2013.

[113] 新华网. 十九大报告的新思想、新论断、新提法、新举措[DB/OL]. [2017-10-19]. kttp: //www. xinhuanet.com/politics/19 cpcnc/2017-10/19/ c_1121823252.htm.

[114] 王方, 高薇, 阎文谦. 市场营销专业校企合作长效机制的探索与实践 [J]. 山西财政税务专科学校学报, 2013, 15 (3): 75-77.

[115] 林昆, 郑霖娟. 基于产教融合、校企协同育人的高职人才培养模式研究与实践——以我院电子商务技术专业为例 [J]. 办公自动化, 2021, 26 (3): 28-30.

[116] 姚子龙. 校企合作下中职电子商务专业"双元三阶三型"人才培养模式探索 [J]. 职业教育 (中旬刊), 2020, 19 (7): 8-11.

[117] Keller J M. Strategies for stimulating the motivation to learn [J]. Performance and Instruction, 1987, 26 (8): 1-7.

[118] Keller J M. The systematic process of motivational design [J]. Performance and Instruction, 1987, 26 (9): 1-8.

[119] Keller J M. Development and use of the ARCS model of motivational design [J]. Journal of Instructional Development, 1987, 10 (3): 2-10.

[120] Keller J M. Motivation in cyber learning environment [J]. Educational Technology International, 1999, 1 (1): 7-30.

[121] Keller J M. First principles of motivation to learn and e3-learning [J]. Distance Education, 2008, 29 (2): 175-185.

[122] 黄飞, 李梅兰. 基于ARCS动机模型的中外教师合作教学研究与探索 [J]. 怀化学院学报, 2011, 30 (12): 104-107.

[123] 崔美玉. ARCS学习动机模型在课堂教学中的运用 [J]. 延边教育学院学报, 2007, 5: 70-73.

[124] 陈妍, 梁莹, 强丽君. 学前教育专业本科生专业认同情况的校别比较 [J]. 学前教育研究, 2008 (3): 21-24.

[125] 林燕琼. 成人教育学硕士研究生专业认同及其影响因素研究 [D]. 南昌: 南昌大学, 2020.

[126] 王萌萌. 硕士研究生专业满意度及其对学习结果的影响研究 [D]. 上海: 华东师范大学, 2020.

［127］尹军霞，杨受保，沈国娟. 基于在线课程的混合式教学在微生物学课程中的探索和实践［J/OL］. 微生物学通报：1-11［2021-06-30］. https://doi. org/10. 13344/j. microbiol. china. 200897.

［128］易乐双，段海燕. ARCS动机设计模式应用聋生英语学习动机的影响［J］. 校园英语，2019（14）：54-55.

［129］赵宪民，马欣. 论大学生的学习动机及培养［J］. 高等建筑教育，2010, 19（4）：31-33.

［130］张文龙. 浅谈大学生学习动机问题及其调适［J］. 南昌教育学院学报，2012, 27（8）：71, 80.

［131］乐传永，孙婵娟. 影响成人教育学专业认同的因素分析与对策管窥［J］. 现代远距离教育，2016（6）：11-19.

［132］赵帅. 中职护理专业生价值观、职业认同与学习动机的关系研究［D］. 牡丹江：牡丹江师范学院，2019.

［133］张燕，赵宏玉，齐婷婷，等. 免费师范生的教师职业认同与学习动机及学业成就的关系研究［J］. 心理发展与教育，2011, 27（6）：633-640.

［134］赵祥欣，马英，杨卫东，等. 高职医疗器械类专业学生专业认同及学习动机调查［J］. 中国医药导报，2021, 18（2）：39-43.

［135］秦海燕. 基于期望理论的大学新生学习动机的影响因素及激励措施研究——以安徽省两所高校的实证调查为例［J］. 西华大学学报（哲学社会科学版），2019, 38（2）：95-103.

［136］吴健安，聂元昆. 市场营销学［M］. 北京：高等教育出版社，2017.

［137］王荣. 高校大学生专业认同现状及提升［J］. 陕西青年职业学院学报，2015（4）：43-45.

［138］赵慧勇，宁静. 高职生专业认同特点及其与学习动机的关系［J］. 宁波大学学报（教育科学版），2013, 35（4）：95-99.

［139］정경석. 학업 수준별 고등학생들의 수학 학습동기 및 교과서와 익힘책의 동기유발 요소 분석［D］. 고려대학교 교육대학원 석사학위논문，2013.

［140］박수경. 전략을 적용한 구성주의적 수업이 과학개념 획득과 동기
유발에 미치는 효과［D］. 부산대학교 박사학위논문, 1998.

［141］Grebe L. Screencasts: the mediating role of relevance in the
relationship between attention and confidence in the ARCS model［J］. International
Journal of Web–Based Learning and Teaching Technologies, 2021, 16（3）: 17–38.

［142］Rong Z. ARCS motivation–based study on the micro–lesson teaching
practice of college english［A］//辽宁省翻译学会、东北亚语言文学与翻译国际学
术论坛组委会. 第九届东北亚语言文学与翻译国际研讨会论文集［C］. 辽宁省翻
译学会、东北亚语言文学与翻译国际学术论坛组委会: 辽宁省翻译学会, 2020: 7.

［143］张培. 高等职业教育校企合作长效机制构建研究［J］. 教育理论与实
践, 2016（6）: 15–17.

［144］卢峰. 职业教育校企合作长效机制探究［J］. 现代教育管理, 2016
（2）: 106–110.

［145］冯建军. 高等职业教育校企合作长效机制问题研究［J］. 湖北经济学
院学报, 2008, 6（4）: 125–128.

［146］付俊薇, 梁艳清, 杨志伟. 博弈视域下高职教育校企合作长效机制的
构建［J］. 职业技术教育, 2015（9）: 53–57.

［147］王瑞荣, 李志彬. 利益相关者视角下高职院校校企合作长效机制的
构建［J］. 教育与职业, 2014（11）: 21–23.

［148］张欣欣, 赵立民, 欧阳河. 我国职业教育校企合作创新路径［J］. 职
业技术教育, 2015（34）: 8–13.

［149］郑雅萍. 再论职业教育校企合作运行机制的构建与完善［J］. 中国成
人教育, 2012（4）: 5–6.

［150］李正卫, 王迪钊, 李孝缪. 校企合作现状与影响因素实证研究: 以浙
江为例［J］. 科技进步与对策, 2012, 29（21）: 150–154.

［151］李梦学. 地球观测领域国际科技合作机制与模式研究［D］. 武汉: 武
汉理工大学, 2008.

［152］吴建新，易雪玲，欧阳河，等. 职业教育校企合作四维分析概念模型及指标体系构建［J］. 高教探索，2015（5）：87–93.

［153］马玉宝. 产学研合作推进创意产业发展研究［J］. 科技经济导刊，2021，29（11）：168–169.

［154］吴继文，王娟茹. 中国产学研合作的产生、发展过程和趋势［J］. 科技与管理，2002（4）：6–8.

［155］任媛媛，陆婉清，丁元欣，等. 两种新型产学研合作组织发展问题与对策研究——以安徽省为例［J］. 科学管理研究，2017，35（4）：56–59.

［156］孙善林，彭灿. 产学研协同创新项目绩效评价指标体系研究［J］. 科技管理研究，2017，37（4）：89–95.

［157］周晓芝，于桂玲，李萍，等. 产学研协同创新知识产权风险评价指标体系研究［J］. 会计之友，2020（12）：68–76.

［158］申帅. 产学研协同视域下跨境电商专业人才培养研究［J］. 淮南职业技术学院学报，2021，21（2）：77–78.

［159］佚名. 产学研共建　产业链共享　打造产业发展的新高地［J］. 求贤，2021（3）：21.

［160］郭咏嘉. 政产学研结合推进区域协同创新［J］. 中国高校科技，2017（Z1）：56–58.

［161］于海宇. 构建政产学研协同科技创新体系的思考［J］. 科学管理研究，2019，37（4）：12–16.

［162］陈云. 产学研合作相关概念辨析及范式构建［J］. 科学学研究，2012，30（8）：1206–1210，1252.

［163］Holst S. PERFORMING POWER—Social production of space, modest of political production and ways to power in late prehistory elucidate with a case study of the Tissφ Complex［D］. Aarhus University, 2016.

［164］方国威. 政府在产学研结合模式中的角色与对策分析［D］. 武汉：武汉大学，2010.

[165] 韩红艳, 张建国, 张谨华, 等. 论地方高校政产学研合作的团队建设 [J]. 晋中学院学报, 2018, 35 (6): 73–75.

[166] 李清臣. 做好政产学研 "四个引领" 提升高校服务地方能力 [J]. 河南教育 (高教), 2015 (7): 50–51.

[167] 蔡三发, 缪铮铮. "政产学研用" 五位一体模式探究 [J]. 中国高校科技, 2019 (12): 72–75.

[168] 周敏. 促进政产学研用合作的对策与建议 [J]. 中国高校科技, 2013 (7): 66–67.

[169] 赵娜. 五位一体的 "政产学研用" 合作策略研究 [J]. 福建论坛 (社科教育版), 2010 (12): 97–98.

[170] 李储学. 创新发展理念下地方政产学研用协同创新研究 [J]. 黄河科技学院学报, 2019, 21 (1): 115–121.

[171] 雷明镜, 张华, 武卫东, 等. "政产学研用" 多元协同育人机制探索——以上海理工大学制冷空调产业学院 (含山) 为例 [J]. 高等工程教育研究, 2020 (6): 81–85.

[172] 王萍萍. "政产学研金服用" 创新共同体协同机制研究——基于协同创新网络的视角 [J]. 上海市经济管理干部学院学报, 2019, 17 (4): 1–9.

[173] 健全科技中介服务体系 促进科技成果转化 [J]. 中国科技产业, 2021 (2): 18–21.

[174] 张文强. 国内外大学生创业比较研究 [J]. 河南社会科学, 2013, 21 (8): 72–74.

[175] 魏小琳. 国外创业教育发展的特征及启示 [J]. 教育发展研究, 2011, 31 (9): 55–59.

[176] Lee W J, Kim Y T, Hwang B Y. 해외 대학의 창업교육 현황과 특징에 관한 연구 : 미국 5개 대학 사례를 중심으로 [J]. 벤처창업연구, 2013, 8 (1): 99–110.

[177] 朱春楠. 韩国高校创业教育动因及特色分析 [J]. 外国教育研究,

2012, 39（8）：23–29.

［178］Park J W, Ahn T W. 대학생의 전공만족도가 창업교육의 효과에 미치는 영향［J］. 한국경영교육학회·학술발표대회논문집, 2016（1）：1–19.

［179］朴钟鹤. 韩国高校创业教育发展与创新——以五所"创业研究生院"为例［J］. 比较教育研究, 2013, 35（5）：63–67.

［180］Lee W J, Hwang B Y. The chronology of Korean entrepreneurship education：The feature analysis and future development of entrepreneurship education［J］. 벤처창업연구, 2015, 10（3）：171–182.

［181］张彦. 高校创新创业教育的观念辨析与战略思考［J］. 中国高等教育, 2010, 23：45–46.

［182］大学生创业网. 中国教育报［J］［DB/OL］.［2007–05–31］. http：//www. studentboss. com/html/news/2007–05–31/10546. htm.

［183］陈敬朴. 一种培养创业能力的课程［J］. 课程·教材·教法, 1992（3）：57–60.

［184］罗志敏, 夏人青. 高校创业教育的本质与逻辑［J］. 教育发展研究, 2011（1）：29–33.

［185］刘影, 赵志军. 论构建与实施高校创业教育体系［J］. 中国高教研究, 2006（1）：83–84.

［186］胡桃, 沈莉. 国外创新创业教育模式对我国高校的启示［J］. 中国大学教学, 2013（2）：91–94, 90.

［187］蒋婷. 走向学校合作的紫西教育共同体建设研究［D］. 南京：南京师范大学, 2020.

［188］王璐璐. 共同体：从传统到现代的转变及其伦理意蕴［J］. 伦理学研究, 2014（6）：77–80.

［189］Marx Weber. Basic concepts in sociology［M］. Shanghai：Shanghai People's Publishing House, 2005：65–69.

［190］Sigmund Bauman. Community：seeking security in an uncertain world［M］. Trans. Ouyang Jinggen. Nanjing: Jiangsu People's Publishing House, 2003: 69–88.

［191］叶云霞. 产教融合发展的"基本金"与"创新链"分析［J］. 教育理论与实践, 2021, 41（6）: 25–28.

［192］祝爱民, 苏长利, 于丽娟, 等. 产学研合作系统和谐性评价指标体系构建研究［J］. 沈阳工业大学学报（社会科学版）, 2019, 12（3）: 257–262.

［193］王天擎, 李琪. 基于RS–DEA的产学研合作效率评价模型［J］. 系统科学学报, 2018, 26（2）: 126–130.

［194］金芙蓉, 罗守贵. 产学研合作绩效评价指标体系研究［J］. 科学管理研究, 2009, 27（3）: 43–46, 68.

［195］山东省科学技术厅. 山东省"政产学研金服用"创新创业共同体绩效评价办法［S］. 山东省人民政府公报, 2020.

［196］成泷, 蔡俊亚, 杨毅, 贾卫峰. 依赖性与嵌入性: 产学研合作创新持续性研究［J］. 科技进步与对策, 2020, 37（10）: 29–36.

［197］郑志霞. 高职教育校企合作面临的问题及有效性评价研究［J］. 产业科技创新, 2020, 2（34）: 125–126.

［198］吴明隆. SPSS统计应用实务: 问卷分析与应用统计［M］. 北京: 科学出版社, 2003.

［199］张宁, 孙龙, 钟安原.创新创业共同体: 形成·架构·评价——以"政产学研金服用"为观照点［J］.中国高校科技, 2022（10）: 60–68.

附录1
调查问卷1

基于校企协同育人的电子商务专业期望与专业认同对学习动机的影响关系研究

　　您好，我是山东交通学院国际商学院调研团队，正在进行关于基于校企协同育人的电子商务专业期望与专业认同对学习动机的影响关系研究的调查问卷，主要希望掌握学生学习状态与学习情况。本问卷采用匿名填写，只针对电子商务专业学生，仅供研究分析，不会做其他用途。请您按照自己的实际情况进行填写，不要遗漏题目。感谢您的帮助！

　　1.您的性别 ［单选题］

　　○男

　　○女

　　2.就读班级 ［填空题］

　　3.目前的年级 ［单选题］

　　○大一

　　○大二

　　○大三

　　○大四

4.下列关于专业认同的问题，请选择最贴近的一项［矩阵单选题］

	完全不认同	不太认同	中立	比较认同	完全认同
4-1提到学习本专业，我感到自豪					
4-2我热爱本专业的专业研究					
4-3我支持同学就读本专业					
4-4我对本专业的师资配置感到认同					
4-5我对本专业的课程安排感到认同					
4-6我认为自己毕业后会从事专业相关工作					
4-7我自己制定专业学习的长远规划					
4-8我越来越觉得自己应该在本专业继续深造					
5-1我了解就业所需的相关知识					
5-2我了解本专业理论知识					
5-3我愿意花大量的时间进行专业学习					
5-4我认同外界对电子商务专业的评价					
5-5我熟悉电子商务领域的现有研究前沿					

5.下列关于专业期望的问题，请选择最贴近的一项［矩阵单选题］

	完全不认同	不太认同	中立	比较认同	完全认同
6-1我认为课程实训效果会影响自己的专业期望值					
6-2我认为学校对教学的态度会影响自己的专业期望值					
6-3我认为课程教学目标会影响自己的专业期望值					
6-4我认为教学理念会影响自己的专业期望值					

续表

	完全不认同	不太认同	中立	比较认同	完全认同
6–5我认为理论课程与本专业实践课程的衔接会影响自己的专业期望值					
6–6我认为专业图书资料质量会影响自己的专业期望值					
6–7我认为专业就业信息会影响自己的专业期望					
6–8我认为专业使用软件的质量会影响自己的专业期望值					
7–1我认为教师师德会影响自己的专业期望值					
7–2我认为教师指导质量会影响自己的专业期望值					
7–3我认为教师指导方式会影响自己的专业期望值					
7–4我认为师生关系会影响自己的专业期望值					

6.下列关于学习动机的问题，请选择最贴近的一项 ［矩阵单选题］

	完全不认同	不太认同	中立	比较认同	完全认同
8–1教师充满热情的授课会吸引我					
8–2教师讲解重点时，我会集中注意力听讲					
8–3我会专注于专业课程内容学习					
8–4教师运用有趣方法授课会吸引我					
8–5上课时教师的提问能激发我的好奇心					
9–1我认为课程学习的内容将来会对我有用					

	完全不认同	不太认同	中立	比较认同	完全认同
9-2我认为专业课程与我关注的内容关联度高					
9-3我认为本专业课程对个人发展很有帮助					
9-4本专业课程内容与我已知知识有很大关联					
9-5我很清楚商学院课程内容与我已知知识之间的关联度					
9-6课程内容与我的想法和目标一致					
9-7课程内容和我关心的领域相关联					
9-8我认为专业课程对我来说有用					
9-9课程内容与我的实际生活相关联					
10-1我有信心学好本专业的课程					
10-2我认为能准确地理解专业课程知识					
10-3本专业课程内容能增强我的专业自信					
10-4我很难预测自己的考试成绩					
10-5我认为自己具备课上掌握课程内容的能力					
10-6我认为商学院课程设置难度适中					
10-7我有自信准备好专业课考试					
11-1本专业课程体系设计让我满意					
11-2我愿意学习本专业课程内容					
11-3我对课堂上学到的知识感到满意					
11-4我认为课堂上学到的知识容易理解					
11-5我喜欢通过和其他学生比较产生获得感					
11-6我对老师给我的成绩感到满意					

★ 再次感谢您的帮助！★

附录2
调查问卷2

应用型本科院校管理类专业校企合作长效机制评价指标及影响因素调查问卷

您好!

本调查问卷是关于校企合作长效机制评价指标及影响因素的研究,请仔细阅读各个题目,不遗漏任何一道题目。本调查将会采用匿名统计。我保证您提供的回答只用于学术研究,对于您协助参与本次调查表示衷心的感谢。

第一部分 下面是关于应用型本科院校管理类专业校企合作长效机制评价指标及影响因素的问题,请在您认为正确的选项划"√"。

问题	非常重要	重要	一般	不太重要	完全不重要
1.企业的规模	5	4	3	2	1
2.企业经济实力	5	4	3	2	1
3.高校人力资源	5	4	3	2	1
4.高校发展目标与企业战略目标的契合度	5	4	3	2	1

续表

问题	非常重要	重要	一般	不太重要	完全不重要
5.高校人才培养的质量	5	4	3	2	1
6.高校承担科学研究与社会服务的师资水平	5	4	3	2	1
7.高校二级管理的落实	5	4	3	2	1
8.高校文化与校企合作企业文化的兼容性	5	4	3	2	1
9.政府在校企合作长效关系维护上的政策支持	5	4	3	2	1
10.政府法律法规支持	5	4	3	2	1
11.政府为校企合作交流沟通平台的建设	5	4	3	2	1
12.校企合作双方共享人力资源成果	5	4	3	2	1
13.校企合作双方共享科学研究成果	5	4	3	2	1
14.校企合作双方共享技术服务和社会服务成果	5	4	3	2	1

第二部分　下面是有关基础信息的问题，请填入正确信息。

1. 贵公司所有制：（　　）①国有企业 ②民营企业 ③其他

2. 员工规模：（　　）①2000人及以上 ②500～1999人 ③未满500人

3. 贵公司参与校企合作的目的是否实现：（　　）①没有 ②部分实现 ③完全实现

4. 贵公司是否愿意参与校企合作：（　　）①非常愿意 ②愿意 ③一般 ④不愿意

5. 贵公司认为开展校企合作对企业的重要性：（　　）①非常重要 ②重要 ③一般 ④不重要

★ 对于您的大力支持表示衷心的感谢 ★

附录3
调查问卷3

山东省"政产学研金服用"创新创业共同体评价体系研究

尊敬的先生/女士:

您好! 这是一份关于山东省"政产学研金服用"创新创业共同体评价体系各指标权重分配的调查问卷。此研究拟以现有的研究文献为基础,研究山东省"政产学研金服用"创新创业共同体评价体系以及各指标权重,建立一套科学合理的、切合实际的指标体系。 您的答案对于该套指标体系的形成非常重要。真诚期待您对本研究任何的建议和意见! 请您耐心填写,万分感谢!

一、个人信息

您的身份［单选题］

○政府工作人员

○企业工作人员

○高校教师

○研发机构科研人员

○金融机构工作者

○科技服务业从业者

○创新产品、平台用户

○其他 _____

二、指标调查

请根据您的经验来判断每一指标的重要性程度。"5"表示非常重要,中间数以"4""3""2"递减,"1"表示非常不重要。若有其他建议,请于修改意见栏中写下您的宝贵建议。

(一) 合作创新深度

1. 您认为"参与主体投入资源种类"对于"政产学研金服用"创新创业共同体评价的重要程度为〔矩阵量表题〕

	1	2	3	4	5
参与主体投入资源种类	○	○	○	○	○

2. 您认为"投入资源数量"在"政产学研金服用"创新创业共同体评价中的重要程度为〔矩阵量表题〕

	1	2	3	4	5
投入资源数量	○	○	○	○	○

3.您认为"投入方式"在"政产学研金服用"创新创业共同体评价中的重要程度为〔矩阵量表题〕

	1	2	3	4	5
投入方式	○	○	○	○	○

4. 您认为"契约性合作比例"在"政产学研金服用"创新创业共同体评价中的重要程度为〔矩阵量表题〕

	1	2	3	4	5
契约性合作比例	○	○	○	○	○

5.您认为"企业主导程度"在"政产学研金服用"创新创业共同体评价中的重要程度为〔矩阵量表题〕

	1	2	3	4	5
企业主导程度	○	○	○	○	○

（二）合作创新广度

1. 您认为"合作创新主体数量"在"政产学研金服用"创新创业共同体评价中的重要程度为〔矩阵量表题〕

	1	2	3	4	5
合作创新主体数量	○	○	○	○	○

2. 您认为"合作创新内容项数"在"政产学研金服用"创新创业共同体评价中的重要程度为〔矩阵量表题〕

	1	2	3	4	5
合作创新内容项数	○	○	○	○	○

3. 您认为"参与项目学生比例"在"政产学研金服用"创新创业共同体评价中的重要程度为〔矩阵量表题〕

	1	2	3	4	5
参与项目学生比例	○	○	○	○	○

4. 您认为"参与项目教师比例"在"政产学研金服用"创新创业共同体评价中的重要程度为〔矩阵量表题〕

	1	2	3	4	5
参与项目教师比例	○	○	○	○	○

5. 您认为"参与项目用户比例"在"政产学研金服用"创新创业共同体评价中的重要程度为〔矩阵量表题〕

	1	2	3	4	5
参与项目用户比例	○	○	○	○	○

（三）合作创新持续度

1. 您认为"共同体存续时间"在"政产学研金服用"创新创业共同体评价中的重要程度为［矩阵量表题］

	1	2	3	4	5
共同体存续时间	○	○	○	○	○

2. 您认为"合作创新平均持续时间"在"政产学研金服用"创新创业共同体评价中的重要程度为［矩阵量表题］

	1	2	3	4	5
合作创新平均持续时间	○	○	○	○	○

3. 您认为"合作创新最长持续时间"在"政产学研金服用"创新创业共同体评价中的重要程度为［矩阵量表题］

	1	2	3	4	5
合作创新最长持续时间	○	○	○	○	○

4. 您认为"项目合作频率"在"政产学研金服用"创新创业共同体评价中的重要程度为［矩阵量表题］

	1	2	3	4	5
项目合作频率	○	○	○	○	○

5. 您认为"项目合作创新参与主体稳定比例"在"政产学研金服用"创新创业共同体评价中的重要程度为［矩阵量表题］

	1	2	3	4	5
项目合作创新参与主体稳定比例	○	○	○	○	○

6. 您认为"合作创新管理机构"在"政产学研金服用"创新创业共同体评价中的重要程度为［矩阵量表题］

	1	2	3	4	5
合作创新管理机构	○	○	○	○	○

7. 您认为"合作创新服务机构"在"政产学研金服用"创新创业共同体评价中的重要程度为［矩阵量表题］

	1	2	3	4	5
合作创新服务机构	○	○	○	○	○

8. 您认为"合作创新法规与制度"在"政产学研金服用"创新创业共同体评价中的重要程度为［矩阵量表题］

	1	2	3	4	5
合作创新法规与制度	○	○	○	○	○

9. 您认为"合作创新运行效果"在"政产学研金服用"创新创业共同体评价中的重要程度为［矩阵量表题］

	1	2	3	4	5
合作创新运行效果	○	○	○	○	○

（四）合作创新有效度

1. 您认为"政府满意度"在"政产学研金服用"创新创业共同体评价中的重要程度为［矩阵量表题］

	1	2	3	4	5
政府满意度	○	○	○	○	○

2. 您认为"企业满意度"在"政产学研金服用"创新创业共同体评价中的重要程度为［矩阵量表题］

	1	2	3	4	5
企业满意度	○	○	○	○	○

3. 您认为"高校满意度"在"政产学研金服用"创新创业共同体评价中的重要程度为〔矩阵量表题〕

	1	2	3	4	5
高校满意度	○	○	○	○	○

4. 您认为"研究院所满意度"在"政产学研金服用"创新创业共同体评价中的重要程度为〔矩阵量表题〕

	1	2	3	4	5
研究院所满意度	○	○	○	○	○

5. 您认为"用户满意度"在"政产学研金服用"创新创业共同体评价中的重要程度为〔矩阵量表题〕

	1	2	3	4	5
用户满意度	○	○	○	○	○

6. 您认为"金融机构满意度"在"政产学研金服用"创新创业共同体评价中的重要程度为〔矩阵量表题〕

	1	2	3	4	5
金融机构满意度	○	○	○	○	○

7. 您认为"科技中介服务机构满意度"在"政产学研金服用"创新创业共同体评价中的重要程度为〔矩阵量表题〕

	1	2	3	4	5
科技中介服务机构满意度	○	○	○	○	○

8. 您认为"合作创新成果数"在"政产学研金服用"创新创业共同体评价中的重要程度为〔矩阵量表题〕

	1	2	3	4	5
合作创新成果数	○	○	○	○	○

9. 您认为"培养学生就业率"在"政产学研金服用"创新创业共同体评价中的重要程度为［矩阵量表题］

	1	2	3	4	5
培养学生就业率	○	○	○	○	○

10. 您认为"培养'双师型'教师比例"在"政产学研金服用"创新创业共同体评价中的重要程度为［矩阵量表题］

	1	2	3	4	5
培养"双师型"教师比例	○	○	○	○	○

11. 您认为"政府综合收益"在"政产学研金服用"创新创业共同体评价中的重要程度为［矩阵量表题］

	1	2	3	4	5
政府综合收益	○	○	○	○	○

12. 您认为"企业综合收益"在"政产学研金服用"创新创业共同体评价中的重要程度为［矩阵量表题］

	1	2	3	4	5
企业综合收益	○	○	○	○	○

13. 您认为"高校综合收益"在"政产学研金服用"创新创业共同体评价中的重要程度为［矩阵量表题］

	1	2	3	4	5
高校综合收益	○	○	○	○	○

14. 您认为"研究院所综合收益"在"政产学研金服用"创新创业共同体评价中的重要程度为［矩阵量表题］

	1	2	3	4	5
研究院所综合收益	○	○	○	○	○

15. 您认为"用户综合收益"在"政产学研金服用"创新创业共同体评价中的重要程度为 [矩阵量表题]

	1	2	3	4	5
用户综合收益	○	○	○	○	○

16. 您认为"金融机构综合收益"在"政产学研金服用"创新创业共同体评价中的重要程度为 [矩阵量表题]

	1	2	3	4	5
金融机构综合收益	○	○	○	○	○

17. 您认为"科技中介服务机构综合收益"在"政产学研金服用"创新创业共同体评价中的重要程度为 [矩阵量表题]

	1	2	3	4	5
科技中介服务机构综合收益	○	○	○	○	○

★ 对于您的大力支持表示衷心的感谢 ★

附录4
调查问卷4

"政产学研金服用"创新创业共同体合作创新
评价体系研究

尊敬的先生/女士：

您好！这是一份关于山东省"政产学研金服用"创新创业共同体合作创新评价体系各指标权重分配的调查问卷。此研究拟以现有的研究文献为基础，研究山东省"政产学研金服用"创新创业共同体评价体系以及各指标权重，建立一套科学合理的、切合实际的指标体系。您的答案对于该套指标体系的形成非常重要。真诚期待您对本研究任何的建议和意见！请您耐心填写，万分感谢！

一、对于目标【"政产学研金服用"创新创业共同体合作创新】请填写以下题目。

1.【合作创新深度（合作创新各方资源交流程度）】比【合作创新广度（合作创新范围/领域）】，重要程度比较为 [单选题]

○4倍（极端重要）

○3倍（非常重要）

○2倍（比较重要）

○3/2倍（稍微重要）

○1倍（同样重要）

○2/3（稍微不重要）

○1/2（比较不重要）

○1/3（非常不重要）

○1/4（极端不重要）

2.【合作创新深度（合作创新各方资源交流程度）】比【合作创新持续（共同体合作创新持续时间）】，重要程度比较为［单选题］

○4倍（极端重要）

○3倍（非常重要）

○2倍（比较重要）

○3/2倍（稍微重要）

○1倍（同样重要）

○2/3（稍微不重要）

○1/2（比较不重要）

○1/3（非常不重要）

○1/4（极端不重要）

3.【合作创新深度（合作创新各方资源交流程度）】比【合作创新有效（共同体合作创新给参与主体带来的成果效益）】，重要程度比较为［单选题］

○4倍（极端重要）

○3倍（非常重要）

○2倍（比较重要）

○3/2倍（稍微重要）

○1倍（同样重要）

○2/3（稍微不重要）

○1/2（比较不重要）

○1/3（非常不重要）

○1/4（极端不重要）

4.【合作创新广度（合作创新范围/领域）】比【合作创新持续（共同体合作创新持续时间）】，重要程度比较为［单选题］

○4倍（极端重要）

○3倍（非常重要）

○2倍（比较重要）

○3/2倍（稍微重要）

○1倍（同样重要）

○2/3（稍微不重要）

○1/2（比较不重要）

○1/3（非常不重要）

○1/4（极端不重要）

5.【合作创新广度（合作创新范围/领域）】比【合作创新有效（共同体合作创新给参与主体带来的成果效益）】，重要程度比较为［单选题］

○4倍（极端重要）

○3倍（非常重要）

○2倍（比较重要）

○3/2倍（稍微重要）

○1倍（同样重要）

○2/3（稍微不重要）

○1/2（比较不重要）

○1/3（非常不重要）

○1/4（极端不重要）

6.【合作创新持续（共同体合作创新持续时间）】比【合作创新有效（共同体合作创新给参与主体带来的成果效益）】，重要程度比较为［单选题］

○4倍（极端重要）

○3倍（非常重要）

○2倍（比较重要）

○3/2倍（稍微重要）

○1倍（同样重要）

○2/3（稍微不重要）

○1/2（比较不重要）

○1/3（非常不重要）

○1/4（极端不重要）

二、对于一级指标【合作创新深度（合作创新各方资源交流程度）】请填写以下题目。

7.【共同体各方投入资源】比【契约性合作】，重要程度比较为［单选题］

○4倍（极端重要）

○3倍（非常重要）

○2倍（比较重要）

○3/2倍（稍微重要）

○1倍（同样重要）

○2/3（稍微不重要）

○1/2（比较不重要）

○1/3（非常不重要）

○1/4（极端不重要）

8.【共同体各方投入资源】比【企业主导性】，重要程度比较为［单选题］

○4倍（极端重要）

○3倍（非常重要）

○2倍（比较重要）

○3/2倍（稍微重要）

○1倍（同样重要）

○2/3（稍微不重要）

○1/2（比较不重要）

○1/3（非常不重要）

○1/4（极端不重要）

9.【契约性合作】比【企业主导性】，重要程度比较为［单选题］

○4倍（极端重要）

○3倍（非常重要）

○2倍（比较重要）

○3/2倍（稍微重要）

○1倍（同样重要）

○2/3（稍微不重要）

○1/2（比较不重要）

○1/3（非常不重要）

○1/4（极端不重要）

三、对于一级指标【合作创新广度（合作创新范围/领域）】请填写
以下题目。

10.【合作主体】比【合作内容】，重要程度比较为［单选题］

○4倍（极端重要）

○3倍（非常重要）

○2倍（比较重要）

○3/2倍（稍微重要）

○1倍（同样重要）

○2/3（稍微不重要）

○1/2（比较不重要）

○1/3（非常不重要）

○1/4（极端不重要）

11.【合作主体】比【合作受众参与度】，重要程度比较为［单选题］

○4倍（极端重要）

○3倍（非常重要）

○2倍（比较重要）

○3/2倍（稍微重要）

○1倍（同样重要）

○2/3（稍微不重要）

○1/2（比较不重要）

○1/3（非常不重要）

○1/4（极端不重要）

12.【合作内容】比【合作受众参与度】，重要程度比较为［单选题］

○4倍（极端重要）

○3倍（非常重要）

○2倍（比较重要）

○3/2倍（稍微重要）

○1倍（同样重要）

○2/3（稍微不重要）

○1/2（比较不重要）

○1/3（非常不重要）

○1/4（极端不重要）

四、对于一级指标【合作创新持续度（共同体合作创新持续时间）】请填写以下题目。

13.【共同体存续时间】比【合作创新持续时间】，重要程度比较为［单选题］

○4倍（极端重要）

○3倍（非常重要）

○2倍（比较重要）

○3/2倍（稍微重要）

○1倍（同样重要）

○2/3（稍微不重要）

○1/2（比较不重要）

○1/3（非常不重要）

○1/4（极端不重要）

14.【共同体存续时间】比【合作创新频度】，重要程度比较为［单选题］

○4倍（极端重要）

○3倍（非常重要）

○2倍（比较重要）

○3/2倍（稍微重要）

○1倍（同样重要）

○2/3（稍微不重要）

○1/2（比较不重要）

○1/3（非常不重要）

○1/4（极端不重要）

15.【共同体存续时间】比【合作创新的稳定性】，重要程度比较为［单选题］

○4倍（极端重要）

○3倍（非常重要）

○2倍（比较重要）

○3/2倍（稍微重要）

○1倍（同样重要）

○2/3（稍微不重要）

○1/2（比较不重要）

○1/3（非常不重要）

○1/4（极端不重要）

16.【共同体存续时间】比【合作创新机制】，重要程度比较为［单选题］

○4倍（极端重要）

○3倍（非常重要）

○2倍（比较重要）

○3/2倍（稍微重要）

○1倍（同样重要）

○2/3（稍微不重要）

○1/2（比较不重要）

○1/3（非常不重要）

○1/4（极端不重要）

17.【合作创新持续时间】比【合作创新频度】，重要程度比较为［单选题］

○4倍（极端重要）

○3倍（非常重要）

○2倍（比较重要）

○3/2倍（稍微重要）

○1倍（同样重要）

○2/3（稍微不重要）

○1/2（比较不重要）

○1/3（非常不重要）

○1/4（极端不重要）

18.【合作创新持续时间】比【合作创新的稳定性】，重要程度比较为
［单选题］

○4倍（极端重要）

○3倍（非常重要）

○2倍（比较重要）

○3/2倍（稍微重要）

○1倍（同样重要）

○2/3（稍微不重要）

○1/2（比较不重要）

○1/3（非常不重要）

○1/4（极端不重要）

19.【合作创新持续时间】比【合作创新机制】，重要程度比较为［单选题］

○4倍（极端重要）

○3倍（非常重要）

○2倍（比较重要）

○3/2倍（稍微重要）

○1倍（同样重要）

○2/3（稍微不重要）

○1/2（比较不重要）

○1/3（非常不重要）

○1/4（极端不重要）

20.【合作创新频度】比【合作创新的稳定性】，重要程度比较为［单选题］

○4倍（极端重要）

○3倍（非常重要）

○2倍（比较重要）

○3/2倍（稍微重要）

○1倍（同样重要）

○2/3（稍微不重要）

○1/2（比较不重要）

○1/3（非常不重要）

○1/4（极端不重要）

21.【合作创新频度】比【合作创新机制】，重要程度比较为［单选题］

○4倍（极端重要）

○3倍（非常重要）

○2倍（比较重要）

○3/2倍（稍微重要）

○1倍（同样重要）

○2/3（稍微不重要）

○1/2（比较不重要）

○1/3（非常不重要）

○1/4（极端不重要）

22.【合作创新的稳定性】比【合作创新机制】，重要程度比较为［单选题］

○4倍（极端重要）

○3倍（非常重要）

○2倍（比较重要）

○3/2倍（稍微重要）

○1倍（同样重要）

○2/3（稍微不重要）

○1/2（比较不重要）

○1/3（非常不重要）

○1/4（极端不重要）

五、对于一级指标【合作创新有效度（共同体合作创新给参与主体带来的成果效益）】请填写以下题目。

23.【合作创新满意度】比【合作创新成果】，重要程度比较为［单选题］

○4倍（极端重要）

○3倍（非常重要）

○2倍（比较重要）

○3/2倍（稍微重要）

○1倍（同样重要）

○2/3（稍微不重要）

○1/2（比较不重要）

○1/3（非常不重要）

○1/4（极端不重要）

24.【合作创新满意度】比【合作创新收益】，重要程度比较为［单选题］

○4倍（极端重要）

○3倍（非常重要）

○2倍（比较重要）

○3/2倍（稍微重要）

○1倍（同样重要）

○2/3（稍微不重要）

○1/2（比较不重要）

○1/3（非常不重要）

○1/4（极端不重要）

25.【合作创新成果】比【合作创新收益】，重要程度比较为［单选题］

○4倍（极端重要）

○3倍（非常重要）

○2倍（比较重要）

○3/2倍（稍微重要）

○1倍（同样重要）

○2/3（稍微不重要）

○1/2（比较不重要）

○1/3（非常不重要）

○1/4（极端不重要）

后 记

　　本书以校企合作为切入点，介绍了"政产学研金服用"创业创新共同体形成的时代背景与过程，提炼出韩国高校经管类专业实践教学模式的优秀做法与人才培养创新驱动模式，试图通过国外案例的分析为我国高校校企合作发展提供创新思路与具体做法的有效借鉴；本书从教育受众学情分析出发，对我国大学生学习动机的变化趋势进行了检测，并通过文献梳理与理论研究形成了国内高校楔形育人模式基础上的校企合作、政校企合作以及"政产学研金服用"创新创业共同体的评价指标体系，特别介绍了"互联网+"时代到来后，产业竞争与产业发展带来的"政产学研金服用"创新创业共同体新组织形式的架构特点与沟通网络，通过实证分析为"政产学研金服用"创新创业共同体合作创新评价指标的四个维度——深度、广度、有效度、持续度——进行了赋权，为共同体各参与主体合作创新决策，特别是合作伙伴的选择、资源配置与实施效果评价等方面提供了理论基础。

　　未来研究方面，伴随着"政产学研金服用"创新创业共同体合作创新实践运行逐渐深入，合作创新的实际效果评价研究将成为业界关注的焦点问题；以此为基础，将决定未来创新创业共同体的发展方向与建设思路是否需要调整以及如何调整。山东省作为打造"政产学研金服用"创新创业共同体的先行省份，其实践过程与成效有助于形成创新创业共同体合作创新的"山东经验"与"齐鲁样板"，为未来我国创新创业研究与实践奠定良好基础。

　　本书得到山东省社会科学规划研究项目、山东省教育教学研究重点课题、山东交通学院教学改革研究重大项目、山东交通学院博士科研启动金等项目资助，以校企合作到"政产学研金服用"创新创业共同体合作创新的演化与评价为主线，对教育教学研究与科研课题研究的对象与内容进行了串联与聚焦，在此基础上形成了本书的主体研究内容与研究框架。成书过程中，笔者采用了近年来发表的包括核心期刊等近十篇教科研论文与包括中国交通教育研究会、山东省教育教学研究院等机构的教育研究课题以及山东省社会科学规划管理办公室、山东省社会科学界联合会等机构的科研课题等研究成果，在多方共同努力下完成本书。

　　本书得以顺利完成，首先笔者要感谢工作单位与研究团队，在这个过程中得到了山东交通学院管理学院、经济与管理学院、国际商学院各位领导与老师的帮助，同时得到了科研处、教务处、学科与发展规划处等相关部门的支持；此外，笔者更要感谢父母与家人，他们不辞辛苦地承担了大部分的家务与孩子抚养工作，让笔者有更多的时间与精力专心修改与完善本书内容；最后，笔者还要感谢中国海洋大学出版社对本书出版的大力支持。本书得以出版，笔者不敢有丝毫欣慰，书中难免会出现错误与缺陷，许多问题还需要更深层次的探讨，这些将激励笔者不断学习与进步。同时，笔者在书中参考近年来的学术研究新成果，对其作者也深表谢意。因为篇幅原因，如有遗漏而未能一一标出者，敬请谅解。

孙龙　张宁

2022年6月30日于山东威海